主　　编　蒋惠岭　国家法官学院副院长
　　　　　　　　　最高人民法院司法案例研究院负责人

副 主 编　关　毅　国家法官学院科研部主任
　　　　　刘　畅　最高人民法院司法案例研究院规划部主任

主编助理　边疆戈　国家法官学院科研部编辑
　　　　　朱建伟　国家法官学院科研部编辑
　　　　　赵文轩　最高人民法院司法案例研究院规划部编辑

《中国法院年度案例》编辑人员（按姓氏笔画）

边疆戈　朱建伟　刘　畅　关　毅　杨小利
罗胜华　赵文轩　胡　岩　袁登明　唐世银
曹海荣　梁　欣　蒋惠岭　程　瑛　谭　红

本书编审人员　杨小利

中国法院

2020年度案例

国　家　法　官　学　院
最高人民法院司法案例研究院◎编

执行案例

中国法制出版社
CHINA LEGAL PUBLISHING HOUSE

《中国法院年度案例》通讯编辑名单

序

坚持和完善中国特色社会主义法治体系，是党的十九届四中全会作出的一项重要部署。作为其核心组成部分，高效的法治实施体系所要实现的就是让静态的法律制度在实践中得到良好实施。《中国法院年度案例》丛书的价值追求，即公开精品案例，研究案例所体现的裁判方法和价值理念，提炼裁判规则，助推司法标准统一。

《中国法院年度案例》丛书，是国家法官学院于2012年开始编辑出版的一套大型年度案例丛书。丛书由国家法官学院案例开发研究中心具体承担编辑工作，每年年初定期出版。此前，该中心坚持20余年连续不辍编辑出版了《中国审判案例要览》丛书近90卷，分中文版和英文版在海内外发行，颇有口碑，享有赞誉。作为一种全新的案例研究产品，《中国法院年度案例》丛书旨在加强完善中国特色案例指导制度，探索编辑案例的新方法、新模式，以弥补当前各种案例出版物的不足。该丛书2012～2019年已连续出版8套，一直受到读者的广泛好评，并迅速售罄。为更加全面地反映我国司法审判执行工作的发展进程，顺应审判执行实践的需要，响应读者需求，2014年度新增3个分册即金融纠纷、行政纠纷、刑事案例，2015年度将刑事案例调整为刑法总则案例、刑法分则案例2册，2016年度新增知识产权纠纷分册，2017年度新增执行案例分册，2018年度、2019年度将刑事案例扩充为4个分册。现国家法官学院及时编撰推出《中国法院2020年度案例》系列丛书，共23册。

当前市面上的案例丛书百花齐放，又有裁判文书网，可以查询各级法院、各类的裁判文书，还有各种专门领域的案例汇编书籍，以及各种案例指导、案例参考等读物，各具特色。而《中国法院年度案例》丛书则以开放务实的态度、简洁明快的风格，试图把案例书籍变得“好读有用”，故在编辑中坚持以下方法：一是高度提炼案例内容，控制案例篇幅，每个案例基本在3000字以内；二是突出争议焦点，剔除无效信息，尽可能在有限的篇幅内为读者提供有效、有益的信息；三是注重对案件裁判文书的再加工，大多数案例由案件的主审法官撰写“法官后语”，高度提炼、总结案例的指导价值。

同时，《中国法院年度案例》丛书还有以下特色：一是信息量大。国家法官学院案例开发研究中心每年从全国各地法院收集到的上一年度审结的典型案例近万件，使该丛书有广泛的选编基础，可提供给读者新近发生的全国各地多种类型的代表性案例。二是方便检索。为体现以读者为本，丛书分卷细化，每卷下还将案例主要根据案由分类编排，每个案例用一句话概括裁判规则、裁判思路或焦点问题作为主标题，让读者一目了然，迅速找到目标案例。

中国法制出版社始终全力支持《中国法院年度案例》丛书的出版，给了作者和编辑们巨大的鼓励。2018年、2019年连续推出数据库增值服务，2020年继续提供数据库增值服务并充实完善数据内容。购买本书，扫描前勒口二维码，即可在本年度免费查阅往年同类案例数据库。我们在此谨表谢忱，并希望通过共同努力，逐步完善，做得更好，真正探索出一条编辑案例书籍、挖掘案例价值的新路，更好地服务于学习、研究法律的读者，服务于社会，服务于国家的法治建设。

本丛书既可作为法官、检察官、律师等司法实务工作人员的办案参考和司法人员培训推荐教程，也是社会大众学法用法的极佳指导，亦是教学科研机构案例研究的精品素材。当然，案例作者和编辑在编写过程中也难以一步到位实现最初的编写愿望，可能会存在各种不足，甚至错误，欢迎读者批评指正，我们愿听取建议，并不断改进，不断扩大案例研究领域，实现中国特色案例研究事业新发展。

从今年起，《中国法院年度案例》改由国家法官学院与最高人民法院司法案例研究院共同编辑。最高人民法院司法案例研究院是中编办批准设置的最高人民法院的司法案例专门研究机构，与国家法官学院合署办公，在最高人民法院领导下，秉持服务司法审判实践、经济社会发展、法学教育研究、中外法学交流、法治中国建设的办院宗旨，坚持“服务、创新、合作、开放、共享”工作原则，依托国家法官学院开展司法案例的收集、生成、研究、发布和国际交流工作。司法案例研究院的加入，必将使本套丛书的编辑力量更加壮大，案例质量将进一步提升。

国家法官学院副院长

最高人民法院司法案例研究院负责人

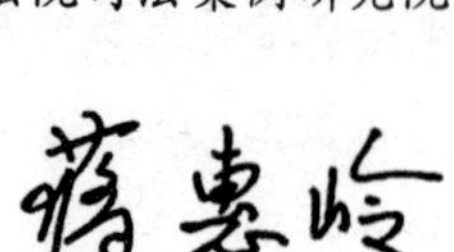

目　录

Contents

一、对不动产的执行

二、对特殊标的物的执行

三、执行异议、复议与执行异议之诉

五、夫妻共同财产、共同债务的执行问题

六、执行依据问题

七、执行中的质押问题

八、公证债权文书的执行问题

九、执行中的优先受偿问题

十、强制执行中的其他问题

一、对不动产的执行

1

案外人执行异议之诉中
不宜对归责于不动产买受人的“过错”作扩大解释

——刘甲诉刘乙、谭某等案外人执行异议之诉案

【案件基本信息】

1. 裁判书字号

四川省宜宾市中级人民法院（2019）川15民终86号民事判决书

2. 案由：案外人执行异议之诉

3. 当事人

原告（上诉人）：刘甲

被告（被上诉人）：刘乙、谭某

【基本案情】

1999年8月13日，谭某以戎顺公司经办人的身份与刘甲签订一份《房屋销售合同》，约定刘甲购买戎顺公司开发的临街门面1间，房屋总价为165000元。签订合同当天刘甲支付了购门面房款10000元，而后陆续支付购房款190000元（该笔款中包含上述门面款以及商品住宅款，住宅价款79800元），2000年3月29日支付购房款25000元（该款用于支付商品住宅购房款）。

案涉房屋竣工验收后，谭某于2002年向刘甲交付了案涉门面房，该房一直由刘甲管理使用至今。2002年4月29日，案涉房屋的房权证下发，因刘甲款项尚未

付清，故谭某将案涉房屋办理在自己名下，2003年4月7日，在刘甲向谭某结清上述门面房及住宅的所有购房款后，谭某作为收款人，刘甲作为缴款人于当天签订《购房结算书》，房款已足额缴付，谭某代表公司与刘甲已完清购房付款结算。款项付清后，谭某将案涉房屋的房权证原件交由刘甲保管至今。

2015年10月27日，刘乙以谭某未归还借款20万元为由向四川省宜宾市翠屏区人民法院（以下简称翠屏区法院）提起民间借贷纠纷案，申请查封案涉房屋，法院对案涉房屋进行了查封。在翠屏区法院执行中，刘甲以案外人身份提出书面异议，要求撤销翠屏区法院作出的民事裁定书，解除并停止对案涉房屋的查封和执行。翠屏区法院裁定驳回案外人刘甲的异议请求。刘甲不服，提起案外人执行异议之诉。

【案件焦点】

案外人刘甲未办理过户登记是否存在过错。

【法院裁判要旨】

四川省宜宾市翠屏区人民法院经审理认为：对刘甲要求停止对案涉房屋强制执行的诉求，《最高人民法院关于人民法院办理执行异议和复议案件若干问题的规定》第二十八条规定："金钱债权执行中，买受人对登记在被执行人名下的不动产提出异议，符合下列情形且权利能够排除执行的，人民法院应予支持：（一）在人民法院查封之前已签订合法有效的书面买卖合同；（二）在人民法院查封之前已合法占有该不动产；（三）已支付全部价款，或者已按照合同约定支付部分价款且将剩余价款按照人民法院的要求交付执行；（四）非因买受人自身原因未办理过户登记。"如上述分析，上述规定的前三个条件本案均符合，但就案涉房屋至今未过户至刘甲名下，法院认为系"因买受人刘甲自身原因"，故不符合应支持排除执行的范畴。

四川省宜宾市翠屏区人民法院依照《最高人民法院关于适用〈中华人民共和国民事诉讼法〉的解释》第三百零七条、第三百一十条、第三百一十一条、第三百一十二条，《最高人民法院关于人民法院办理执行异议和复议案件若干问题的规定》第二十八条规定，作出如下判决：

驳回刘甲的诉讼请求。

一审宣判后，刘甲提起上诉。四川省宜宾市中级人民法院经审理认为：金钱债权执行中，案外人对登记在被执行人名下的不动产提出异议，在审查案外人对未办理过户登记是否存在过错时，应结合具体案件情况，不宜对“过错”作扩大解释。本案从归责原因、权利基础、占有使用现状、执行异议之诉的实质来看，即使刘甲未及时要求谭某办理过户登记存在一定的过错，该过错也不足以导致其请求权的丧失。一审法院以未办理过户登记刘甲存在重大过错为由驳回其异议不当，予以纠正，上诉人刘甲的该项上诉理由成立，应予支持。

四川省宜宾市中级人民法院依照《中华人民共和国民事诉讼法》第一百七十条第一款第二项规定，作出如下判决：

一、撤销四川省宜宾市翠屏区人民法院（2018）川1502民初2385号民事判决；

二、停止对涉案房屋的执行；

三、确认涉案房屋归刘甲所有。

【法官后语】

从实践来看，能够归责于买受人的原因主要是四个层面：一是对他人权利障碍的忽略，如存在抵押权登记；二是对政策限制的忽略，如不符合购房条件仍然购买，导致无法办理过户；三是消极不行使登记权利，如为了逃税而未办理登记等；四是恶意串通，损害国家、集体、公共利益和他人合法权益。

我们认为，金钱债权执行中，案外人对登记在被执行人名下的不动产提出异议，在审查案外人对未办理过户登记是否存在过错时，应结合具体案件情况，不宜对“过错”作扩大解释。

首先，对于普通的民事主体，不能苛求其法律素养有多高。诉讼与执行本身有一定的时间要求，很可能不能满足对买受人物权期待权的保护要求。本案中，执行法院在2010年受理刘甲的保全异议（肖某诉谭某民间借贷纠纷案）后未予作出答复，后来因为保全到期自然解封，对此刘甲并不知情。基于刘甲不知房屋查封已经解除的情况，其有理由相信房屋还在查封中，不能办理登记。因此，不能以房屋已经解除查封，就把没有办理过户的过错归咎于刘甲。

其次，刘甲已经实际占有房屋，并且未怠于主张权利。在《中华人民共和国物权法》实施以前，案涉买卖合同已经生效，案涉房屋已经交付刘甲占有使用，刘甲的占有使用行为从2002年一直延续至今。2010年因肖某诉谭某民间借贷纠纷案案涉房屋被一审法院查封，刘甲以案外人身份及时提起了保全异议，因一审法院未对该保全异议作出处理，直至保全期满案涉房屋自动解除保全，至此能证明刘甲在积极主张权利。

再次，刘甲对本案执行标的享有所有权并不必然损害申请执行人权益。一是从成立时间上来看，刘甲要求谭某办理过户登记手续的物权请求权要早于刘乙与谭某因民间借贷纠纷所形成的债权请求权。二是从权利性质上来看，刘乙的请求权基础在于与谭某之间的民间借贷纠纷产生的债权，并不是基于谭某享有涉案房屋所有权而产生。在此意义上，刘甲的请求权即使排除刘乙债权的执行，也并未对其债权的实现形成不利影响。三是从权利发生的根源上来看，刘甲购买房屋具有为其提供生活收益与保障等生存利益关系，在刘甲购买房屋并实际占有使用多年的情况下，与刘乙以获取利息收益为目的的金钱债权相比，刘甲的请求权具有准物权的性质。

最后，在谭某不配合的情况下，刘甲客观上难以办理过户登记。根据古某对谭某的笔录来看，谭某认可刘甲已经付清了全部款项，其应当积极协助刘甲办理过户登记手续。结合本案诉讼情况来看，谭某消极应诉，在谭某不积极配合过户的情况下，刘甲客观上难以办理过户登记，房屋未过户不能完全归责于买受人刘甲。

编写人：四川省宜宾市中级人民法院　王付兵

2

案外人与被执行人的以物抵债协议能否排除对不动产的执行

——彭某与广发银行股份有限公司中山分行、杨某执行异议案

【案件基本信息】

1. 裁判书字号

广东省中山市第一人民法院（2018）粤2071执异209号执行裁定书

2. 事由：案外人执行异议

3. 当事人

案外人：彭某

申请执行人：广发银行股份有限公司中山分行（以下简称广发行中山分行）

被申请执行人：杨某

【基本案情】

广发行中山分行诉中山市孟昌摄影器材有限公司（以下简称孟昌公司）、杨某金融借款合同纠纷一案，中山市中级人民法院经审理作出（2014）中中法民四初字第17号民事判决书，根据判决内容，孟昌公司向广发行中山分行偿还借款本金美元1179493.53元，并支付借款期内利息和逾期罚息及复利至款项清偿之日止；杨某就孟昌公司上述债务向广发行中山分行承担连带清偿责任。判决生效后，因被执行人未履行判决，中山市中级人民法院于2017年8月10日立案执行。2017年11月20日，中山市中级人民法院以被执行人杨某名下的财产位于中山市第一人民法院辖区范围内，且涉案房产被中山市第一人民法院于2014年6月27日以另案作在先查封为由，裁定（2014）中中法民四初字第17号民事判决由中山市第一人民法院执行。执行过程中，中山市第一人民法院于2018年4月13日作出执行裁定，裁定：拍卖或变卖被执行人杨某所有位于中山市三乡镇圩仔下洋新村（以下简称三乡下洋新村）的房地产的1/2份额，拍卖或变卖所得用于清偿杨某所欠债务，并于2018年5月7日在三乡下洋新村张贴公告。

案外人彭某主张，因杨某兄弟投资设立的孟昌公司拖欠其开立的江门市龙得乐塑胶材料科技有限公司（以下简称龙得乐公司）货款无法偿还，双方遂于2014年6月18日签订《以房抵债协议》，约定杨某和何某将其名下三乡下洋新村房屋以评估价代孟昌公司抵偿所欠龙得乐公司部分债务，指定彭某为房产新的产权人，并将房屋相关的房产证、土地证、房屋钥匙交付彭某。2014年6月25日，杨某和何某委托他人代为办理房屋过户的手续，委托书按《两岸公证书使用查证协议》的约定，于2014年7月21日经广东省公证协会认证核验。三乡下洋新村房屋被中山市第一人民法院查封，导致彭某无法办理过户，无法办理产权过户不能归责于彭某。依照《中华人民共和国民事诉讼法》第二百二十七条规定，彭某向中山市第一人民法院提出案外人异议，请求停止对杨某名下三乡下洋新村房屋1/2份额的执行。

【案件焦点】

以物抵债协议能否排除案件执行。

【法院裁判要旨】

广东省中山市第一人民法院经审理认为：《最高人民法院关于人民法院办理执行异议和复议案件若干问题的规定》第二十五条第一款第一项规定，对案外人的异议，人民法院应当按照下列标准判断其是否系权利人：（一）已登记的不动产，按照不动产登记簿判断；未登记的建筑物、构筑物及其附属设施，按照土地使用权登记簿、建设工程规划许可、施工许可等相关证据判断。基于执行程序的特点，涉案三乡下洋新村房产登记在杨某与何某名下，法院据此对杨某所占有三乡下洋新村1/2产权份额予以查封并拟进行拍卖于法有据。案外人彭某主张的以物抵债协议，即使真实，也实为约定债务的清偿，目的是消灭金钱债务，仅能产生债法的效力，在该涉案房产并未办理物权转移手续之前，案外人彭某根据以物抵债协议享有的仅是抵债标的物的登记请求权和物的交付请求权，本质上属于债权请求权，而非物权，亦不属于《最高人民法院关于人民法院办理执行异议和复议案件若干问题的规定》第二十八条及第二十九条规定的保护范围，故其依据以物抵债协议主张其对执行标的享有足以排除强制执行的权利，不予支持。至于案外人彭某依据以物抵债协议所享有的权利可通过其他法律途径予以主张。

广东省中山市第一人民法院依照《中华人民共和国民事诉讼法》第二百二十七条，《最高人民法院关于适用〈中华人民共和国民事诉讼法〉执行程序若干问题的解释》第十五条，《最高人民法院关于人民法院办理执行异议和复议案件若干问题的规定》第二十五条，《最高人民法院关于适用〈中华人民共和国民事诉讼法〉的解释》第四百六十五条第一款第一项规定，作出如下裁定：

驳回案外人彭某的异议请求。

【法官后语】

本案为案外人对执行标的主张享有权利，排除案件执行的案外人异议。焦点是以物抵债协议能否排除案件执行。对案外人异议，审查的关键在于案外人所主张的权利能否排除申请执行实现的债权。《最高人民法院关于人民法院办理执行异议和复议案件若干问题的规定》第二十四条规定了对案外人提出的排除执行异议，人民法院应当审查案外人是否系权利人、该权利的合法性与真实性，该权利能否排除执行。能够排除效力的实体权利主张包括：（1）所有权。（2）物权期待权（对于案外人异议的物权期待权，指《最高人民法院关于人民法院办理执行异议和复议案件若干问题的规定》第二十八条至第三十条内容）。（3）特殊的担保物权。一般而言，当担保财产被金钱债权人申请执行时，案外人对执行财产主张担保物权时，执行法院需要保障担保物权人在受偿顺位上的优先顺位，但该权利并不能排除执行。但对一些特殊行业，基于公共利益的考量，法律或者司法解释赋予了其对特殊财产的担保特权具有排除执行的效力。（4）租赁权和用益物权。由于租赁权和用益物权以对物使用、收益为权利内容，案外人如对执行标的主张租赁权和用益权物，虽不能排除物的转让，却可以阻止交付占有。

本案中，案外人主张与被执行人就执行标的存有以物抵债协议，也就是说案外人基于以物抵债协议所享有的权利能否排除执行。以物抵债协议，实为约定债务的清偿，目的是消灭金钱债务，仅能产生债法的效力，在执行标的并未办理物权转移手续之前，执行标的所有权仍属于被执行人。案外人根据以物抵债协议享有的仅是抵债标的物的登记请求权和物的交付请求权，本质上属于债权请求权，而非物权。因此，案外人依据以物抵债协议主张其对执行标的享有足以排除强制执行的权利，不予支持。

编写人：广东省中山市第一人民法院　张婉仪

3

承租人对抗强制执行须以实际占有为前提

——黄某、武某诉兴业银行股份有限公司宜春分行案外人执行异议之诉案

【案件基本信息】

1. 裁判书字号

江西省宜春市中级人民法院（2018）赣09民终1589号民事判决书

2. 案由：案外人执行异议之诉

3. 当事人

原告（上诉人）：黄某、武某

被告（被上诉人）：兴业银行股份有限公司宜春分行（以下简称兴业银行宜春分行）

第三人（上诉人）：熊某、沈某

【基本案情】

江西省袁州区人民法院经审理查明：2012年6月5日至2013年7月15日，第三人熊某累计向原告方借款186万元，后尚有150万元借款未归还。

2013年10月21日，原告方与第三人签订了《房屋租赁合同》和《债权转租代租协议》，《房屋租赁合同》主要约定：熊某将位于南昌市红谷滩万达广场×室店铺（房屋建筑面积114.4平方米）出租给原告方，租期自2013年10月22日起至2033年10月22日止，共计二十年，租金150万元在合同生效之日一次性支付，承租方可转租，如出租方提前终止合同，应退还未使用期间的逾期的租金收益，并承担本合同总租额30%的违约金45万元。《债权转租代租协议》主要约定：第三人将南昌市红谷滩万达广场×室店铺一次性出租给原告二十年，总租金150万元人民币，原告方同意将此前借给第三人的186万元人民币本金、除已归还的本金36万元和截止到现在前述所有借款的利息全部结清，双方此前借钱债务两清，为了有利短期出租，委托熊某代原告方短期出租，并代办出租期间的相关物业管理事宜，代为出租期限为五年，总租金不少于60万元，其后由原告方独立使用与转租，终止委托出租。

2013年12月9日，高安恒重汽车运输有限责任公司向被告兴业银行宜春分行申请贷款，熊某为该公司法定代表人，并且以南昌市红谷滩万达广场×室店铺提供抵押担保，当时该店铺为毛坯状态。该笔贷款按期偿还给了被告。2014年12月29日，第三人熊某向被告申请贷款，并再次以南昌市红谷滩万达广场×室店铺提供抵押担保，借款金额为250万元，借款期限自2015年1月5日起至2016年1月4日止。

2014年3月14日，第三人熊某与案外人签订《商铺租赁合同》，约定租期五年。2014 年 10 月 17 日，熊某与叶某、艾甲、艾乙签订《房屋租赁合同补充协议》，约定：叶某将上述商铺转让给艾甲、艾乙使用，熊某予以认可。2014 年 3 月至 2015 年 3 月，熊某将其间收取的租金 214000 元转付给了原告方。2015 年 5 月 6 日，熊某出具授权委托书，内容为："大连万达物业管理有限公司南昌分公司，南昌市红谷滩万达广场×室店铺已出租给武某使用二十年，今后该商铺的出租收益管理权由武某享有、行使。熊某授权武某前来贵公司办理相关该商铺出租转租等相关事宜。"

2015 年 7 月 30 日，第三人熊某因涉嫌非法吸收公众存款罪被刑事拘留，2016 年 9 月 27 日，高安市人民法院判决熊某犯非法吸收公众存款罪，判处有期徒刑四年。

因第三人熊某在被告处借款到期后未能按期偿还借款本金及利息，被告于 2015 年 7 月 23 日诉至法院，在诉讼过程中，被告申请财产保全，该院作出了（2015）赣 0902 民初 943－1 号民事裁定书，9 月 11 日，该院查封了南昌市红谷滩万达广场×室店铺。本案经审理后于 2015 年 11 月 16 日作出（2015）袁民二初字第 943 号民事判决书，判决：一、熊某、沈某偿还兴业银行宜春分行借款本金 2500000 元及利息；二、兴业银行宜春分行对熊某、沈某的抵押物的折价款或拍卖、变卖款享有优先受偿权。判决生效后，被告向法院申请执行，该院于 2016 年 10 月 24 日委托评估公司对上述房产进行评估，2017 年 5 月 4 日，裁定拍卖该房产。原告于 2017 年 8 月 14 日提出了执行异议请求保留原告对商铺的租赁权，在租赁期结束后即 2033 年 10 月 22 日之后向受让人移交房产。法院经审查后认为原告的异议理由不能成立，2017 年 8 月 28 日作出（2017）赣 0902 执异 55 号执行裁定书，裁定驳回武某、黄某的异议请求。原告方遂诉至法院。

另查明：2017 年 1 月，原告将熊某、沈某、艾甲、艾乙作为被告，将大连万达物业管理有限公司南昌分公司作为第三人以房屋租赁合同纠纷向南昌市东湖区人民法院起诉，请求：1. 确认武某、黄某与熊某、沈某签订的《房屋租赁合同》合法有效，武某、黄某为南昌市红谷滩万达广场×室店铺的承租人；2. 要求艾甲、艾乙支付自 2015 年 9 月至 2017 年 1 月的租金 144000 元和每日 0.5‰的滞纳金 1800 元；3. 判令被告共同承担诉讼费用。在审理过程中，艾乙提出该案所涉《商铺租赁合同》已签订了仲裁协议，应提交仲裁解决。法院经审查后认为武某、黄某依据《商铺租赁合同》《房屋补充合同》起诉要求艾甲、艾乙支付租金及滞纳金，因《商铺租赁合同》已约定"协商或调解不成，提交商铺所在地仲裁委员会仲裁"，2017 年

5月10日，南昌市东湖区人民法院作出了（2017）赣0102民初302号之一民事裁定书，裁定驳回武某、黄某的起诉。原告方就该案已提起上诉，尚无处理结果。

【案件焦点】

被执行人以房屋使用权用于抵偿案外人的债务，如案外人未实际占有使用房屋，该案外人能否以其享有租赁权为由请求排除强制执行。

【法院裁判要旨】

江西省袁州区人民法院经审理认为：

一、关于原告的第二项诉请，确认《房屋租赁合同》合法有效以及原告为店铺的承租人的问题

该项诉讼请求，原告在向南昌市东湖区人民法院起诉房屋租赁合同纠纷案件中亦已经进行了主张。法院认为该案当事人之间存在仲裁协议，并驳回了原告的起诉。现原告方不服东湖区人民法院驳回起诉的裁定已经提起上诉，该案尚无处理结果，故原告的该项诉讼请求存在重复起诉的情形，且本案为案外人执行异议之诉，该请求不属于本案审理范围，不予审理。

二、关于原告的第一项、第三项诉请

法院认为，该诉请系原告以不动产租赁权为由主张排除强制执行，根据《最高人民法院关于人民法院办理执行异议和复议案件若干问题的规定》第三十一条第一款规定，承租人请求在租赁期内阻止向受让人移交占有被执行的不动产，在人民法院查封之前已经签订合法有效的书面租赁合同并占有使用该不动产的，人民法院应予支持。原告的该项主张必须具备两项要件：其一，原告与第三人在法院对不动产予以查封前，已订立真实有效的不动产租赁合同；其二，原告在法院对不动产予以查封前，已对不动产持续占有、使用，即已交付租金并采取明显方式在不动产内生活、生产、经营、装修等，以产生对不特定第三人的公示效果。

本案中，原告提交了商铺抵押前及法院查封前其与第三人签订的《房屋租赁合同》，第三人对该合同无异议，但经查明，原告与第三人签订该合同前存在债权债务关系，且根据双方的《债权转租代租协议》，进一步证实了第三人系用商铺二十年的租金收益清偿对原告的150万元债务的事实，而且前期的租金系熊某收取后转付给原告方，后来熊某出具了授权委托书授权原告武某享有商铺的出租收益管理

权，但原告方与承租人艾甲、艾乙就租赁费问题产生了纠纷。原告与第三人之间并未建立发租与承租的法律关系，故原告与第三人签订的《房屋租赁合同》不是实质上的租赁合同，而是第三人与原告之间的债务清偿协议。综上，对原告的上述诉讼请求，不予支持。

江西省宜春市袁州区人民法院依照《中华人民共和国民事诉讼法》第六十四条、《最高人民法院关于适用〈中华人民共和国民事诉讼法〉的解释》第三百一十二条、《最高人民法院关于人民法院办理执行异议和复议案件若干问题的规定》第三十一条规定，判决如下：

驳回原告黄某、武某的诉讼请求。

黄某、武某、熊某、沈某不服一审判决，提起上诉。江西省宜春市中级人民法院经审理认为：《最高人民法院关于人民法院办理执行异议和复议案件若干问题的规定》第三十一条第一款规定，承租人请求在租赁期内阻止向受让人移交占有被执行的不动产，在人民法院查封之前已经签订合法有效的书面租赁合同并占有使用该不动产的，人民法院应予支持。该法律规定的目的在于平衡承租人和申请执行人利益，是对排除人民法院强制执行所作出的特殊规定。基于物权的公示效力，如当事人以租赁权来对抗依法登记成立的担保物权时，应当对租赁权的成立进行严格审查。因此，承租人提出对已依法登记成立的抵押权排除执行，应同时具备两项要件：其一，承租人与第三人在人民法院对不动产予以查封前，已订立真实有效的不动产租赁合同；其二，承租人在人民法院对不动产予以查封前，已对不动产持续占有、使用。对于第二项要件中的“占有、使用”，其含义应当包括承租人已交付租金并采取明显方式在不动产内生活、生产、经营、装修等，以产生对不特定第三人的公示效果。本案中，黄某、武某与熊某签订《房屋租赁合同》前双方存在债权债务关系，黄某、武某并未占有使用案涉店铺，且根据双方的《债权转租代租协议》，进一步证实了熊某、沈某系用商铺二十年的租金收益清偿对黄某、武某的150万元债务的事实。房屋租赁合同是指房屋出租人将房屋提供给承租人使用，承租人定期支付租金，并于合同终止时将房屋归还给出租人的协议，故承租人缔约的目的是取得房屋的使用权，出租人则是为了收取租金。黄某、武某与熊某、沈某之间签订的《房屋租赁合同》并非实质上的租赁合同，双方并未建立发租与承租的法律关系，而仅是双方之间的债务清偿协议，其性质为合同之债。因此，黄某、武某主张适用

《最高人民法院关于人民法院办理执行异议和复议案件若干问题的规定》第三十一条规定排除强制执行，依据不充足，不予支持。关于黄某、武某请求确认《房屋租赁合同》合法有效且其为案涉店铺的承租人的问题，因案涉店铺已由案外人实际租赁使用，牵涉案外人权益问题，且案外人未参与本案诉讼，故不宜在本案作出处理。

江西省宜春市中级人民法院依照《中华人民共和国民事诉讼法》第一百七十条第一款第一项规定，判决如下：

驳回上诉，维持原判。

【法官后语】

执行过程中，案外人以其对执行标的（房屋）享有租赁权为由，要求排除人民法院强制执行的情形较为常见。因我国当前租赁权的设立并未采取登记等公示方式，被执行人与案外人虚构租赁关系、故意规避执行的现象也不断增多。人民法院在审理此类案件时，应坚持将案外人是否实际占有、使用租赁物作为基本要件，从严审查案外人对执行标的租赁权的真实性、合法性，从而防止因当事人恶意串通损害法院执行效率和债权人权益的实现。

一、在先租赁权排除强制执行的法理基础和法律依据

当事人得以在先租赁权排除人民法院强制执行，源自“买卖不破租赁”原则。所谓“买卖不破租赁”，即在租赁关系存续期间，即使所有权人将租赁物让与他人，对租赁关系也不产生影响，买受人不能以其成为租赁物的所有权人为由否认原租赁关系的存在并要求承租人返还租赁物。为保护经济上处于劣势的不动产承租人及谋求社会安定，当前大多数国家民事立法均确立了“买卖不破租赁”原则，我国亦如此。《中华人民共和国合同法》第二百二十九条规定，租赁物在租赁期间发生所有权变动的，不影响租赁合同的效力。《中华人民共和国物权法》第一百九十条也规定，订立抵押合同前抵押财产已出租的，原租赁关系不受该抵押权的影响。该原则也被贯彻到执行程序之中，《最高人民法院关于人民法院民事执行中拍卖、变卖财产的规定》第三十一条第二款即规定，“拍卖财产上原有的租赁权及其他用益物权，不因拍卖而消灭”。同时，《最高人民法院关于人民法院办理执行异议和复议案件若干问题的规定》第三十一条第一款亦规定：“承租人请求在租赁期内阻止向受让人

移交占有被执行的不动产，在人民法院查封之前已签订合法有效的书面租赁合同并占有使用该不动产的，人民法院应予支持。”因此，在人民法院对执行标的（房屋）采取执行强制措施前已设立租赁权的，承租人向人民法院请求排除强制执行，具有充足的法律依据。

二、承租人实际占有、使用租赁物，应作为审查判断在先租赁权成立与否的基本要件

从案外人执行异议之诉制度设立的目的来看，是为案外人阻却执行提供司法救济的一种特殊制度安排，它与一般的诉讼在功能和程序设置上都有所区别。《最高人民法院关于人民法院办理执行异议和复议案件若干问题的规定》第二十四条规定，对案外人提出的排除执行异议，人民法院应当审查下列内容：（一）案外人是否系权利人；（二）该权利的合法性与真实性；（三）该权利能否排除执行。因此，案外人执行异议之诉的裁判要坚持实质审理原则，要基于执行标的权属变化及其争议赖以产生的基础性的实体法律关系予以判断，不能简单地根据权利外观径直判断。人民法院在审查租赁关系真实性时，应当审查承租人是否实际占有租赁物，重点审查承租人是否已交付租金并采取明显方式在不动产内生活、生产、经营、装修等，以产生对不特定第三人的公示效果。对于名为租赁实为借贷担保、房屋使用权抵债等关系的，因承租人并未实际占有使用租赁物的，对该租赁关系不予认可，承租人以其享有租赁权为由请求排除强制执行的，人民法院不予支持。其理由在于：

其一，将占有、使用作为判断承租人能否排除强制执行的审查要件，符合相关法律规定。《中华人民共和国合同法》第二百一十二条规定：“租赁合同是出租人将租赁物交付承租人使用、收益，承租人支付租金的合同。”《最高人民法院关于审理城镇房屋租赁合同纠纷案件具体应用法律若干问题的解释》也强调了占有对于租赁关系成立的重要意义，该司法解释第六条规定，就同一房屋存在多份有效租赁合同，承租人均主张履行的情况下，人民法院按照占有、登记、合同成立在先的顺序确定优先履行的承租人。《最高人民法院关于人民法院办理执行异议和复议案件若干问题的规定》第三十一条第一款规定：“承租人请求在租赁期内阻止向受让人移交占有被执行的不动产，在人民法院查封之前已签订合法有效的书面租赁合同并占有使用该不动产的，人民法院应予支持。”因此，将承租人是否已实际占有、使用租赁物，作为判断租赁权是否真实并得以排除执行的基本要件，是符合现行立法规

定的。

其二，将占有、使用作为判断承租人能否排除强制执行的审查要件，符合“买卖不破租赁”制度的设立目的。确立“买卖不破租赁”原则的立法目的在于保护弱势群体，避免由于出租人处分租赁物的行为危及承租人基本的生存权或居住权。案外人以其享有租赁权要求排除强制执行，人民法院所保护的合法租赁关系亦应当满足租赁合同真实有效、承租人实际占有租赁物在抵押及查封之前等条件。在名为租赁实为借贷担保、房屋使用权抵债等情形下，当事人之间签订房屋租赁合同的缔约目的在于实现债务清偿，承租人并不实际占用、使用房屋进行生产、生活和经营，其对于租赁物的依赖尚未建立，故对于案涉房屋的执行并不危及其生存权或居住权。因此，案外人虽提供了与诉争房产有关的租赁协议，但未能证明该房产在法院查封之前已被其占有使用，其无权请求阻止向买受人移交占有诉争房产。

其三，将占有、使用作为判断承租人能否排除强制执行的审查要件，是防止案外人和被执行人恶意串通规避执行的有效措施。当前，虽然我国实行房屋租赁登记备案制度，但相关规定的立法目的在于行政管理和治安管理需要，并非效力性规范，在现阶段登记并非租赁权的公示方式。现实生活中，当事人主动进行房屋租赁登记备案的比例较低。正因如此，虚假租赁在实践中日趋泛滥，并成为被执行人对抗执行的惯用手段。这些虚假租赁一般以伪造租赁合同方式进行，合同签订时间落款为查封甚至抵押登记之前，租期较长，租金较低或假称租金已全部付清。如对此类虚假租赁不予甄别，往往导致执行标的物无法拍卖处置或者拍卖价款过低，严重影响债权人实现债权，损害司法公信力。因在虚假租赁中，当事人一般都不会对租赁物直接进行占有使用，事后要伪造占有使用方面的证据也较难，故将占有使用租赁物作为审查判断租赁关系是否真实合法的要件，有助于防范和减少案外人和被执行人恶意虚构租赁关系情形的发生，有利于人民法院正确认定事实作出公正处理。

三、审查判断承租人是否实际占用、使用租赁物的注意事项

如前所述，我国现行法对租赁合同的对抗力缺乏公示要求，被执行不动产上的租赁权易于成立且在外观上难辨真伪，致使众多债务人利用法律的漏洞签订假性租约规避执行。因此，在审查承租人是否实际占有、使用租赁物时，要重点审查承租人是否已交付租金并采取明显方式在不动产内生活、生产、经营、装修等，是否产生了对不特定第三人的公示效果。司法实践中，应注意的问题有：

1. 合理分配举证责任

有一种观点认为，根据“谁主张，谁举证”的原则，既然系申请执行人主张租赁关系是虚假的，就应由其承担虚假租赁事实的证明责任。笔者认为，这种看法系对举证责任分配的机械理解，在一定程度上放纵了虚假租赁行为的产生，显非合理。

在案外人执行异议之诉中，对租赁关系真实性的审查一般是由案外人（承租人）提起异议而引起的，即案外人主张租赁权合法有效来阻却执行，而债权人（申请执行人）认为租赁关系是虚假的，实质上是对案外人主张的否认，而非抗辩或提出新的主张。因此，由案外人证明租赁权合法有效且能阻却执行，更符合“谁主张，谁举证”的原则。此时，案外人应提供证据证明其已占有使用租赁物，如不能达到高度盖然性的证明标准，应由其承担举证不能的法律后果；而申请执行人为推翻案外人主张所提供的证据为反证，只需削弱本证的证明力从而动摇法官的心证即可。如此分配举证责任，才更符合“谁主张，谁举证”原则的本质要求，也有助于减少虚假租赁的产生。

2. 综合全案证据进行审慎判断

笔者认为，在案外人以其享有租赁权提起执行异议之诉要求排除强制执行的案件审理过程中，人民法院应当从严把关审查租赁权的真实性，根据当事人提供的全部证据进行综合分析，得出具有高度盖然性的结论。具体包括：

（1）在时间节点上，要求案外人（承租人）开始占有的时间节点必须是在案涉房屋抵押、查封前，而且必须至今占有，也即必须是在法院执行时仍然占有。

（2）在外观形式上，可从五个方面进行审查判断：①案外人是否在设立抵押或法院采取查封前已经在案涉房屋内进行生产经营；②案外人是否在设立抵押或法院采取查封前已经领取以案涉房屋作为住所地的营业执照且至今未变更住所地的；③案外人是否在设立抵押或法院采取查封前已经由其且至今仍由其支付案涉房屋水电、物业管理、房屋维修金等费用的；④案外人是否在设立抵押或法院采取查封前已经对案涉房屋根据租赁用途进行装修的；⑤案外人提供其他确切证据证明其已在设立抵押、查封前直接占有案涉房屋的。

编写人：江西省宜春市中级人民法院　高胜敏　蒋玲玲

4

后诉主张具有涵盖或否定前诉效力的构成重复起诉

——邓某诉王某案外人执行异议之诉案

【案件基本信息】

1. 裁判书字号

四川省宜宾市中级人民法院（2018）川15民终905号民事裁定书

2. 案由：案外人执行异议之诉

3. 当事人

原告（上诉人、执行案外人）：邓某

被告（被上诉人、申请执行人）：王某

第三人（第三人、被申请执行人）：张某

【基本案情】

第三人张某系筠连县小寨煤业有限公司股东，享有45%的股权。2012年6月26日，第三人张某向被告王某借款5000000元，双方签订了《借款合同》，第三人张某向被告王某出具《借条》一份，约定月利率3%以及作了其他相应约定。后因第三人张某未偿还借款本息，被告王某于2013年2月1日向法院提起诉讼，经法院主持调解，双方当事人达成调解协议确定：张某于2013年5月15日前返还王某借款本金5000000元等。后因第三人张某未履行生效法律文书确定的义务，被告王某遂向法院申请强制执行。执行中，法院于2014年12月19日裁定对第三人张某与原告邓某共有的位于宜宾市翠屏区睦邻路91号的住宅及车库进行查封；2016年2月27日，法院裁定拍卖前述房屋及车库。在上述拍卖物评估价格阶段，原告邓某向法院提出执行异议：原告邓某与第三人张某曾系夫妻关系，二人购买了前述被查封房屋和车库并办理所有权登记，同为共有权人；2012年9月11日，二人协议离婚并办理离婚登记，双方在《离婚协议书》中约定：1. 房屋及地下车位归女方所有……4. 双方确认在婚姻存续期间没有发生任何共同债务，任何一方如对外有债务，由负债方自行承担。离婚协议中约定归女方所有的房屋及地下车位即本案诉争的前述房屋和车库（诉争房屋及车库均未办理房屋过户登记手续）。故第三人张某的上述债务系张某的个人债务，原告邓某并非被执行人，要求解除对上述财产的查封并终止评估、拍卖程序。2016 年 12 月 29 日，原审法院裁定驳回邓某的异议请求。原告对不服该裁定提起复议，宜宾市中级人民法院裁定撤销原审法院执行裁定，发回原审法院重新审查。2017 年 6 月 20 日，法院经重新审查后作出裁定："一、中止对被执行人张某、异议人邓某共有的房屋一套和关联车位一个的拍卖；二、驳回异议人邓某的其他异议请求。"邓某对该裁定不服，遂向法院提起诉讼。

【案件焦点】

1. 房屋以及车库实际所有人是否为原告个人；2. 是否应当解除对上述财产的查封，终止对上述财产的强制执行程序。

【法院裁判要旨】

四川省宜宾市筠连县人民法院经审理认为：本案中所诉争的房屋、车库均登记于原告邓某与第三人张某名下，系二人共同共有。2012 年 9 月 11 日，原告邓某与第三人张某协议离婚时对本案诉争的房屋、车库的约定并不属于《中华人民共和国物权法》第二十八条所规定的法律文书房屋，仅属于债权合同，原告基于离婚协议享有的权利属于债权请求权，不能直接产生物权变动的效力，仅对协议双方产生约束力，对外无法律约束力。故本案诉争房屋、车库的实际所有人不能确认为原告邓某个人。《最高人民法院关于人民法院民事执行中查封、扣押、冻结财产的规定》第十四条第一款规定："对被执行人与其他人共有的财产，人民法院可以查封、扣押、冻结，并及时通知共有人。"本案中所诉争的房屋、车库现目前均登记于原告邓某与第三人张某名下，系二人共有的财产。原告邓某与第三人张某所签订的离婚协议，不享有排他性的物权效力，即不享有排除强制执行的效力。第三人张某作为被执行人，人民法院有权查封该共有的财产。综上，判决如下：

驳回原告邓某的诉讼请求。

原告邓某不服一审判决，提起上诉。四川省宜宾市中级人民法院经审理认为：本案构成重复起诉，按照"一事不再理"的原则，法院不宜对本案再作审理。理由如下：第一，本案与已生效的（2018）川15民终440号民事判决系基于相同事实引起的纠纷。两案均基于张某申请执行一审法院作出的（2013）筠连民初字第291号民事调解书后，一审法院裁定拍卖登记为张某与邓某共有的住宅和车库而引起的纠纷。第二，两案当事人诉讼地位虽不相同，但当事人完全相同，两案当事人均是邓某、王某、张某。第三，两案诉讼请求具有涵盖和否定的效力，两案诉讼请求均针对是否能对上述标的采取强制执行措施，作为申请执行人的王某请求法院执行上述标的，而邓某请求确认其为上述财产的实际所有人，并请求法院终止执行上述标的，若支持了王某的请求，则必然驳回邓某的请求，反之亦然。综上裁定：

一、撤销四川省筠连县人民法院（2017）川1527民初1514号民事判决；

二、驳回邓某的起诉。

【法官后语】

诉讼是公民请求合法权益得以保护的最后一道救济途径。在现代社会，随着公民法律意识的增强，往往会通过提起诉讼解决纠纷，在其诉请或者辩称意见未获得判决支持的情况下，也总是会对涉及自身利益的问题再想办法、再出主意，以寻求更多的途径主张权利。但在审判网络体系不健全或者人民法院审查不严的情况下，极易造成重复起诉而不自知，导致当事人钻了法律的空子，造成诉累，甚至是出现同案不同判的现象，损害司法权威也损害其他当事人的合法权益。

重复起诉是指基于同一个事实和理由提起的诉讼，或者就同一案件向两个人民法院提起诉讼。本案例系基于同一个事实和理由提起的诉讼。为使裁判尺度的统一和避免造成诉累，人民法院审理案件，依据“一事不再理”的原则，应当重视对是否构成重复起诉进行严格的审查。是否构成法定的重复起诉的条件：一是后诉与前诉的当事人相同，二是后诉与前诉的诉讼标的相同，三是后诉与前诉的诉讼请求相同或者后诉的诉讼请求实质上否定前诉裁判结果。从审查的方式上，可以从递进关系处理，首先审查案件的当事人是否相同、诉讼地位是否相同、诉讼标的是否相同，是否基于相同事实和理由提起的诉讼。上述案例的特殊情形在于，后诉原告邓某提起执行异议之诉确认其对诉争财产（即被告王某起诉请求准予执行申请执行第三人张某的房屋和车库）享有所有权的请求，与前诉原告王某提起执行异议之诉（即准许执行前述诉争财产）的诉讼请求，前诉结果为一审法院支持原告王某提出准许执行的请求，但二审法院判决：撤销一审判决，驳回原告王某的请求；后诉结果为一审法院驳回原告邓某确权的诉讼请求，二审法院认为，前后诉的诉讼请求均针对人民法院是否能对原告和第三人共同的房屋和车库采取强制执行措施，作为申请执行人的王某请求法院执行上述标的，而邓某请求确认其为上述财产的实际所有人，并请求法院终止执行上述标的，若支持了王某的请求，则必然驳回邓某的请求，故两案的诉讼结果具有完全排斥性。故，若后诉具有涵盖或否定前诉的效力，诉讼结果具有排他性，应当认定属于重复起诉，该认定亦符合基于同一事实和理由提起的诉讼条件，更加凸显出诉讼结果的排他性。同时，两案的诉讼当事人相同，种种现象已表明构成重复起诉的条件。

同时，在大数据的网络办案时代，人民法院审理案件也应当重视网络查询关联案件和类案检索，充分利用关联案件和类案检索功能，通过关联案件检索案件，了解和识别当事人的隐藏信息，针对当事人所涉诉讼，严格审查对比，对于审理案件具有重要的辅助作用，甚至对案件的处理结果具有决定性作用。我们应充分认识到大数据的网络办案时代，信息化共享的重要性，深入推进数字化办公和运用审判系统完善案件检索功能，在高效率推进办公办案的同时更加注重裁判结果的统一性，减轻诉累，以上均值得深挖深掘。

编写人：四川省筠连县人民法院　史艳霞

5

买受人对登记在被执行人名下的不动产提出异议，何种条件下可以排除强制执行民事权益

——王某诉张甲等案外人执行异议之诉案

【案件基本信息】

1. 裁判书字号

河南省平顶山市中级人民法院（2019）豫04民终1197号民事判决书

2. 案由：案外人执行异议之诉

3. 当事人

原告（上诉人）：王某

被告（被上诉人）：张甲、张乙、李某

【基本案情】

王某经从事房产中介服务的陈某联系，购买了张乙名下的位于汝州市朝阳西路万基花园×室的房子一套，经协商价格为400000元。2017年7月12日，王某将首笔购房款225000元转入陈某账户（陈某遂和张乙一起将该房产的剩余按揭房款付清）。2017年8月16日，王某取款175000元，并以现金形式支付给张乙，当天，王某与张乙、李某（与张乙原系夫妻关系）签订买卖合同，以400000元的价格将涉案房屋卖与王某，陈某作为中证人在该合同上签字。合同签订当天，张乙将该房产的房产证、钥匙交付王某，张乙、李某同时向王某出具了收到本案所涉房屋购房款400000元的收据一份，王某遂入住该房屋。之后，张乙下落不明，王某与张乙至今未办理本案所涉房屋的过户登记手续。王某入住该房屋后，以张乙名义缴纳了居住该房屋之后的自来水费、电费。

另外，张乙与李某于2016年11月4日办理离婚登记。因张乙、李某与张丙之间民间借贷关系一案，一审法院依据张丙申请，于2017年5月16日作出（2017）豫0482财保32号民事裁定书，对本案所涉房屋予以诉讼保全，后张丙申请人民法院强制执行该涉案房产。2018年12月17日，一审法院以张丙为申请执行人，以王某已代替被执行人张乙、李某履行完毕为由，作出（2018）豫0482执恢355号执行裁定书，裁定解除对涉案房产的查封。

又因张乙、李某与张甲民间借贷纠纷一案，一审法院依据张甲申请于2017年10月12日作出（2017）豫0482民初9988号民事裁定书，对本案所涉房屋予以诉讼保全。后王某对一审法院（2017）豫0482民初9988号民事裁定书提出书面异议，一审法院经审查，于2018年3月28日作出（2018）豫0482执异47号执行裁定书，裁定：驳回案外人王某对（2017）豫0482民初98号民事裁定书所提的执行异议。该裁定于2018年4月12日送达王某后，王某于2018年4月18日向一审法院提起案外人执行异议之诉。

【案件焦点】

1. 王某于2017年8月16日与张乙、李某签订的关于×室房屋买卖契约的效力应如何确定；2. 王某是否对本案执行标的享有足以排除强制执行的民事权益。

【法院裁判要旨】

河南省汝州市人民法院经审理认为：案外人就执行标的享有足以排除强制执行的民事权益的，依法应当停止执行该执行标的。本案中，王某与张乙、李某签订书面买卖合同前，法院已依据张丙申请作出（2017）豫0482财保32号民事裁定书，对该房屋予以诉讼保全，依照《中华人民共和国城市房地产管理法》第三十八条规定，王某与张乙、李某针对法院已经查封的房产进行买卖的行为已经违反法律的强制性规定。法院虽于2018年12月17日作出（2018）豫0482执恢355号执行裁定书，裁定解除对涉案房屋的查封，但该解除查封行为发生之前，一审法院已依据张甲申请于2017年10月12日作出（2017）豫0482民初9988号民事裁定书，对本案所涉房屋予以诉讼保全，王某与张乙、李某就本案所涉房屋签订买卖合同时，该房屋并未依法解除查封。因王某与张乙、李某就本案所涉房屋买卖并未签订合法有效的买卖合同，依照《最高人民法院关于人民法院办理执行异议和复议案件若干问题的规定》第二十八条规定，现王某要求停止对涉案房屋的强制执行，解除依据张甲申请对该房产的查封，理由不足，法院不予支持。因王某与张乙、李某针对本案所涉房屋签订买卖合同后，并未就该房屋办理过户登记，王某依法不能取得该房屋的所有权，故对王某确认系该房屋的合法所有权人的诉讼请求，不予支持。判决：

驳回王某的诉讼请求。

王某不服，提起上诉。河南省平顶山市中级人民法院经审理认为：

一、关于该案房屋买卖契约的效力问题。《中华人民共和国城市房地产管理法》第三十八条规定，下列房地产，不得转让：（一）以出让方式取得土地使用权的，不符合本法第三十九条规定的条件的；（二）司法机关和行政机关依法裁定、决定查封或者以其他形式限制房地产权利的……上述第二项规定是针对行政管理部门对不符合规定条件的房地产在办理房地产权属变更登记问题上所作出的行政管理性质的规定，而非针对房地产转让合同效力的强制性规定。因此，本案中涉案转让的房产即使存在司法查封，按照物权法原理，双方当事人之间订立的有关转让不动产物权的合同，自合同成立时即具有法律效力；并且在解除查封或撤销查封后，当事人仍然可以办理不动产变更手续。故，本案房屋买卖契约并不违背上述有关不得转让房地产的强制性规定，应为合法有效。

二、关于王某是否对本案执行标的享有足以排除强制执行的民事权益的问题。《最高人民法院关于人民法院办理执行异议和复议案件若干问题的规定》第二十八条规定："金钱债权执行中，买受人对登记在被执行人名下的不动产提出异议，符合下列情形且其权利能够排除执行的，人民法院应予支持：（一）在人民法院查封之前已签订合法有效的书面买卖合同；（二）在人民法院查封之前已合法占有该不动产；（三）已支付全部价款，或者已按照合同约定支付部分价款且将剩余价款按照人民法院的要求交付执行；（四）非因买受人自身原因未办理过户登记。"本案中，王某将本案涉案房产转让款400000元支付与张乙，并与张乙、李某签订房屋买卖合同，张乙将该房产的房产证、钥匙、购房款400000元的收据交付王某，王某入住该房屋。而引起本案案外人执行异议之诉的诉讼保全措施实施于2017年10月12日。根据上述规定，王某在一审法院查封之前已经与张乙、李某签订合法有效的书面买卖合同并实际入住，且已在签订合同时支付了全部合同价款，未办理过户登记的原因并不在于王某，且王某已于2018年12月17日代替被执行人张乙、李某向一审法院履行了以张丙为申请执行人的全部义务。故，王某对于本案涉案房屋享有足以排除强制执行的民事权益。王某的上诉请求成立，法院予以支持。判决如下：

一、撤销河南省汝州市人民法院（2018）豫0482民初3390号民事判决；

二、对×室房产不得强制执行。

【法官后语】

在不动产买卖过程中，买受人支付对价后即取得物权期待权，非因其自身原因导致不能完成物权转化的，从维护诚实信用的市场秩序和当事人利益优化平衡的角度，对该物权期待权应给予排除人民法院强制执行的保护。

根据《中华人民共和国物权法》第九条、第十四条、第二十八条、第三十条规定，除继承、征收等非因法律行为所取得的物权外，不动产物权的设立、变更、转让和消灭，必须经依法登记，始能发生法律效力。在买受人看来，其依照买卖合同履行自己的义务后，预期物权将确定无疑地变动到其名下。尽管我国法律将物权效力与合同效力进行了区分，但是基于社会公众最基本的朴素理念，买卖合同的履行在买受人心里意味着其已经取得相应的物权。我们可以称买受人这时取得了对不动产享有物权登记请求权的物权期待权。在现实生活中，不动产买卖从合同的签订、不动产交付到最终过户往往需要很长时间，其间任何一个环节出现问题就会影响物权期待权转向真正的物权。如果该期待权的转化进程被非自身因素阻断或影响，则基于买卖合同的相关交易安全和市场秩序将受到侵害，若不对其进行特殊的保护，就造成当事人之间的利益失衡，更会影响社会市场秩序和社会稳定。

《最高人民法院关于人民法院办理执行异议和复议案件若干问题的规定》第二十八条规定："金钱债权执行中，买受人对登记在被执行人名下的不动产提出异议，符合下列情形且其权利能够排除执行的，人民法院应予支持：（一）在人民法院查封之前已签订合法有效的书面买卖合同；（二）在人民法院查封之前已合法占有该不动产；（三）已支付全部价款，或者已按照合同约定支付部分价款且将剩余价款按照人民法院的要求交付执行；（四）非因买受人自身原因未办理过户登记。"根据该条规定，买受人若想排除法院强制执行的民事权益，就必须同时满足上述四个条件。本案中，王某在与张乙、李某签订书面买卖合同、支付对价后，实际占有、使用了涉案房屋，其在涉案房屋被人民法院查封前未办理产权变更登记的原因并非自己主观懈怠履行权利，而是客观原因所致，所以其所享有的物权期待权应该排除人民法院的强制执行。

法律保护遵守契约的人，但不会保护"躺在权利上睡觉的人"，不动产买受人需要积极的履行合同义务，还应当积极主动地完成物权变更登记，从而尽可能地维护自己的合法权益。

编写人：河南省平顶山市中级人民法院　刘鹏华　杜伟杰

6

商品房次买受人有权主张排除对房屋的强制执行

——李甲诉长安国际信托股份有限公司案外人执行异议之诉案

【案件基本信息】

1. 裁判书字号

山东省济南铁路运输中级人民法院（2017）鲁71民初1号民事判决书

2. 案由：案外人执行异议之诉

3. 当事人

原告（执行案外人）：李甲

被告（申请执行人）：长安国际信托股份有限公司

第三人（被申请执行人）：泰安志高实业集团有限责任公司（以下简称泰安志高公司）

【基本案情】

2010年11月21日，泰安志高公司与案外人李乙签订《商品房预售合同》，双方约定：李乙购买泰安志高公司开发建设的×室房屋。双方在合同中对相关权利义务内容进行了明确约定。之后，双方办理了涉案房屋期房网上签约及《商品房预售合同》备案登记。2012年8月31日，李乙向泰安志高公司付清了全部购房款项，泰安志高公司向李乙办理了房屋交付手续。但因泰安志高公司的原因，涉案房屋未能办理不动产权属过户登记。

2013年4月6日，李乙与李甲签订《房产转让协议》，双方约定：李乙将其自泰安志高公司购买的涉案房屋转让给李甲，转让价格为李乙与开发商实际成交金额572825元另加住宅专项维修基金10761元，合计总价583586元。在协议第五条，双方还约定：由于×室房屋已交房尚未办理房产证，暂无法办理过户手续，李乙应协助李甲进行房产更名手续。至2013年7月，李甲向李乙支付了全部购房款，李乙出具了收款收据并将房屋交付给李甲。李甲的家人对涉案房屋进行了装饰装修并实际居住。李甲与李乙为办理涉案房屋产权过户登记，经泰安志高公司同意，将该房屋的购房款收据由交款人李乙更换为李甲，收据入账日期仍为原李乙交款日期。2013 年 8 月 29 日，李乙与泰安志高公司在泰安市房产管理部门撤销了涉案房屋预售登记备案，2013 年 9 月 5 日办理了《商品房预售合同》撤销手续。

山东省济南铁路运输中级人民法院在执行申请执行人长安国际信托股份有限公司与被执行人泰安志高公司等股权回购纠纷一案中，于 2013 年 9 月 11 日查封了登记在泰安志高公司名下的部分房产，其中包括涉案房产。李甲就此向法院提出执行异议，请求停止对涉案房屋的强制执行。法院经审查后作出（2015）济铁中执异字第 4 号执行异议裁定，驳回李甲的异议。李甲不服该执行裁定，遂提起本案诉讼。

【案件焦点】

李甲作为商品房次买受人，对登记在泰安志高公司名下的涉案房屋是否享有足以排除强制执行的民事权益。

【法院裁判要旨】

山东省济南铁路运输中级人民法院经审理认为：本案第三人泰安志高公司与案外人李乙于 2010 年 11 月签订的《商品房预售合同》、李乙与李甲于 2013 年 4 月签订的《房产转让协议》，均系当事人真实意思表示，且不违反法律强制性规定，应属合法有效。李乙在其与泰安志高公司所订《商品房预售合同》履行过程中，将其基于《商品房预售合同》而合法享有的对涉案房屋的占有、使用权，以及请求泰安志高公司办理房屋所有权登记、转移房屋所有权的物权期待权，一并转让给李甲。该项转让已经通知泰安志高公司，泰安志高公司认可李乙向李甲转让交付涉案房屋，并为李甲更换了购房款收据。上述行为全部发生在涉案房屋被查封之前。李甲虽尚未与泰安志高公司办理商品房买卖网上签约及预售合同备案登记，尚未取得涉案房产的所有权，但并不影响其对涉案房产享有合法的居住权和物权期待权。泰安志高公司在涉案房屋被查封之前已经收到全部购房价款，并将房屋交付给购房人，涉案房屋早已脱离泰安志高公司的管理与控制，且购房人对未能办理产权过户登记手续并无过错，因此，涉案房屋不属于泰安志高公司的可供执行财产。

山东省济南铁路运输中级人民法院依照《中华人民共和国民事诉讼法》第二百

二十七条，《最高人民法院关于适用〈中华人民共和国民事诉讼法〉的解释》第二百四十条、第三百一十二条第一款第一项、第三百一十四条第一款规定，作出如下判决：

一、不得执行×室房屋；

二、(2015）济铁中执异字第4号执行异议裁定于本判决生效时自动失效。

【法官后语】

案外人执行异议之诉案件的审理重点，在于案外人是否对争议的执行标的享有足以排除强制执行的民事权益。在金钱债权执行案件中，被执行人（开发商）收取全部购房款并将房屋交付买受人，因被执行人原因未能办理房屋产权过户登记，买受人对此没有过错的，不得对该房屋采取强制执行措施。但对于尚未办理过户登记的买受人又将房屋转让的，次买受人是否有权主张排除执行，法律及司法解释并未作出明确规定。我们认为，相对于普通金钱债权，应更侧重于对人民群众房屋居住权等基本生存权益的司法保护。

关于李乙与李甲之间《房产转让协议》的效力问题，虽然李乙是在没有办理涉案房屋产权登记、尚未取得房屋所有权的情况下，又将涉案房屋转让给李甲，但《中华人民共和国城市房地产管理法》第三十八条第六项关于未依法登记领取权属证书的房屋不得转让的规定，在性质上应属于管理性强制性规定，而非效力性强制性规定，不应作为认定房屋买卖合同无效的法律依据。李乙与李甲签订的《房产转让协议》系双方真实意思表示，应属合法有效。

商品房预售合同的登记备案，性质上应为国家对商品房预售行为的行政管理措施，不是确认合同效力的必备条件，与商品房买卖的民事法律效力没有直接关联。为办理涉案房屋的所有权过户登记，李乙与泰安志高公司在房产管理部门解除了之前签订的《商品房预售合同》并撤销了预售备案登记，因涉案房屋被查封，泰安志高公司未能与李甲就涉案房屋再行办理商品房买卖网上签约及预售合同备案登记。李乙与泰安志高公司并未互相返还涉案房屋及购房款，双方撤销预售备案登记、解除预售合同的行为，其目的并非真正解除双方的商品房买卖合同关系，而是其继续履行商品房买卖合同、转移房屋所有权的一种方式。

本案中，泰安志高公司在涉案房屋被查封之前已收到全部购房价款，并将房屋实际交付购房人，涉案房屋早已脱离泰安志高公司的管理与控制，且购房人对未能办理产权过户登记手续并无过错，因此，涉案房屋不属于泰安志高公司的可供执行财产。按照《最高人民法院关于人民法院民事执行中查封、扣押、冻结财产的规定》第十七条规定，对涉案房屋不得进行查封。次买受人李甲在法院采取查封措施之前已经交纳全部购房款并实际占有、居住房屋，基于合法转让而取得对房屋的占有、居住权和物权期待权，可以依照《最高人民法院关于人民法院办理执行异议和复议案件若干问题的规定》第二十八条规定，主张排除其他金钱债权对涉案房屋的强制执行。

编写人：山东省济南铁路运输中级人民法院　李建波

7

涉房产执行案件中执行异议成立的条件

——王甲诉姜某案外人执行异议之诉案

【案件基本信息】

1. 裁判书字号

北京市第二中级人民法院（2018）京02民终2399号民事判决书

2. 案由：案外人执行异议之诉

3. 当事人

原告（上诉人）：王甲

被告（被上诉人）：姜某

第三人：王乙、张某

【基本案情】

2014年6月19日，（2012）西民初字第17700号民事判决认定：一、王乙、张某于本判决生效之日起十日内向姜某偿还借款本金×万元；二、王乙、张某于本判决生效之日起十日内向姜某支付利息；三、王乙、张某于本判决生效之日起十日内向姜某支付滞纳金；四、姜某在本判决第一项、第二项、第三项债权范围内，对北京市西城区建功南里小区某房屋享有抵押权，对该房屋折价、拍卖、变卖后所得的价款，享有优先受偿权。王乙、张某对判决不服，提起上诉。2014年9月19日，北京市第二中级人民法院驳回上诉，维持原判。

后，姜某依法申请强制执行。法院以（2014）西执字第9702号案件立案执行后，因被执行人王乙、张某未能自动履行上述生效判决确定的义务，法院于2015年11月3日在不动产登记机关对登记在王乙名下位于北京市西城区建功南里小区某房屋予以查封，查封期限为三年（自2015年11月3日起至2018年11月2日止）。2017年6月27日，法院在淘宝司法拍卖网络平台发布《北京市西城区人民法院关于拍卖北京市西城区建功南里小区某房屋（第一次拍卖）的公告》。同年7月29日，该房屋以人民币×万元成交。2017年8月4日，王甲向法院提出执行异议，请求法院：1. 确认案外人的承租人身份；2. 通知房屋竞买人拍卖房产存在租赁事宜；3. 将案外人列为被拍卖房屋的优先购买人。2017年8月28日，法院以（2017）京0102执异108号执行裁定驳回了王甲的异议。王甲不服，提起本案之诉。

【案件焦点】

案外人以不动产租赁权排除强制执行如何认定。

【法院裁判要旨】

北京市西城区人民法院经审理认为：案外人以不动产租赁权排除强制执行，必须具备两个条件：其一，案外人与被执行人在人民法院对不动产予以查封前，已订立真实有效的不动产租赁合同；其二，案外人在人民法院对不动产予以查封前，已对不动产持续占有、使用，即已交付租金并采取明显方式在不动产内生活、生产、经营、装修等，以产生对不特定第三人的公示效果。如不符合这两个条件，则不能排除强制执行。本案中，现有证据能够证明原告与第三人签有房屋租赁合同，但不能证明法院对该房屋予以查封时，原告在之前已对该房屋持续占有、使用。因此，法院认定王甲就该房屋不享有足以排除强制执行的民事权益，对其诉讼请求，不予支持。

北京市西城区人民法院依照《中华人民共和国民事诉讼法》第二百二十七条，《最高人民法院关于适用〈中华人民共和国民事诉讼法〉的解释》第三百一十一条、第三百一十二条第一款第二项、第二款规定，作出如下判决：

驳回王甲的全部诉讼请求。

王甲不服一审判决，提起上诉。北京市第二中级人民法院经审理认为：《最高人民法院关于人民法院办理执行异议和复议案件若干问题的规定》第三十一条第一款规定，承租人请求在租赁期限内阻止向受让人移交占有被执行的不动产，在人民法院查封之前已签订合法有效的书面租赁合同并占有使用该不动产的，人民法院应予支持。依据上述法律规定，承租人享有的不动产租赁权及优先购买权能够排除不动产执行的必要条件为：一是存在真实有效的书面租赁合同，二是占有、使用该不动产。本案中，尽管王甲与王乙、张某就涉案房屋签订了书面租赁合同，但王甲自签订租赁合同起至法院查封涉案房屋三年多时间里，并未实际占有、使用涉案房屋，故王甲以其就涉案房屋享有租赁权及优先购买权为由要求法院对涉案房屋停止执行，缺乏法律依据，不予支持。

北京市第二中级人民法院依照《中华人民共和国民事诉讼法》第一百七十条第一款第一项规定，作出如下判决：

驳回上诉，维持原判。

【法官后语】

司法实践中，在法院将涉案房产查封之后，经常会出现案外人以与被执行人签订的房屋租赁合同早于法院查封时间为由向法院提出执行异议之诉，法院在判断案外人是否有足以排除执行的实体权利时会综合多种情况予以考虑，不会以房屋租赁合同时间签订的日期早于法院查封日期为单一考虑因素。针对执行标的提出的执行异议之诉成立的条件是案外人具有足以阻止标的转移、交付的实体性权利，具有物权属性，而基于房屋租赁合同，承租人享有两种权利：一是向出租方请求将租赁物交付的债权；二是占有租赁物后，对租赁物享有的占有、使用、收益的权利。因此，租赁合同具有双重属性，一种是基于合同的债权请求权，另一种是被“物权化”的租赁权。只有经过公示的租赁权才具备排除法院强制执行的效力，但公示的方式至今仍没有普遍定论，主流有两种观点：一种是以登记为公示要件；另一种是以占有为要件。我国法律并未明确租赁权的公示方式，但根据《最高人民法院关于审理城镇房屋租赁合同纠纷案件具体应用法律若干问题的解释》第六条规定，就同一房屋存在多份有效租赁合同，承租人均主张权利的情况下，人民法院以已经合法占有租赁房屋的为第一顺序权利人。其关于“占有”的优先性的强调对于房屋租赁权的认定具有重要参照价值。在房屋租赁关系中适用“买卖不破租赁”的原则，打破了合同的相对性，使得买受人成为租赁合同的相对性，其实质上是对在租赁关系中“弱者”的保护，防止因物权的变动而导致处于弱者地位的承租人被驱逐、流放。从“弱者”思维角度，很少有签订了房屋租赁合同而不去实际占有的情形，因此在执行过程中，为兼顾效率和保护“弱者”的承租权角度，租赁权的成立以占有或者登记为公示要件。租赁合同的成立并不必然导致享有租赁权，而享有租赁权必须是基于租赁合同取得的权利。

承租人享有的不动产租赁权及优先购买权能够排除不动产执行的必要条件为：一是存在真实有效的书面租赁合同，二是占有、使用该不动产。具体到本案中，王甲与王乙、张某签订的《房屋租赁协议》系双方当事人的真实意思表示，不违反法律法规的强制性规定，系合法有效的合同，但是否具备排除法院执行的效力，需要判断王甲是否具有实体上的权利即租赁权，王甲与王乙、张某签订租赁合同之后长达五年时间未占有、使用该涉案房屋，对涉案房屋不具有事实上的支配、使用的权利，不具有向不特定的人公示占有的效力，因此其并未取得该涉案房屋的租赁权也就达到不了排除执行的效力。

编写人：北京市西城区人民法院　罗涛　李子耀

8

为免缴税费未过户房屋，提执行异议不予支持

——叶甲、叶乙诉吴某案外人执行异议之诉案

【案件基本信息】

1. 裁判书字号

浙江省丽水市中级人民法院（2018）浙11民终390号民事判决书

2. 案由：案外人执行异议之诉

3. 当事人

原告（上诉人）：叶甲、叶乙

被告（被上诉人）：吴某

原审第三人：张甲、张乙

【基本案情】

2009年8月4日，第三人张甲、张乙分别与原告叶甲、叶乙签订《买卖契约》，将某小区B区B2幢第一直、第二直地基以69.2万元转让给原告叶甲、叶乙。2009年7月28日，两原告分别向第三人支付定金各5万元。2009年8月4日，两原告付清剩余购房款59.2万元。第三人张甲、张乙将地基及所有建房手续交付给原告叶甲、叶乙。两原告共同出资建造房屋，所建房屋为某小区B区12幢1单元101室、201室、301室、401室、501室五套房产（以下简称五套房产）。2012年4月16日，房屋办理了房产证，五套房产均登记在第三人张甲、张乙名下。同时，办理了国有土地使用权证，土地使用权类型为划拨。2012年5月11日，第三人张甲、张乙公证委托原告叶甲办理五套房产出售相关的一切手续。2010年至2016年，两原告将上述房屋中的101室、201室、301室、401室四套房产出售给他人，缴纳了土地出让金，并办理了产权过户手续。

另，案外人吴某与第三人张甲民间借贷纠纷一案，法院作出民事判决并已生效，吴某根据生效判决书申请执行，法院查封了登记在被告张甲名下某小区B区12幢1单元501室房屋。原告知悉上述情况后，向法院提出执行异议，后该异议被裁定驳回。

原告主张：叶甲、叶乙从张甲、张乙处购得安置地基B2幢第一直、第二直并付清了全部价款。二人共同出资将两直地基合并建造房屋。因要与移民名册相对应故建成的房屋先行登记在了两第三人名下。案涉房屋系受让空地基后出资建造，属于原始取得，依法应当认定为两原告所有。请求：（1）确认案涉房屋为原告所有；（2）停止对案涉房屋的执行；（3）解除对案涉房屋的查封。

【案件焦点】

1. 关于两原告对涉案房屋是否享有所有权问题；2. 关于两原告对涉案房屋是否享有足以排除执行的权利。

【法院裁判要旨】

浙江省景宁畲族自治县人民法院经审理认为：第一，根据《中华人民共和国物权法》第九条、第十四条规定，不动产所有权的取得，除了法律另有规定的情形外，只有在不动产登记簿上记载之后，方能取得包括所有权在内的所有不动产物权。本案中，案涉房屋登记在第三人张甲、张乙名下，在不动产登记没有变更的情况下，两原告要求确认对案涉房屋享有所有权的诉求，于法无据，法院依法不予支持。第二，《最高人民法院关于人民法院办理执行异议和复议案件若干问题的规定》第二十八条规定："金钱债权执行中，买受人对登记在被执行人名下的不动产提出异议，符合下列情形且其权利能够排除执行的，人民法院应予支持：（一）在人民法院查封之前已签订合法有效的书面买卖合同；（二）在人民法院查封之前已合法占有该不动产；（三）已支付全部价款，或者已按照合同约定支付部分价款且将剩余价款按照人民法院的要求交付执行；（四）非因买受人自身原因未办理过户登记。"本案中，原告叶甲、叶乙的情形符合该规定的第一项至第三项。然而，2012年5月21日，第三人张甲、张乙已通过公证处公证委托原告叶甲代为办理房屋产权的变更、过户等相关手续。可见，从2012年5月21日开始，两原告已经具备办理房屋产权过户的条件。庭审中，原告陈述为了避免缴纳较高税费未将登记在第三人张甲、张乙名下的房产过户到自己名下，而是在确定买受人后直接将房屋过户到买受人名下。故，涉案房屋因两原告存在过错而未及时办理产权过户手续，两原告对涉案房产不享有足以排除执行的民事权益。两原告要求停止对涉案房屋的强制执行的诉讼请求，法院依法不予支持。法院作出查封措施并无不当。

浙江省景宁畲族自治县人民法院依照《中华人民共和国物权法》第九条、第十四条，《最高人民法院关于人民法院办理执行异议和复议案件若干问题的规定》第二十八条，《最高人民法院关于适用〈中华人民共和国民事诉讼法〉的解释》第三百一十二条第二项，《中华人民共和国民事诉讼法》第一百四十四条规定，判决如下：

驳回原告叶甲、叶乙的诉讼请求。

叶甲、叶乙不服一审判决，提起上诉。浙江省丽水市中级人民法院同意一审法院裁判意见，并认为两上诉人在未办理两直地基土地使用权变更登记的情形下，作为行政许可的建造主体之外的人员，在案涉地基上建造房屋系属在他人财产上进行添附，且该房屋建成后的初始登记权利人亦为原审第三人张甲、张乙，故应认定两上诉人的前述建造行为并不具备《中华人民共和国物权法》第三十条所规定的“合法建造”之特征。

浙江省丽水市中级人民法院依照《中华人民共和国民事诉讼法》第一百七十条第一款第一项规定，判决如下：

驳回上诉，维持原判。

【法官后语】

一、关于“非因买受人自身原因未办理过户登记”原因分析

《最高人民法院关于人民法院办理执行异议和复议案件若干问题的规定》第二十八条规定的目的在于保护善意买受人的合法权益。司法实践中，符合第二十八条前三项规定而房屋未过户的原因多种多样，我们应根据具体情形进行严格甄别。从实践中看，能够归责于买受人的原因可以分为三个层面。一是对他人权利障碍的忽视。例如，不动产之上设定有其他人的抵押权登记，而买受人没有履行合理的注意义务，导致登记时由于存在他人抵押权而无法登记。二是对政策限制的忽视。例如，明知某地限制购房，在不符合条件的情况下仍然购房导致无法办理过户手续。三是消极不行使登记权利。例如，有的交易当事人为了逃税等而故意不办理登记的，不应受到该原则的保护。相反的，如未过户系因出卖人不协助过户、房屋过户存在客观障碍、房管部门的缘故等，则不能认定系因买受人个人原因导致房屋未过户。此种情况下，法院为了实现其他债权而针对不动产采取执行措施，极易损害在查封之前的已经签订买卖合同、支付合理对价并且合法占有房屋，而非因买受人自身原因导致房屋未过户的善意买受人。

二、关于《中华人民共和国物权法》第三十条“合法建造”的理解

《中华人民共和国物权法》第三十条规定：“因合法建造、拆除房屋等事实行为设立或者消灭物权的，自事实行为成就时发生效力。”该条是关于因事实行为而设立或者消灭物权的规定。这些因事实行为而导致的物权的设立或者消灭，自事实行为成就时发生效力，而不需要遵循一般的物权公示方法（不动产为登记，动产为交付）即发生效力。然而，合法建造取得物权，应符合两个前提条件：一是必须有合法的建房手续，完成特定审批手续，取得合法土地权利，符合规划要求；二是房屋应当建成。

本案中，买受人虽购买了案涉房屋地基，但并未进行变更登记，未取得地基的土地使用权。在此情形下，两上诉人作为行政许可的建造主体之外的人员，在案涉地基上建造房屋系属在他人财产上进行添附，不能认定其建造行为属于“合法建造”。

编写人：浙江省景宁畲族自治县人民法院　张敏芬　肖来

9

申请执行人同意以房款抵扣租金的，被执行人唯一住房不构成阻却执行之事由

——戴某与许某等申请执行异议案

【案件基本信息】

1. 裁判书字号

江苏省无锡市中级人民法院（2018）苏02执复11号民事裁定书

2. 事由：申请执行异议

3. 当事人

复议申请人（异议人、被执行人）：戴某

申请执行人：许某

被执行人：耿甲、耿乙

【基本案情】

2016年5月30日，原江苏省无锡市南长区人民法院（现为江苏省无锡市梁溪区人民法院，以下简称梁溪法院）作出（2015）南民初字第1218号民事判决书，判决：一、耿甲、戴某于本判决生效后五日内归还许某借款100万元及相应利息（自2013年11月26日起至实际给付之日止按中国人民银行公布的银行同期同档贷款基准利率的四倍计算）；二、耿乙对上述第一项还款承担连带责任；三、驳回许某的其他诉讼请求。判决生效后，因耿甲、戴某、耿乙未履行还款义务，许某于

2017年5月向梁溪法院申请执行。同年12月21日，梁溪法院作出（2017）苏0213执1763号执行裁定，拍卖被执行人戴某名下某小区601室的房产。

另查明，被执行人耿甲与戴某原系夫妻关系，1994年3月育有一女儿耿丙，2013年10月登记离婚。601室房屋为戴某唯一住房，现由戴某、耿丙及戴某母亲窦丙三人居住。

戴某提出异议称：1. 601室系戴某及其母亲、女儿生活所必需的唯一居住用房，法院依法不得拍卖；2. 耿甲对他人有债权，已进入执行程序，在法院未执行完毕前拍卖戴某房产不合理，请求法院停止拍卖。

申请执行人许某则称，在同意提供租金的情况下，可以拍卖被执行人生活必需的居住房屋。本案诉讼至今已两年半，耿甲债权尚未执行到位，而且金额有限，请求立即拍卖戴某房产。

【案件焦点】

在申请执行人同意从房屋变价款中扣除一定租金的情况下，被执行人能否以生活所必需的唯一居住用房为由阻却执行。

【法院裁判要旨】

梁溪法院经审理认为：本案属于金钱债权的执行，金钱债权的执行标的，可以是被执行人所有的任何可供执行的财产。人民法院在执行被执行人房产的过程中，应当保障被执行人及其所扶养家属的基本居住权，而不是房屋所有权。本案中，申请执行人同意从房屋变价款中扣除相应租金，用于解决被执行人及其所扶养家属在一定期限内的居住问题。在这一前提下，对于被执行人及其扶养家属维持生活所必需的居住房屋，人民法院可以强制执行。异议人戴某提出本案另一被执行人耿甲有债权正在申请法院执行，请求法院在耿甲债权执行到位后再拍卖其房产，无法律依据。

梁溪法院依照《中华人民共和国民事诉讼法》第二百二十五条、《最高人民法院关于人民法院办理执行异议和复议案件若干问题的规定》第二十条第一款规定，作出如下裁定：

驳回异议人戴某的异议请求。

戴某对该裁定不服，向江苏省无锡市中级人民法院申请复议。江苏省无锡市中级人民法院经审理认为：根据法律规定，金钱债权执行中，符合下列情形之一，被执行人以执行标的系本人及所扶养家属维持生活必需的居住房屋为由提出异议的，人民法院不予支持：（一）对被执行人有扶养义务的人名下有其他能够维持生活必需的居住房屋的；（二）执行依据生效后，被执行人为逃避债务转让其名下其他房屋的；（三）申请执行人按照当地廉租住房保障面积标准为被执行人及所扶养家属提供居住房屋，或者同意参照当地房屋租赁市场平均租金标准从该房屋的变价款中扣除五至八年租金的。本案中，申请执行人同意从房屋变价款中扣除相应租金，用于解决被执行人及其所扶养家属在一定期限内的居住问题，符合上述第三项的规定，人民法院可以强制执行。复议人戴某提出本案另一被执行人耿甲有债权正在法院执行中，请求法院在耿甲债权执行到位后再拍卖其房产，无法律依据。

江苏省无锡市中级人民法院依照《中华人民共和国民事诉讼法》第二百二十五条、《最高人民法院关于人民法院办理执行异议和复议案件若干问题的规定》第二十三条第一项规定，作出如下裁定：

驳回戴某的复议申请，维持梁溪法院（2018）苏0213执异1号执行裁定。

【法官后语】

执行是司法程序中极为重要的一环，事关当事人利益的最终实现。然而在趋利避害的本能唆使下，被执行人会以各种理由逃避执行，致使法院的判决沦为一张加盖了公章的“白纸”，挑战着司法的公信力与权威。其中，法院在处置被执行人的房产时，被执行人经常会以被执行房屋系被执行人及其所扶养家属生活所必需的唯一居住用房提出异议，主张法院不能处置相应房屋，这种情形在实践中非常普遍，也曾经是阻却法院顺利执行的大难题。

为了有力破解“执行难”，特别是针对被执行财产的抗辩等问题，最高人民法院出台了诸多司法解释，其中，《最高人民法院关于人民法院办理执行异议和复议案件若干问题的规定》第二十条明确规定，金钱债权执行中，符合下列情形之一，被执行人以执行标的系本人及其所扶养家属维持生活必需的居住房屋为由提出异议的，人民法院不予支持：（一）对被执行人有扶养义务的人名下有其他能够维持生活必需的居住房屋的；（二）执行依据生效后，被执行人为逃避债务转让其名下其他房屋的；（三）申请执行人按照当地廉租住房保障面积标准为被执行人及所扶养家属提供居住房屋，或者同意参照当地房屋租赁市场平均租金标准从该房屋的变价款中扣除五至八年租金的。该条规定的基本思路是：第一，人民法院保障的是被执行人的居住权，而非房屋所有权；第二，这种居住权应当是被执行人及其扶养的家属生活所必需；第三，保障是有期限的，债权人对债务人生存权的保障是应急性，所谓“救急不救穷”，债务人最终还是应当向当地政府申请住房保障，不能让本应由政府承担的社会保障义务全部转嫁给债权人承担；第四，被执行人不能利用法律对其生存权的保障来逃避执行。

本案中，申请执行人在异议期间已向法院书面同意从房屋变价款中扣除相应租金，用于解决被执行人及其所扶养家属在一定期限内的居住问题，符合上述第三项的规定，故法院依法可以处置被执行人唯一房产用于偿债，有效地保障了执行申请人的合法权益。这也是反制规避执行，解决“执行难”问题的重要举措。

编写人：江苏省无锡市梁溪区人民法院　罗扬

10

特定房地产市场管理下购房人物权期待权的保护

——王某诉盛某等申请执行人执行异议之诉案

【案件基本信息】

1. 裁判书字号

黑龙江省鸡西市中级人民法院（2018）黑03民初73号民事判决书

2. 案由：申请执行人执行异议之诉

3. 当事人

原告：王某

被告：盛某、徐某、鸡西市宏宇金丰房地产开发有限公司（以下简称金丰公司）

【基本案情】

王某与金丰公司、徐某借款合同纠纷一案，经鸡西仲裁委会员调解达成一致意见，确认金丰公司、徐某于2015年11月1日前向王某偿还借款50000000元及案件受理费131775元。因金丰公司、徐某到期未履行给付义务，王某向鸡西市中级人民法院申请执行。鸡西市中级人民法院于2015年12月9日作出（2015）鸡法执字第82－1号执行裁定书，查封金丰公司与徐某所有的位于鸡西市鸡冠区红星乡红星村××小区的部分房源，包括案涉房屋即××小区8号楼1单元201室。盛某于2018年5月14日向鸡西市中级人民法院提出执行异议，鸡西市中级人民法院于2018年5月23日作出了（2018）黑03执异41号执行裁定书，中止对位于鸡西市鸡冠区红星乡红星村××小区8号楼1单元201室的执行。王某对该裁定不服，提起申请执行人执行异议之诉。

另查明，盛某自述其通过××小区建筑商杜某购买抹账房屋即本案诉争房屋，2013年3月22日，其与金丰公司签订购房协议书，同时交付房款，因案涉房屋没有开通水、电、热，不具备交付条件，房屋至今尚未交付。

【案件焦点】

案外人盛某主张其享有排除强制执行的民事权益是否成立。

【法院裁判要旨】

黑龙江省鸡西市中级人民法院经审理认为：本案系申请执行人执行异议之诉，案外人应当就执行标的享有足以排除强制执行的民事权益承担举证证明责任。在人民法院查封之前，盛某从××小区建筑商处购房取得案涉房屋，并与金丰公司签订书面购房协议，支付全部价款，约定房屋交付时间。因××小区没有水、电及供热，至今没有交付使用，责任在于金丰公司，盛某对没有办理产权登记无过错，故盛某对案涉房屋提出的异议理由成立。

黑龙江省鸡西市中级人民法院依照《最高人民法院关于人民法院办理执行异议和复议案件若干问题的规定》第二十八条，《中华人民共和国民事诉讼法》第一百四十四条、第二百二十七条，《最高人民法院关于适用〈中华人民共和国民事诉讼法〉的解释》第三百一十三条规定，作出如下判决：

驳回王某的诉讼请求。

【法官后语】

本案纠纷系在特殊时期、特殊条件下所形成。通常的房地产项目开发是应先取得建设工程规划许可证和国有土地使用证，开发企业招标，与施工企业签订建设工程施工合同，报批取得建设工程开工证，施工企业进场施工，报批取得商品房销售（预售）许可证，此后方可对外销售建成或在建房屋。而本案所涉××小区是在鸡西市人民政府同意“先开工建设，后补办手续”等情形下进行开发建设。鸡西市保障办作为政府职能部门，先后两次主持召开会议并印发会议纪要，同意包括案涉项目在内的十余个房地产开发项目“开设绿色通道”“项目开工后，三个月内办理前期手续”。建设单位与施工单位在文件许可下，进行开工建设，但并未按规定补办相关手续，工程建设并未全部完成，亦未取得商品房预售许可证即开始对外销售在建房屋。而尤为需要明确的是，案涉开发项目虽仅有两份会议纪要同意开工建设，至今没有其他任何行政审批批准手续，但对金丰公司未补办开发建设手续、预售手续、自行售房等违规行为，鸡西市人民政府各有关职能部门未作任何查处，事实上系一直持默许态度。在工程停工后，针对众多购房人、回迁人反映，按照省委、省政府文件精神，鸡西市保障办又多次协调，已经为案涉小区进行了通水、通电、供暖等相关施工。案涉小区之购房人系属在政府默许开工建设、预售房屋情形下购买房屋，而非明知所购房屋为非法建筑，面临被政府强制拆除等而执意购买等情形。

对购房人盛某的权益保护应当优先于一般金钱债权人王某。如前所述，案涉协议购房并非通常的商品房销售、商品房买卖。同时，××小区房地产开发建设也不同于通常依法进行的房地产开发建设。无论盛某等购房人直接与金丰公司签订购房协议、认购房屋，抑或购买抵偿施工人工程款的房屋，均应认定购房人、施工人及金丰公司关于案涉房屋买卖的意思表示真实，购房协议已经成立。但在协议效力上，案涉小区没有取得商品房预售许可证的情形下，不能认定购房协议已经生效。但需指出，与购房人购买尚未取得商品房预售许可证的房屋情形相似，王某出借金丰公司款项亦是投放于尚未取得建设工程规划许可证、国有土地使用证、建设工程开工证等行政审批手续的房地产开发项目，且在查封时仍缺少上述开发建设手续。其所申请强制执行的房屋，不完全符合法律意义上的登记在被执行人名下的房屋。对于执行异议之诉案件之裁判，在相关权利人的权利均具有一定合法基础及受保护理由的情形下，其所需解决的重要问题是依法衡平何种权利更为优先、何种权利更为迫切需要依法予以维护。盛某签订购房协议购买房屋，作为购房人其请求排除强制执行之行为系关系其生存权益保障，而王某请求强制执行之行为则系关系其债权权益维护，在二者出现冲突之时，基于本案纠纷产生及演变的具体实际，在盛某签订购房协议、支付房屋价款均先于案涉房屋被查封保全的情形下，根据《最高人民法院关于建设工程价款优先受偿权问题的批复》所规定之精神，即建设工程价款、抵押权、其他债权和消费者权利的比较原则，应当依法裁判盛某对所购房屋享有的权益优先于王某申请执行金丰公司之金钱之债。

此外，现有证据不能证明盛某等购房人存在协助金丰公司逃避其与王某债务的恶意。2015年12月9日，鸡西市中级人民法院根据鸡西仲裁委员会仲裁调解书作出执行裁定，查封了包含案涉房屋在内的××小区部分房屋，而盛某等购房人、施工人及金丰公司之间形成房屋买卖合同关系的时间均在上述查封之前。金丰公司以房抵偿工程款或直接出售案涉房屋的行为，无论是否存在由此降低其企业清偿债务的责任能力，导致无力履行偿还王某借款的情形，现有证据均不能证明盛某等购房人对此明知。在政府有关部门对案涉小区开发、销售持默许态度下，应当认定盛某等购房人购买房屋不存在过错。因政府有关部门管理缺失，导致购房人签订购房协议时，忽视了对所购房屋是否已经核发商品房预售许可证的审查。购房人虽有一定过失，但基于特定的房地产市场管理实际，不应据此否定购房人所享有的物权期待权。本案中，鸡西市保障办已经多次协调，为案涉小区进行了通水、通电、供暖等相关施工，且承诺尽早使小区业主能够办理房屋产权证书。与执行程序中的执行异议审查所持的重点审查外观要素、判断标准较低相比较，审理执行异议之诉案件则需对权利有无及其实质作出甄别、判断、认定，并更倾向于保护无过错房屋买受人的包括消费者物权期待权和物权期待权在内的生存权益。因此，基于本案纠纷的客观实际及特定状况，在盛某先于法院查封购买案涉房屋的情形下，判决驳回原告王某的诉讼请求。

值得注意的是，本案系在特殊时期、特殊条件下所形成的类型案件，在执行异议之诉个案审理时，应严格适用《最高人民法院关于人民法院办理执行异议和复议案件若干问题的规定》第二十八条、第二十九条规定，准确认定买受人享有的物权期待权及消费者物权期待权的适用条件。

编写人：黑龙江省鸡西市中级人民法院　徐媛凤

二、对特殊标的物的执行

11

被执行人恶意变更法定代表人以规避限制消费令等强制执行措施的如何处理

——王某与台州市宜顺建筑劳务分包有限公司、临海市恒盛汽车贸易有限公司执行异议案

【案件基本信息】

1. 裁判书字号

浙江省临海市人民法院（2018）浙1082执异82号执行裁定书

2. 事由：执行异议

3. 当事人

异议人（被限高人）：王某

申请执行人：台州市宜顺建筑劳务分包有限公司

被执行人：临海市恒盛汽车贸易有限公司

【基本案情】

法院在执行申请执行人台州市宜顺建筑劳务分包有限公司与被执行人临海市恒盛汽车贸易有限公司买卖合同纠纷一案中，异议人王某对法院限制其高消费及相关消费提出书面异议。

异议人王某称：现临海市恒盛汽车贸易有限公司的法定代表人为凤某，并非异议人，故法院对其作出限制高消费的决定是错误的，请求予以撤销。

法院经审理查明：临海市恒盛汽车贸易有限公司原法定代表人为张某，2014年1月23日，该公司的法定代表人变更为王某。2014年2月20日，台州市中级人民法院作出（2013）浙台商终字第681号民事判决书，判决临海市恒盛汽车贸易有限公司支付台州市宜顺建筑劳务分包有限公司货款40万元。2017年8月21日，台州市宜顺建筑劳务分包有限公司申请立案执行。因临海市恒盛汽车贸易有限公司未在指定期间内自觉履行义务，又不向法院申报财产，亦未提供被执行人判决生效后的财产审计报告，法院执行人员将该公司的法定代表人即异议人王某列入失信被执行人名单并限制高消费。后公司在经营范围不变的情况下，于2018年9月14日将法定代表人变更为凤某（1930年10月7日出生，现年88周岁，无联系方式），并于2018年9月14日、10月17日将自己股权分别出让给凤某、陈某。

【案件焦点】

能否继续对前法定代表人即异议人王某限制高消费。

【法院裁判要旨】

浙江省临海市人民法院经审理认为：在执行过程中，既是法定代表人又是股东的王某将股权全部转让，使公司股权结构和财产情况发生了重大变化，按照执行通知书和财产报告令要求，其必须及时向执行法院报告该公司财产变化情况，现王某未将该情况及时报告执行法院，应视为拒绝报告。虽然王某提出自己目前不是法定代表人，也不是股东，要求撤销限制高消费，但作为前法定代表人、影响债务履行的直接责任人和实际控制人，在执行实施阶段，法院对其采取限制高消费的行为是合法有据的，且法院对王某实行限制高消费措施在前，而公司法定代表人及股权变更在后，根据《最高人民法院关于公布失信被执行人名单信息的若干规定》和《最高人民法院关于限制被执行人高消费及有关消费的若干规定》有关规定，被执行人为单位的，被纳入失信被执行人名单和采取限制消费措施后，该公司的法定代表人及影响其债务履行的直接责任人员、实际控制人员不得实施高消费行为，故其异议请求法院不予支持。

浙江省临海市人民法院依照《最高人民法院关于人民法院办理执行异议与复议案件若干问题的规定》第十七条第一项规定，裁定如下：

驳回王某的异议请求。

【法官后语】

本案例试图探讨如何破解被执行人为公司的通过恶意变更法定代表人的方式规避限制高消费等强制执行措施。对于强制执行案件，我国法律设有限制消费令、财产报告令、纳入失信、罚款、拘留等不同的强制执行措施，以促使被执行人自愿履行义务。但对于被执行人为公司的，显然公司无法作为限制高消费等强制措施的有效对象。于是，我国法律规定针对被执行公司的法定代表人、主要负责人、影响债务履行的直接责任人员、实际控制人同样可以限制高消费等强制执行措施。公司是独立的民事主体，享有独立的民事权利能力、行为能力和责任能力。公司作为被执行人的，公司以其财产对外独立承担金钱给付义务。但实际情况是，法定代表人、主要负责人或者直接责任人员掌握被执行公司的财产情况和日常经营，实际掌控其还款意愿，故对法院执行工作的影响巨大，因此对其采取执行措施也符合强制执行的基本立法目的和精神。

为了规避执行，被执行人往往采取变更法定代表人的方式规避限制高消费等执行措施，这类案件中被执行人以小微企业居多，这类企业的法定代表人、主要负责人或者直接责任人员往往享有高度集中的经营决策权，公司人格与股东人格趋近混同。在案件判决后或者进入执行程序后，公司就将法定代表人变更为老人、残疾人、病人等，使得法院的强制措施发挥不了应有的效果，大部分变更后的法定代表人对涉诉执行债务不知情或根本不知晓公司的经营情况，有些甚至人也无法联系，还有些将公司股权一起变更。在变更之后，公司也人去楼空，被执行人成为无经常场地、无可供执行财产、无公司职员的“三无公司”，造成法院强制执行陷入被动。

为了破解上述难题，执行法院可以采取变更后继续限制原法定代表人的方式制裁规避执行行为。相应裁判的法理基础在于原法定代表人同样属于“影响债务履行的直接责任人员”，以此继续对原法定代表人限制高消费。但法律对于“影响债务履行的直接责任人员”的具体范围并无明确规定，实务中完全取决于法官的主观判断，如案件中难以证实原法定代表人对债务的履行具有直接影响，较难在变更后仍对原法定代表人施以限制。同时，对原法定代表人的限制在实务操作上也具有一定劣势：法定代表人是公司营业执照的公示事项，对其进行限制操作较为方便。而判断是否为影响债务履行的直接责任人员、实际控制人则需相应证据予以证明，操作便捷性相对较差。除此之外，对于原法定代表人“影响债务履行”的举证责任分配也是实务操作中的障碍之一。现行法律并未对执行阶段的举证责任有特别规定，依据“谁主张，谁举证”的证明原则来分配举证责任显然有失公允，申请人很难取得被执行公司内部管理证据以证明“原法定代表人系影响债务履行的直接责任人员”。

笔者认为，如果被执行公司出于规避的目的实施了恶意变更的行为，执行法院可进行审查，变更使公司股权结构、财产情况、治理机构发生了重大变化，被执行人未及时向执行法院报告该公司财产变化情况，未配合执行法院进行财产审计的，或未提供证据证明原法定代表人对被执行公司债务履行无责任的，即实行举证倒置，执行法院即可认定原法定代表人为“影响债务履行的直接责任人员”，因此导致被执行公司消极履行、规避执行或者抗拒执行的，则可当然对原法定代表人采取执行措施，这也符合强制执行措施的立法本意。

编写人：浙江省临海市人民法院　郑多见

12

人民法院对国家拨付给被执行人的危房改造补助资金能否强制执行

——郑甲与王某申请执行复议案

【案件基本信息】

1. 裁判书字号

重庆市第三中级人民法院（2018）渝03执复24号执行裁定书

2. 事由：申请执行复议

3. 当事人

复议申请人（被执行人）：郑甲

申请执行人：王某

【基本案情】

郑甲系肢体四级残疾人，属贫困户，其房屋因年久失修而无法居住，需拆除重建，经上级批准纳入2017年D级危房改造计划。其与郑乙签订建房协议，约定由郑乙垫资为其修建60平方米的房屋，包干投资5万元，资金来源由上级D级危房补助资金支付，该款到位支付给郑乙后，郑甲才能入住。当地村委会、规划建设管理环保所在该协议上加盖了印章。该房建好后经验收合格，相关部门将郑甲的D级危房改造补助资金补偿款5万元拨付至义和镇政府。重庆市涪陵区人民法院在执行王某与郑甲买卖合同纠纷案中，应申请执行人王某的申请，作出执行裁定和协助执行通知书，要求义和镇政府协助提取郑甲在该政府的补偿款30366元至该院账户。异议人郑甲以强制执行该房屋改造补助资金将导致无房居住为由，向该院提出书面执行异议，请求解除对该补偿款的冻结、提取。

【案件焦点】

执行法院对国家拨付给郑甲的D级房屋改造补助资金能否采取提取执行强制措施。

【法院裁判要旨】

重庆市涪陵区人民法院经审查认为：危房改造补助资金并不属法律规定不得查封、扣押、冻结的财产。本案中，郑甲与郑乙之间实则形成新的债权债务关系。郑甲以其无其他住房且危房改造补助金应专款专用为由要求解除冻结，于法无据。遂裁定：

驳回郑甲的执行异议。

郑甲不服异议裁定，向重庆市第三中级人民法院申请复议。重庆市第三中级人民法院经审查认为：农村危房改造补助资金系国家指明用途的财政专项补助资金，实行专款专用，目的系帮助住房困难、经济贫穷的农户解决最基本安全住房，只能用于郑甲的危房改造项目。申请执行人王某现未能证明郑甲是用国家D级危房改造补助资金名义隐蔽资金逃避履行义务，故执行法院在执行王某与郑甲民间借贷纠纷一案中对该款采取提取执行措施，拟用于清偿郑甲尚欠王某债务的行为，有悖国家专项资金专款专用的原则，也影响到住房困难、经济贫穷的农户解决最基本安全住房问题，属于适用法律错误，应予以纠正。

重庆市第三中级人民法院依照《最高人民法院关于人民法院办理执行异议和复议案件若干问题的规定》第二十三条第一款第二项规定，裁定如下：

一、撤销重庆市涪陵区人民法院（2018）渝0102执异47号裁定；

二、撤销重庆市涪陵区人民法院（2017）渝0102执3726号执行裁定。

【法官后语】

本案主要的法律问题是危房改造补助资金是否属于不得查封、扣押、冻结的财产。

其一，《最高人民法院关于人民法院民事执行中查封、扣押、冻结财产的规定》（以下简称《查封、扣押、冻结财产规定》）第五条规定，人民法院对被执行人下列的财产不得查封、扣押、冻结：（一）被执行人及其所扶养家属生活所必需的衣服、家具、炊具、餐具及其他家庭生活必需的物品；（二）被执行人及其所扶养家属所必需的生活费用。当地有最低生活保障标准的，必需的生活费用依照该标准确定；（三）被执行人及其所扶养家属完成义务教育所必需的物品；（四）未公开的发明或者未发表的著作；（五）被执行人及其所扶养家属用于身体缺陷所必需的辅助工具、医疗物品；（六）被执行人所得的勋章及其他荣誉表彰的物品；（七）根据《中华人民共和国缔结条约程序法》，以中华人民共和国、中华人民共和国政府或者中华人民共和国政府部门名义同外国、国际组织缔结的条约、协定和其他具有条约、协定性质的文件中规定免于查封、扣押、冻结的财产；（八）法律或者司法解释规定的其他不得查封、扣押、冻结的财产。《最高人民法院关于在审理和执行民事、经济纠纷案件时不得查封、冻结和扣划社会保险基金的通知》规定，社会保险基金是……最终由参保人员享用的公共基金……社会保险机构对该项基金设立专户管理，专款专用，专项用于保障企业退休职工、失业人员的基本生活需要，属专项资金，不得挪作他用。各地人民法院在审理和执行民事、经济纠纷案件时，不得查封、冻结或扣划社会保险基金。该司法解释性质文件明确规定法院不得对保障民众基本生活需要的社会保险基金进行查封、扣押、冻结。本案中的危房改造补助资金同样具有救济、扶助功能，起着解决贫困户最基本安全住房问题、保障住房困难者最基本生存权的作用，与社会保险基金性质相似、情形相当。故危房改造补助资金应当属于不得查封、扣押、冻结的财产，系《查封、扣押、冻结财产规定》第五条第八项的应有之义。

其二，危房改造补助资金专款专用的性质决定了其属于不得查封、扣押、冻结的财产。《中央财政农村危房改造补助资金管理办法》第十三条规定，各级财政、住房城乡建设部门应严格按规定使用补助资金，不得以任何形式挤占、挪用、截留和滞留；《涪陵区农村危房改造建设管理实施细则（暂行）》第十五条规定，补助资金实行专项管理、专项核算、专款专用……直接将资金补助到农户。这表明危房改造补助资金实行专款专用的政策，其用途只能是政府对补助对象改造房屋产生的支出进行补助，不能对其采取冻结等强制执行措施以清偿与危房改造无关的债务，故危房改造补助资金属于不得查封、扣押、冻结的财产。将本案的案情予以变化，若郑甲拖欠的是改造危房的建房款，则根据危房改造补助资金专款专用的性质，危房改造补助资金应当属于可以查封、扣押、冻结的财产。

作为法官，不应机械地套用法律条文，而应对法律条文进行准确理解、深入解读，以实现法律效果和社会效果相统一。

编写人：重庆市第三中级人民法院　李山中　张晓霞

13

债务人异议中以提存方式履行债务的认定

——王某与百合佳缘网络集团股份有限公司执行异议案

【案件基本信息】

1. 裁判书字号

北京市第三中级人民法院（2018）京03执异219号执行裁定书

2. 事由：执行异议

3. 当事人

申请执行人：王某

被申请执行人：百合佳缘网络集团股份有限公司（以下简称百合佳缘公司）

【基本案情】

王某与百合佳缘公司一案，北京仲裁委员会于2016年6月13日出具（2016）京仲裁字第0725号裁决书，裁决：百合佳缘公司退还王某服务费8万元，并承担仲裁费4605.6元，共计支付84605.6元，于裁决书送达之日起十日内支付完毕。

百合佳缘公司于2016年9月13日向北京市长安公证处申请保全证据公证，证明其向王某公证邮寄《领取款通知》，邮寄地址为×××。此邮寄地址经北京市第三中级人民法院核对，与北京仲裁委员会裁决书及北京市第三中级人民法院民事裁定书、执行裁定书中王某所留住所地址一致。百合佳缘公司支出公证费用1000元。后王某仍未领款。2016年9月27日，百合佳缘公司向北京市长安公证处申请将其应退还王某服务费84605.6元提存。北京市长安公证处出具公证书，证明百合佳缘公司将84605.6元提存，百合佳缘公司支出提存公证费用1500元。

2018年5月25日，王某向北京市第三中级人民法院申请执行仲裁裁决，北京市第三中级人民法院于2018年5月29日出具执行通知书及执行裁定书，后划拨百合佳缘公司银行存款96138元。百合佳缘公司在执行过程中向北京市第三中级人民法院提出执行异议，请求退还扣划的本金及迟延履行利息，且仲裁案件执行费用1169元由王某承担。

在异议程序中，百合佳缘公司称其收到仲裁裁决后，即与王某律师吴某辉联系退还款项事宜，为证明此事项，百合佳缘公司出示其与吴某辉律师的电话录音，以此证明百合佳缘公司自2016年6月22日起持续与吴某辉联系退款事宜，在以此方式退款未果的情况下，百合佳缘公司的提存行为符合法定条件，消灭了执行依据所确定的债务。王某对其异议申请表示反对，对通话录音等证据，王某的代理人吴某辉律师表示关于退款事宜，百合佳缘公司不应与代理律师联系，必须与王某本人联系，百合佳缘公司所做提存不符合提存的法定条件，不具有消灭债务的法律效力。

【案件焦点】

1. 债务人异议中，如何判断被申请执行人在执行依据生效后对执行依据确定的债务所作出的提存行为是否符合法定条件；2. 该提存行为能否消灭执行依据所确定的债务；3. 被申请执行人对于向申请执行人作出的领款通知的义务应履行到何种程度。

【法院裁判要旨】

北京市第三中级人民法院经审理认为：法院实施强制执行程序，前提是义务人不履行法律文书明确具体的执行内容，权利人可以申请法院强制执行以保证自身权利得以实现。本案中，百合佳缘公司提供的证据可以表明，其自收到仲裁裁决等法律文书后，持续与王某代理律师吴某辉沟通联系还款事宜，表明其自觉履行生效法律文书的意愿。吴某辉律师作为王某仲裁及其诉讼代理人，有义务、有责任、有能力向王某转达百合佳缘公司的还款意愿，故吴某辉律师称百合佳缘公司应与王某本人联系还款事宜的意见，不应予以采纳。王某虽对百合佳缘公司提供的证据真实性不予认可，但并未提出反证，故对其反驳意见，不予采纳。综合上述情况，首先，百合佳缘公司在王某不配合领取款项的前提下，作了领款通知公证，通知王某领取退款。王某虽对通知中其地址提出异议，但经核实，王某于仲裁及诉讼中所留地址均与百合佳缘公司所写地址一致，并未体现王某的其他地址，故对王某此意见不予采纳。其次，百合佳缘公司作了提存公证，并将款项交予长安公证处，故百合佳缘公司已经尽到作为债务人应尽的通知及履行义务。

根据相关法律规定，提存是债务履行的一种方式，提存之后，债务消灭。百合佳缘公司于2016年9月27日所作的提存行为，已经使其与王某之间的债务消灭。故王某向北京市第三中级人民法院申请强制执行已不具备事实基础及法律基础。综上，百合佳缘公司提出的执行异议请求成立，应当予以支持，法院扣划的款项应全部退还百合佳缘公司。

北京市第三中级人民法院依照《中华人民共和国民事诉讼法》第二百二十五条、《最高人民法院关于人民法院办理执行异议和复议案件若干问题的规定》第十七条第二项规定，作出如下裁定：

一、异议人百合佳缘公司执行异议成立；

二、(2018) 京03执521号案件中扣划的款项全部退还异议人百合佳缘公司。

【法官后语】

本案是债务人异议案件中比较典型的一例，在该类案件的审查过程中，应注意两点问题：第一，债务人异议所审查的范围是债权消灭、执行依据丧失强制执行效力等实体性事由，若被申请执行人以申请执行人申请执行超出法定时效期间等程序性理由提出异议的，虽与债务人异议的审查依据皆为《中华人民共和国民事诉讼法》第二百二十五条，但审查的对象及审查思路并不一致；第二，债务人异议中，被申请执行人所提出的实体事由须发生在执行依据生效之后，倘若在生效之前发生的，则不应纳入债务人异议的审查范围，因被申请执行人所持异议实是指向执行依据的正确性，应通过否定执行依据的程序予以解决。

本案中，百合佳缘公司以其已通过提存的方式履行执行依据所确定的债务为由提出执行异议，目的是证明涉案债务业已消灭，且时间是在执行依据生效之后，故该异议属于典型的债务人异议。本案争议焦点集中在百合佳缘公司办理的提存是否符合法定条件，并消灭了执行依据所确定的债务，其中，双方就百合佳缘公司在办理提存之前，是否积极主动地联系申请执行人王某，通知其领取涉案款项的争论最为激烈。

债务消灭的主要方式有自动履行、抵销、执行外和解已履行完毕等，提存应属于债务人自动履行中的一种，《中华人民共和国合同法》第一百零一条规定，债权人无正当理由拒绝受领或者债权人下落不明的，债务人可以将标的物提存。在本案中，百合佳缘公司提交了其与王某的代理律师吴某辉联系还款事宜的录音，吴某辉律师对此录音的真实性并未否认。吴某辉律师以王某代理人的身份，代理王某与百合佳缘公司的仲裁、申请撤销仲裁裁决和人格权纠纷等一系列案件，以常理而论，百合佳缘公司相信可以通过吴某辉律师与王某联系领款事宜并无不当。此外，百合佳缘公司亦向王某发送了书面领款通知并进行了公证，其送达地址与王某在仲裁裁决、民事裁定等法律文书上地址一致，但仍未能完成还款事宜。通过百合佳缘公司提交的证据可以看出，百合佳缘公司在执行依据生效后，主观上积极主动地与王某进行联系，履行执行依据所确定的义务，从客观上看，百合佳缘公司无法向王某履行义务，王某亦未表示要受领执行依据所确定的款项，在这种情况下，百合佳缘公司选择办理提存公证这一途径来履行义务。通过对上述情况的综合考量，合议庭确定了百合佳缘公司提存行为的有效性。

《中华人民共和国合同法》第九十一条将“债务人依法将标的物提存”作为合同权利义务关系终止的情形之一，《提存公证规则》第三条第一款规定：“以清偿为目的的提存公证具有债的消灭和债之标的物风险责任转移的法律效力。”由此可见，被申请执行人若在执行依据生效后，合法地采取了提存措施，可以消灭执行依据所确定的债权。本案中，百合佳缘公司所作的提存行为，已经使其与王某之间的债务消灭。故王某申请强制执行已不具备事实基础及法律基础，基于此，本案合议庭支持了异议人的请求，裁定将执行案件中扣划的款项全部退还百合佳缘公司。

编写人：北京市第三中级人民法院　宫淼　刘哲尔

三、执行异议、复议与执行异议之诉

14

案外人不能依据名为质押实为顶账的协议来确认享有质权和排除强制执行

——于某诉巩某案外人执行异议之诉案

【案件基本信息】

1. 裁判书字号

山东省淄博市中级人民法院（2018）鲁03民终3646号民事判决书

2. 案由：案外人执行异议之诉

3. 当事人

原告（上诉人）：于某

被告（被上诉人）：巩某

第三人：窦某、张某

【基本案情】

2016年5月16日，巩某向法院起诉窦某、张某、高某民间借贷纠纷一案，法院受理后，根据巩某的申请，法院作出（2016）鲁0321民初1811-1号民事裁定，冻结窦某、张某、高某的银行存款420000元或查封其相应价值的财产。2016年5月19日，法院查封窦某名下的皇冠汽车一辆。该案经法院审理，于2016年6月17日作出（2016）鲁0321民初1811号民事调解书，确认当事人之间达成调解协议如下：一、窦某、张某归还巩某借款800000元，于2016年9月30日前支付200000

元，同年10月30日前支付200000元，2017年1月28日前支付100000元，剩余300000元于2017年6月30日前一次性付清；二、若窦某、张某对上述第一项协议中有一笔逾期履行，则巩某可就剩余全部欠款申请强制执行。案件受理费5900元、诉讼保全费2620元，由窦某、张某承担。该调解书生效后，窦某、张某未按约定履行义务。

2016年11月14日，巩某向法院申请强制执行，执行案号为（2016）鲁0321执1646号。本案在执行过程中，于某提出执行异议。2018年5月9日，法院作出（2018）鲁0321执异35号执行裁定书，驳回于某的异议请求。2018年5月25日，于某向法院起诉要求依法确认于某对皇冠汽车享有质权和使用权，并请求法院立即停止对皇冠汽车的强制执行并解除查封、扣押。其主要理由为窦某因向其借款而将涉案车辆质押给其，双方为此于2016年4月15日签订质押协议一份，约定：因窦某欠于某借款615000元，双方协议将窦某所有的皇冠汽车使用权质押给于某；质押给于某的使用期限为15年（2016年4月15日至2031年4月14日），质押的时间以交付使用权为准；车辆使用权折合抵押欠款30万元，折合抵押后欠315000元；窦某使用期所造成违章事故由窦某承担，若于某使用期所造成的违章事故由于某承担。

【案件焦点】

于某主张根据与窦某签订的协议而对涉案车辆享有质权并因此要求排除强制执行是否成立。

【法院裁判要旨】

山东省桓台县人民法院经审理认为：于某与窦某签订的质押协议，不符合动产质押的法律规定，于某对涉案车辆不享有质权。即使于某对涉案车辆享受有质权，也不影响人民法院对涉案车辆采取查封、扣押措施。故对于某请求确认其对涉案皇冠汽车车辆享有质权、使用权及停止对涉案皇冠汽车强制执行的诉讼请求不予支持。案外人执行异议之诉案件审理的范围为是否排除对执行标的执行和确认案外人是否对执行标的享有权利。因此，于某要求在案外人执行异议之诉案件中处理对涉案车辆解除查封、扣押的诉讼请求，没有法律依据，不予支持。据此，一审判决如下：

驳回于某的诉讼请求。

于某持原审起诉意见提起上诉。山东省淄博市中级人民法院经审理认为：于某与窦某签订的所谓质押协议从内容来看，窦某将其所有的涉案皇冠汽车的使用权“质押”给于某，且特别写明“质押”的是该车辆的“使用权”，即该协议并非通过对车辆的占有来担保债务的履行；另外从协议的具体内容来看，该协议的目的不仅不是为了担保债务的履行，反而是让于某通过对涉案皇冠汽车进行15年的使用而达到折抵欠款30万元的目的。因此，于某在本案中提供的其与窦某签订的所谓质押协议从内容来看不是真正意义上的质押协议。该协议虽名为质押协议，但从内容来看实为顶账协议。故于某在本案中主张其根据该协议而对涉案皇冠汽车享有质权，无事实和法律依据。根据《最高人民法院关于人民法院执行工作若干问题的规定（试行）》（本案以下简称《执行工作规定》）第四十条规定，质权不能阻却执行。而本案中于某对于涉案车辆本身也并不享有质权，故其在本案中亦不享有足以排除强制执行的民事权益从而阻却执行。据此，二审判决如下：

驳回上诉，维持原判。

【法官后语】

本案涉及的主要问题在于，案外人能否依据名为质押实为顶账的协议来确认享有质权和排除强制执行。

本案中，案外人于某对涉案车辆的执行提出执行异议，其依据就是其与窦某签订的质押协议，其也据此主张其对涉案车辆享有质权，并以此为由要求排除对涉案车辆的强制执行。但本案一审、二审法院对其执行异议诉求均未予支持。对于此类案件的正确把握需要厘清两个问题：一是涉案质押协议是否成立，案外人据此是否对执行标的即涉案车辆享有质权，二是质权能否排除对执行标的即涉案车辆的强制执行。

关于第一个问题，《中华人民共和国物权法》第二百零八条规定：“为担保债务的履行，债务人或者第三人将其动产出质给债权人占有的，债务人不履行到期债务或者发生当事人约定的实现质权的情形，债权人有权就该动产优先受偿。前款规定的债务人或者第三人为出质人，债权人为质权人，交付的动产为质押财产。”第二百一十条规定：“设立质权，当事人应当采取书面形式订立质权合同。质权合同一般包括下列条款：（一）被担保债权的种类和数额；（二）债务人履行债务的期限；（三）质押财产的名称、数量、质量、状况；（四）担保的范围；（五）质押财产交付的时间。”第二百一十一条规定：“质权人在债务履行期届满前，不得与出质人约定债务人不履行到期债务时质押财产归债权人所有。”第二百一十四条规定：“质权人在质权存续期间，未经出质人同意，擅自使用、处分质押财产，给出质人造成损害的，应当承担赔偿责任。”《中华人民共和国担保法》第六十三条规定：“本法所称动产质押，是指债务人或者第三人将其动产移交债权人占有，将该动产作为债权的担保。债务人不履行债务时，债权人有权依照本法规定以该动产折价或者以拍卖、变卖该动产的价款优先受偿。前款规定的债务人或者第三人为出质人，债权人为质权人，移交的动产为质物。”第六十五条第一款规定：“质押合同应当包括以下内容：（一）被担保的主债权种类、数额；（二）债务人履行债务的期限；（三）质物的名称、数量、质量、状况；（四）质押担保的范围；（五）质物移交的时间；（六）当事人认为需要约定的其他事项。”第六十六条规定：“出质人和质权人在合同中不得约定在债务履行期届满质权人未受清偿时，质物的所有权转移为质权人所有。”第六十九条规定：“质权人负有妥善保管质物的义务。因保管不善致使质物灭失或者毁损的，质权人应当承担民事责任。质权人不能妥善保管质物可能致使其灭失或者毁损的，出质人可以要求质权人将质物提存，或者要求提前清偿债权而返还质物。”从上述法律对于质权和质押的规定不难看出，质权属于担保物权，其设定是为了担保债务的履行，其方式是债务人或第三人将其动产交付给债权人占有。从质权和质押的含义来看，质权和质押的这种转移占有是为了担保债务的履行，而非是为了使用质物，或是通过对质物的使用而达成折抵债务的目的。换句话说，在正常的质押情形下，质权的设定是通过对质物的占有来担保债务的履行，而不是以质权折抵债务，更不是通过对质物的使用来折抵债务。具体到本案中，案外人于某与窦某签订的所谓质押协议从内容来看，窦某将其所有的车辆的使用权“质押”给于某，且特别写明“质押”的是该车辆的“使用权”，即该协议并非通过对车辆的占有来担保债务的履行；另外，从协议的具体内容来看，该协议的目的不仅不是为了担保债务的履行，反而是让于某通过对车辆进行15年的使用而达到折抵欠款30万元的目的。因此，于某在本案中提供的其与窦某签订的所谓质押协议只是有质押协议之名而无质押协议之实，其从内容来看并不属于真正意义上的质押协议。该协议虽名为质押协议，但从内容来看实为顶账协议。于某在本案中主张其根据该协议而对涉案车辆享有质权显然无事实和法律依据。

关于第二个问题，《执行工作规定》第四十条明确规定："人民法院对被执行人所有的其他人享有抵押权、质押权或留置权的财产，可以采取查封、扣押措施。财产拍卖、变卖后所得价款，应当在抵押权人、质押权人或留置权人优先受偿后，其余额部分用于清偿申请执行人的债权。"据此，即便是案外人享有质权的执行标的，人民法院依法可以采取查封、扣押措施并依法强制执行，质权人只不过对其享有质权的执行标的享有优先受偿的权利，而不具有足以排除强制执行的民事权益，即质权不能阻却执行。既然依法真正享有质权的质权人都不能因其质权而对执行标的具有足以排除强制执行的民事权益从而阻却执行，那么不享有质权者更不具有足以排除强制执行的民事权益从而阻却执行。本案中，既然于某对于涉案车辆并不享有质权，其更不享有足以排除强制执行的民事权益从而阻却执行。

编写人：山东省淄博市中级人民法院　荣明潇

15

案外人以借名买车为由提出执行异议的不予支持

——祁某某诉徐某某案外人执行异议之诉案

【案件基本信息】

1. 裁判书字号

北京市第二中级人民法院（2018）京 02 民终 12261 号民事判决书

2. 案由：案外人执行异议之诉

3. 当事人

原告（上诉人）：祁某某

被告（被上诉人）：徐某某

第三人（被上诉人）：金某某、殷某

【基本案情】

申请执行人徐某某持北京市西城区人民法院（2016）京 0102 民初 11739 号民

事判决及北京市第二中级人民法院（2016）京02民终10460号民事判决向法院申请执行，要求金某某、殷某支付借款本金45万元及诉讼费8050元，并支付自2017年1月6日至实际支付之日止的双倍利息。法院以（2017）京0102执1138号案件立案执行。执行过程中，因金某某、殷某未能履行生效法律文书确定的义务，2017年3月28日，法院向车辆登记主管部门送达了（2017）京0102执1138号执行裁定书及协助执行通知书，对登记在金某某名下的车牌号为A的汽车予以查封，查封期限为2017年3月28日至2019年3月27日。

2012年12月7日，因祁某某不具备北京市小客车配置指标，祁某某与金某某协商，由祁某某支付车辆价款122000元，借用金某某北京市小客车配置指标，购买涉案车辆。2012年12与14日，金某某与北京旭日东建商贸有限公司签订《北京市旧机动车买卖合同》，由金某某购买小客车一辆。现车牌号为A的涉案车辆登记在金某某名下。该车辆由祁某某、史某夫妻二人实际使用。2017年7月27日，法院对上述涉案车辆予以扣押。祁某某持前述理由向法院提出执行异议。法院2018年1月31日作出（2018）京0102执异9号执行裁定书，驳回案外人祁某某的异议请求。祁某某不服该裁定，提起案外人执行异议之诉，遂形成本案。

【案件焦点】

法院在执行程序中依法查封、扣押被执行人名下的登记车辆，符合法律法规的规定，借名买车的案外人提出案外人异议的，法院是否支持。

【法院裁判要旨】

北京市西城区人民法院经审理认为：《中华人民共和国道路交通安全法》第九条第一款规定，申请机动车登记，应当提交以下证明、凭证：机动车所有人的身份证明；机动车来历证明；机动车整车出厂合格证明或者进口机动车进口凭证；车辆购置税的完税证明或者免税凭证；法律、行政法规规定应当在机动车登记时提交的其他证明、凭证。《最高人民法院关于人民法院办理执行异议和复议案件若干问题的规定》第二十五条规定，对案外人的异议，人民法院应当按照下列标准判断其是否系权利人……已登记的机动车、船舶、航空器等特定动产，按照相关管理部门的登记判断；未登记的特定动产和其他动产，按照实际占有情况判断。上述规定表明，机动车应当登记在机动车所有人名下。此外，北京市人民政府颁布《北京市小客车数量调控暂行规定》及其实施细则后，在本市购车需有车辆配置指标，方可办理车辆所有权登记。祁某某明知自己不具备本市机动车购车资格，仍使用金某某机动车配置指标，借名购车，违反了上述机动车登记的规定，其行为不应受到法律保护。

涉案车辆登记在金某某名下，该登记具有公示效力。徐某某作为申请执行人有理由相信涉案机动车所有权人为金某某，现金某某因未履行生效法律文书确定的义务，法院依法查封、扣押金某某名下的登记车辆，符合法律法规的规定。

北京市西城区人民法院依据《中华人民共和国道路交通安全法》第九条第一款，《中华人民共和国民事诉讼法》第二百二十七条，《最高人民法院关于适用〈中华人民共和国民事诉讼法〉的解释》第三百零七条、第三百一十一条、第三百一十二条，《最高人民法院关于人民法院办理执行异议和复议案件若干问题的规定》第二十五条第一款第二项规定，判决如下：

驳回原告祁某某的诉讼请求。

二审法院同意一审法院的裁判意见。

【法官后语】

本案系案外人针对执行中查封被执行人名下车辆所提出的异议，该类案件在北京等对小客车数量调控的城市普遍存在，处理好这类问题具有现实意义。本案系案外人提起案外人异议程序后，对异议不服进而提起的执行异议之诉案件。进入执行异议之诉程序后，该案以民事普通程序进行审理。该类案件在司法实践中可能存在案外人恶意提起诉讼拖延执行程序进展的问题，案件经过案外人异议、执行异议之诉一审、二审程序，往往要经过较长时间，一旦提起案外人异议，则执行程序中对涉案标的不得进行处理，执行案件在有财产可供执行的情况下却长时间难以执结。

《最高人民法院关于人民法院办理执行异议和复议案件若干问题的规定》自2015年5月5日起施行，其属于最高人民法院的司法解释。该规定第三十二条规定，本规定施行后尚未审查终结的执行异议和复议案件，适用本规定。该规定第二十五条第一款第二项规定，对案外人的异议，人民法院应当按照下列标准判断其是否系权利人：（二）已登记的机动车、船舶、航空器等特定动产，按照相关管理部门的登记判断。该规定第二十四条规定，对案外人提出的排除执行异议，人民法院应当审查下列内容：（一）案外人是否系权利人；（二）该权利的合法性与真实性；

（三）该权利能否排除执行。根据上述规定，被执行人金某某系涉案车辆登记在车辆管理部门的权利人，而案外人祁某某非涉案车辆的权利人，案外人是否系权利人是人民法院对案外人提出的排除执行异议应当审查的内容，因祁某某非权利人，故无权对法院执行实施部门作出的查封行为提起异议。

因现有法律未规定，当实际购买、使用车辆的人与车辆管理部门登记的权利人不一致时，实际购买、使用该车辆的人可以排除执行行为。故在立案阶段或在立案后，人民法院发现前述情形的，则无需再对上述规定第二十四条第二项、第三项规定内容进行审查，应当依法按照上述规定第二条第一款规定进行处理。因涉案车辆在车辆管理部门的登记人不是祁某某，故祁某某非本案权利人，其所提异议缺乏法律依据，法院应不予支持。

自北京市车辆限购政策出台后，借名买车行为不为车辆管理部门所认可，如法院通过案外人异议程序支持祁某某诉求，将使得北京市车辆限购政策被架空。祁某某与金某某因借名买车产生的纠纷，应依法通过其他途径解决。

编写人：北京市西城区人民法院　沈杰　赵颖

16

企业法定代表人在执行程序中发生变更的，能否要求法院解除对其的限制消费措施

——王甲与无锡市康胜轻工有限责任公司等执行复议案

【案件基本信息】

1. 裁判书字号

江苏省无锡市中级人民法院（2018）苏02执复76号执行决定书

2. 事由：利害关系人执行复议

3. 当事人

异议人（利害关系人）：王甲

申请执行人（复议申请人）：无锡市康胜轻工有限责任公司（以下简称康胜公司）

被执行人：江苏嘉禾国际拍卖有限公司无锡分公司（以下简称嘉禾无锡公司）、江苏嘉禾国际拍卖有限公司（以下简称嘉禾公司）

【基本案情】

康胜公司与嘉禾无锡公司、嘉禾公司委托合同纠纷一案，江苏省无锡市惠山区人民法院于2016年10月28日作出（2016）苏0206民初280号民事判决，判令：一、嘉禾无锡公司应于判决发生法律效力之日起十日内支付康胜公司20万元及逾期付款利息（自2013年12月1日起至判决应付之日止，按银行同期同类贷款基准利率计算）。二、嘉禾公司在嘉禾无锡公司不能清偿债务的范围内向康胜公司承担补偿责任。因嘉禾无锡公司、嘉禾公司未自觉履行义务，根据康胜公司申请，该院于2017年6月20日立案执行，案号为（2017）苏0206执1387号，并于同年7月13日向被执行人发出了限制消费令，并对王甲采取限制消费措施。

2008年8月29日，嘉禾无锡公司成立，负责人为王乙，2015年9月10日变更负责人为王甲，2018年7月31日变更负责人为赵某。2012年3月28日，北京嘉禾国际拍卖有限公司与王乙签订了承包经营合同，承包经营合同载明：王乙承包经营嘉禾公司，承包经营时间为2012年7月7日至2022年7月6日。嘉禾无锡公司系嘉禾公司设立的分公司。（2016）苏0206民初280号民事判决中嘉禾无锡公司应付给康胜公司的20万元形成时间为2013年1月29日。

王甲向法院提出执行异议称，其不是嘉禾无锡公司的实际控制人和负责人，因此请求解除对其采取的限制消费令。

【案件焦点】

1. 企业法定代表人在执行程序中发生变更的，能否要求法院解除对其的限制消费措施；2. 被执行人、利害关系人认为法院限制消费措施违反法律规定的，应通过何种途径救济。

【法院裁判要旨】

江苏省无锡市惠山区人民法院经审理认为：王甲虽然原是嘉禾无锡公司的负责

人，但现嘉禾无锡公司负责人已变更为赵某，且王甲不是涉案执行标的债务形成时的负责人，王甲现提出要求解除对其限制消费令的异议理由充分，应予支持。江苏省无锡市惠山区人民法院依照《中华人民共和国民事诉讼法》第二百二十五条、《最高人民法院关于修改〈最高人民法院关于公布失信被执行人名单信息的若干规定〉的决定》第十二条规定，决定：

撤销对嘉禾无锡公司原负责人王甲的限制消费令。

康胜公司不服，提起复议。江苏省无锡市中级人民法院经审理认为：根据查明的事实，王甲自2015年9月10日起担任嘉禾无锡公司的负责人，本案执行依据（2016）苏0206民初280号民事判决于2016年10月28日作出并随后发生法律效力，2017年6月20日由作出该判的法院立案执行。王甲在法院审理及执行期间均担任嘉禾无锡公司的负责人，对本案债务的履行负有直接责任，其行为也对债务的清偿产生直接的影响。在被执行人不履行判决义务时，限制其消费有利于保障法院执行程序的顺利进行，维护债权人合法权益。截至目前，被执行人嘉禾无锡公司及嘉禾公司尚未履行生效法律文书确定的义务，亦未提供切实有效的执行担保，申请执行人康胜公司亦不同意解除限制消费措施。因此，在法院立案执行后，即使嘉禾无锡公司变更企业负责人，并不能自然免除王甲的相关法律责任。综上，康胜公司的复议请求及理由成立，应予支持。

江苏省无锡市中级人民法院依照《中华人民共和国民事诉讼法》第二百二十五条，《最高人民法院关于限制被执行人高消费及有关消费的若干规定》第一条、第二条、第三条、第九条以及参照《最高人民法院关于人民法院办理执行异议和复议案件的若干规定》第二十三条第二项规定，裁定如下：

撤销江苏省无锡市惠山区人民法院（2018）苏0206执异73号执行决定书。

【法官后语】

根据《最高人民法院关于限制被执行人高消费及有关消费的若干规定》的相关规定，被执行人未按执行通知书指定的期间履行生效法律文书确定的给付义务的，人民法院可以采取限制消费措施，限制其高消费及非生活或者经营必需的有关消费。被执行人为单位的，被采取限制消费措施后，被执行人及其法定代表人、主要负责人、影响债务履行的直接责任人员、实际控制人不得实施《最高人民法院关于限制被执行人高消费及有关消费的若干规定》第三条第一款规定的行为。本案中，被执行单位嘉禾无锡公司因怠于履行生效法律文书确定的义务而被法院采取限制消费措施。王甲在法院审理、民事判决作出及案件执行、法院采取限制消费措施时均担任嘉禾无锡公司负责人职务，对被执行人嘉禾无锡公司的债务履行负有直接责任。且在限制消费期间，被执行人未能提供确实有效的担保，亦未征得申请执行人同意，故即使嘉禾无锡公司法定代表人发生变更，人民法院依然可以维持对王甲的限制消费措施。

关于被采取限制消费措施的被执行人、利害关系人（即被采取限制消费措施的被执行人的法定代表人、主要负责人、影响债务履行的直接责任人员、实际控制人）认为人民法院采取的限制消费措施违反法律规定的，该通过何种途径进行救济，《最高人民法院关于限制被执行人高消费及有关消费的若干规定》并未进行规定。实践中通常采取以下两种路径：一是适用《中华人民共和国民事诉讼法》第二百二十五条规定，通过执行异议—复议程序解决；二是参照失信被执行人名单的异议处理方式，即通过纠正—复议程序解决。笔者认为，对应否采取限制消费措施的审查以程序性事项的审查为主，不涉及复杂的事实和法律判断，且采取限制消费措施与列入失信被执行人名单的程序较为相似，采用“纠正—复议”的方式更为妥当。

编写人：江苏省无锡市中级人民法院　杨曦　朱金彩　秦小兵

17

被执行人仅对自己的单方行为承担迟延履行期间加倍部分债务利息

——麻某、刘某与湖南省通泰工程有限公司执行复议案

【案件基本信息】

1. 裁判书字号

湖南省湘西土家族苗族自治州中级人民法院（2018）湘31执复7号执行裁定书

2. 事由：执行复议

3. 当事人

申请执行人（复议申请人）：麻某、刘某

被执行人（复议申请人）：湖南省通泰工程有限公司（以下简称通泰公司）

【基本案情】

原告麻某、刘某诉被告通泰公司及吉茶高速公路公司环境污染侵权纠纷，花垣县人民法院作出（2012）花民重字第3号民事判决：一、通泰公司于本判决生效之日起十日内一次性赔偿麻某、刘某因环境污染造成的损失63600元及利息，利息自2010年10月21日起算银行同期贷款利息至清偿本息之日止。二、通泰公司于本判决生效之日起十日内一次性赔偿麻某、刘某恢复原状的损失10000元。三、吉茶高速公路公司不承担本案的赔偿责任。四、驳回麻某、刘某的其余诉讼请求。双方当事人均不服该判决，提起上诉。湖南省湘西土家族苗族自治州中级人民法院经审理，于2015年8月3日作出（2015）州民一终字第218号民事判决：一、维持（2012）花民重字第3号民事判决第二项、第三项、第四项；二、撤销（2012）花民重字第3号民事判决第一项；三、通泰公司赔偿刘某、麻某的各项损失共计348810.87元。

二审判决生效后，麻某、刘某申请强制执行。花垣县人民法院于2015年11月14日立案执行。2016年1月18日，被执行人通泰公司主动向该院履行执行案款359490.87元，同时以已申请再审为由，提出暂停给申请执行人发放案款，并愿意承担相应责任的请求。

因被执行人通泰公司和申请执行人麻某、刘某均不服（2015）州民一终字第218号民事判决而提出再审申请，湖南省高级人民法院于2016年3月25日作出（2016）湘民申149号民事裁定，提审本案，提审期间中止（2015）州民一终字第218号民事判决书的执行。中止执行期间，麻某、刘某于2016年4月22日领取执行案款40000元，5月13日领取执行案款40000元。

2017年3月21日，湖南省高级人民法院作出（2016）湘民再32号民事判决，维持（2015）州民一终字第218号民事判决。

2017年5月9日，花垣县人民法院以（2017）湘3124执恢29号执行案件恢复对本案的执行。8月14日，麻某、刘某领取执行案款270666元。

因双方对迟延履行债务利息协商不一致，花垣县人民法院于2017年12月1日以（2017）湘3124执恢29号利息结算通知书作出结算，确定被执行人通泰公司应付迟延履行利息为5839元。因不服结算结果，麻某、刘某向该院提出书面执行异议。

【案件焦点】

因双方当事人均申请再审，湖南省高级人民法院裁定提审期间中止原生效民事判决书的执行。那么，被执行人应否承担提审期间迟延履行加倍部分债务利息。

【法院裁判要旨】

湖南省花垣县人民法院经审理认为：本案执行依据（2015）州民一终字第218号民事判决仅判决金钱债权和逾期履行应加倍支付迟延履行债务利息，并未判决应付一般债务利息。麻某、刘某提出应支付一般债务利息的异议请求没有依据，不予支持。根据《最高人民法院关于执行程序中计算迟延履行期间债务利息适用法律若干问题的解释》（本案以下简称《迟延履行期间债务利息解释》）第三条第三款规定，本案引起湖南省高级人民法院提审的再审是双方当事人共同申请造成，据此再审延误的期间不应计算加倍部分债务利息。麻某、刘某提出对迟延履行债务利息还要计算利息的异议请求，不予支持。该院裁定如下：

一、撤销（2017）湘3124执恢29号利息结算通知书，通泰公司应支付异议人麻某、刘某的加倍迟延履行期债务利息为19700元；

二、驳回异议人麻某、刘某提出本案计算加倍迟延履行期债务利息方法的异议请求。

双方当事人均不服，申请执行复议，请求重新核算生效民事判决确定的加倍支付迟延履行期间的利息。湖南省湘西土家族苗族自治州中级人民法院经审理认为：从2016年1月14日至2016年3月25日再审中止执行之日期间，系因被执行人通泰公司申请暂停支付并承诺承担责任而导致执行案款没有发放，被执行人仍应承担这期间的迟延履行利息。之后，是由于双方申请再审，执行款因再审中止执行而没有发放，再审判决作出后即可恢复执行而可以发放案款，故这期间应不计算迟延履行利息。复议申请人麻某、刘某主张对该期间计算迟延履行利息的复议请求，理由不成立，不予支持。该院裁定如下：

一、维持（2018）湘3124执异5号异议裁定第二项；

二、变更（2018）湘3124执异5号异议裁定第一项为：撤销（2017）湘3124执恢29号利息结算通知书，通泰公司应支付麻某、刘某的迟延履行利息为12718.96元。

【法官后语】

关于迟延履行期间的起算时间和截止日，《迟延履行期间债务利息解释》第二条及第三条第二款均有明确、具体规定。因此，本案真正的争议焦点和处理难点是：被执行人通泰公司对迟延履行期间的哪些时段，可免于承担加倍部分债务利息？《迟延履行期间债务利息解释》对此情形本来有规定。该解释第三条第三款规定："非因被执行人的申请，对生效法律文书审查而中止或者暂缓执行的期间及再审中止执行的期间，不计算加倍部分债务利息。"由于该规定的特殊表述形式，当事人及司法工作者容易在理解上发生分歧，必须予以正确解释才能准确适用。

我国民法学界及司法实务界，对于民法解释的方法、适用顺序和须遵循原则有分歧，但对在各种民法解释方法中应该优先适用文义解释和体系解释，则认识一致。这也与《中华人民共和国合同法》第一百二十五条第一款规定的合同条款解释方法和适用顺序一致。因此，在民事审判及强制执行过程中，在对民事法律、法规或司法解释的条款的理解有争议时，应该坚持优先适用文义解释和体系解释。对民法解释结果有多种的，应该选择最符合立法目的的一种，以实现积极的社会效果。例如，《中华人民共和国民事诉讼法》规定执行中的迟延履行利息制度，显然兼具补偿性和惩罚性两种性质，其目的是督促被执行人及时履行义务。那么，在对有关迟延履行利息制度的法律、法规或司法解释的条款进行解释时，就不能选择仅有补偿性或者仅有惩罚性的解释结果。

按照文义解释和体系解释方法，《迟延履行期间债务利息解释》第三条第三款规定应该理解为：根据当事人申请或者人民法院依职权（如第三人撤销之诉等情形），人民法院对生效法律文书审查而中止或者暂缓执行的期间及再审中止执行的期间，是否计算加倍部分债务利息，应该分别处理：（1）仅有被执行人申请再审的，仍然应计算加倍部分债务利息；（2）仅有申请执行人申请再审，不再计算加倍部分债务利息；(3) 申请执行人和被执行人均申请再审的，不再计算加倍部分债务利息；(4) 人民法院依职权决定再审，被执行人和申请执行人均没有申请再审的，也不再计算加倍部分债务利息。这样理解，体现了迟延履行利息制度兼具补偿性和惩罚性两种性质的特点，避免使得被执行人非因自己的单方行为导致其仍然承担迟延履行期间加倍部分债务利息的明显不利、也明显不公平的法律后果。

编写人：湖南省湘西土家族苗族自治州中级人民法院　马如刚　覃繁荣

18

到期债权在执行异议中的实现路径

——北京三一工程机械有限公司诉北京成吉思达供热节能科技中心案外人执行异议之诉案

【案件基本信息】

1. 裁判书字号

北京市第一中级人民法院（2018）京01民终2112号民事裁定书

2. 案由：案外人执行异议之诉

3. 当事人

原告（被上诉人）：北京三一工程机械有限公司（以下简称三一公司）

被告（上诉人）：北京成吉思达供热节能科技中心（以下简称成吉思达科技中心）

第三人：北京国坤建筑机械租赁中心（以下简称国坤租赁中心）

【基本案情】

2011年10月8日，北京市海淀区人民法院对成吉思达科技中心诉国坤租赁中心租赁合同纠纷一案作出（2011）海民初字第5386号民事判决，判决：一、国坤租赁中心于判决生效后十日内给付成吉思达科技中心租赁费336000元；二、国坤租赁中心于判决生效后十日内给付成吉思达科技中心车辆占用费569600元；三、驳回成吉思达科技中心的其他诉讼请求。因国坤租赁中心未履行生效法律文书确定的义务，2012 年 2 月 22 日，成吉思达科技中心向该院申请强制执行。执行过程中，该院于 2013 年 3 月 15 日作出（2012）海执字第 4094 号强制执行裁定书及协助执行通知书，要求三一公司协助扣发并提取国坤租赁中心在三一公司的工程承包款 940000 元人民币。2013 年 11 月 15 日，该院冻结了三一公司在中国银行股份有限公司北京沙河支行的账户内存款 940000 元。三一公司就此向该院提出案外人执行异议，后该院于 2015 年 2 月 3 日作出（2015）海执异字第 019 号执行裁定书，裁定驳回三一公司对执行标的提出的执行异议申请。故三一公司提起诉讼，请求：1. 确认执行标的账户内存款为三一公司所有；2. 终止对三一公司的执行，解除对上述账户中 940000 元存款的冻结。

【案件焦点】

三一公司是否有权利提起案外人异议之诉。

【法院裁判要旨】

北京市海淀区人民法院经审理认为：根据《中华人民共和国物权法》第二条第三款规定，物权是指权利人依法对特定的物享有直接支配和排他的权利，包括所有权、用益物权和担保物权。银行账户内的款项体现为一定的货币资金，而货币资金是具有高度流通性和可替代性的特殊种类物，其使用价值就在于交换。若交易过程中接受货币一方需调查占有货币资金的一方是否具有所有权，则会导致交易成本过高，影响交易安全，使货币作为一般等价物的流通机能丧失。因此，银行账户内货币资金采用“占有即所有”的一般原则，即银行账户内的货币资金属于账户所有人，但以特户、专户、封金等形式将货币资金特定化，向社会公示银行账户内货币资金处于所有和占有分离状态的除外。本案中，三一公司并非（2011）海民初字第 5386 号民事判决书确定的付款义务人，即便三一公司与国坤租赁中心存在债权债务关系，但双方并未以任何形式对涉案款项进行公示以表明其特定化，涉案款项无法与三一公司自有货币资金相区分，故应依据货币资金占有状态认定涉案款项属性。现本案所涉银行账户登记的账户名称系三一公司，三一公司亦不认可其银行账户中含有国坤租赁中心的财产，故涉案款项应系三一公司所有。三一公司的诉讼请求，于法有据，该院予以支持。

北京市海淀区人民法院依照《中华人民共和国物权法》第二条第三款，《最高人民法院关于人民法院民事执行中查封、扣押、冻结财产的规定》第二条规定，判决如下：

一、对三一公司在中国银行账户内的存款停止执行；

二、该账户内存款系三一公司所有。

成吉思达科技中心不服原审判决，提起上诉。北京市第一中级人民法院经审理认为：

首先，对案外人异议之诉的法律适用问题进行辨析。《中华人民共和国民事诉讼法》第二百二十七条规定："执行过程中，案外人对执行标的提出书面异议的，人民法院应当自收到书面异议之日起十五日内审查，理由成立的，裁定中止对该标的的执行；理由不成立的，裁定驳回。案外人、当事人对裁定不服，认为原判决、裁定错误的，依照审判监督程序办理；与原判决、裁定无关的，可以自裁定送达之日起十五日内向人民法院提起诉讼。"由此可知，《中华人民共和国民事诉讼法》第二百二十七条对案外人执行异议与案外人异议之诉的相关程序性衔接问题进行了规定。具体而言，第一个流程是案外人对执行标的提出书面异议的，启动案外人执行异议程序；第二个流程是对执行异议程序作出的裁定不服的，若认为原判决、裁定错误，则进入审判监督程序，若不服的事由与原判决、裁定无关的，则进入案外人异议之诉程序。

其次，对到期债权执行异议的程序救济路径进行探究。《最高人民法院关于适用〈中华人民共和国民事诉讼法〉的解释》第五百零一条第一款规定："人民法院执行被执行人对他人的到期债权，可以作出冻结债权的裁定，并通知该他人向申请执行人履行。"第二款规定："该他人对到期债权有异议，申请执行人请求对异议部分强制执行的，人民法院不予支持。利害关系人对到期债权有异议的，人民法院应当按照民事诉讼法第二百二十七条规定处理。"第三款规定："对生效法律文书确定的到期债权，该他人予以否认的，人民法院不予支持。"结合上述法律条文的内容可知，除生效法律文书确定的到期债权外，人民法院执行被执行人对他人的到期债权时，存在两种情形下的不同路径选择：一是"他人"提出异议时，人民法院对申请执行人的请求不予支持；二是除"他人"以外的"利害关系人"提出异议的，则按照民事诉讼法中案外人执行异议的程序推进。因此，《最高人民法院关于适用

〈中华人民共和国民事诉讼法〉的解释》第五百零一条第二款的“利害关系人”即《中华人民共和国民事诉讼法》第二百二十七条中的“案外人”，只有落到该概念项下的主体方可提起案外人执行异议以及案外人异议之诉。倘若到期债权所指向的次债务人（即“他人”）提出异议，申请执行人就无权再通过执行程序向次债务人求偿，而是应当通过代位权诉讼途径主张权利。

最后，对三一公司的主体类型及纠纷应有的程序路径进行判定。具体而言，成吉思达科技中心向一审法院申请对国坤租赁中心进行强制执行。执行过程中，一审法院依据相关合同要求三一公司协助扣发并提取国坤租赁中心在三一公司银行账户上的工程承包款 940000 元。也就是说，三一公司的主体类型系到期债权所指向的次债务人（即“他人”），一旦其提出异议，所带来的法律效果是成吉思达科技中心无权再通过执行程序向三一公司求偿，针对三一公司的执行行为应当立即停止。倘若现实中执行行为未予停止，三一公司则有权依据《中华人民共和国民事诉讼法》第二百二十五条“当事人、利害关系人认为执行行为违反法律规定的，可以向负责执行的人民法院提出书面异议”的规定，对执行行为提出异议；倘若执行行为停止，但成吉思达科技中心仍主张三一公司系次债务人，则应当通过代位权诉讼维护自己的正当权益。

综上所述，三一公司并非《最高人民法院关于适用〈中华人民共和国民事诉讼法〉的解释》第五百零一条第二款中的“利害关系人”，现有法律并未给其设立从执行程序转入案外人执行异议以及案外人异议之诉中的程序通道，故应当裁定驳回其起诉。

北京市第一中级人民法院依照《中华人民共和国民事诉讼法》第一百一十九条、第一百五十四条第一款第三项、第一百七十条第一款第二项、第二百二十五条、第二百二十七条，《最高人民法院关于适用〈中华人民共和国民事诉讼法〉的解释》第二百零八条第三款、第五百零一条规定，裁定如下：

一、撤销北京市海淀区人民法院（2015）海民（商）初字第 11120 号民事判决；

二、驳回三一公司的起诉。

【法官后语】

本案涉及的争议焦点是三一公司是否系案外人异议之诉的适格原告，而更深层次的问题为《最高人民法院关于适用〈中华人民共和国民事诉讼法〉的解释》第五百零一条条文（本案以下简称诉争条文）的理解与适用。

强制执行程序，是人民法院运用国家强制力，通过对个人自由或财产加以干涉或者处分，实现债权人经生效法律文书确定的债权，进而达到维护社会公序目的的程序。[①] 强制执行权的行使在保障当事人合法权益的同时，也有利于维护司法权威，培树社会诚信体系。诉争条文即在上述价值功能项下建立的到期债权执行制度，该制度的态度并不模糊，但因其文字表述的模糊，导致了司法实践中理解与适用的难点。

一、“模糊路径”的原因分析

首先，从法律条文的文字表述上来看。诉争条文第二款提到“他人”对到期债权有异议的，人民法院不予支持；“利害关系人”有异议的，人民法院按照《中华人民共和国民事诉讼法》第二百二十七条规定处理。鉴于该诉争条文并未就上述主体进行解释，存在“他人”与“利害关系人”是并列关系或包含关系两种理解。我们进一步参照该条指引的《中华人民共和国民事诉讼法》第二百二十七条条文来看，条文内容的主体部分表述为“案外人”“当事人”，并无与诉争条文一一对应的表述，从而更加扩大了诉争条文的盲点与痛点。本案一审法院就诉争条文的理解，实质上是模糊了“他人”与“利害关系人”的区别，在“他人”提出异议的情况下，直接进入“利害关系人”可用的案外人执行异议之诉通道。

其次，从制度价值的角度考察。债权，无疑包含了债权人、债务人两相对应的概念，也即其具有合同相对性。而诉争条文的执行标的系债务人对第三人的到期债权，也就是说在执行程序中，司法将手伸到了与合同法基本原则相悖的区域。在做制度价值选择时，一种观点认为，强制执行的效率性原则优先，从而偏差地理解了任何主体均可启动执行程序中的执行异议及民事诉讼中的案外人执行异议之诉制度。另一种观点则认为，“利害关系人”与“他人”具有相同的异议权，但凡有人提出异议，法律的基本原则不可破，从而直接对申请执行人的申请不予支持，实际架空了诉争条文第二款转入案外人异议之诉的路径。

---

① 江必新、刘贵祥主编，最高人民法院执行局编著：《最高人民法院关于人民法院办理执行异议和复议案件若干问题规定理解与适用》，人民法院出版社2015年版，第1页。

二、“模糊点”的概念厘清

法律的正确理解，需要明晰相应制度价值之功能。第一，我们应当正确把握对债权执行的制度精神，既要保证申请执行人生效法律文书确定债权的实现，也要注意保护次债务人、相关利害关系人的合法权益。① 第二，要正确理解代位权制度与债权执行的关系。结合诉争条文的其他条款表述可知，只有次债务人对债权无异议的，法院才能予以执行，一旦次债务人提出异议，申请执行人只能转入代位权诉讼途径去主张权利。第三，注意以案外人异议之诉通道去保护次债务人以外的利害关系人的权利。

由此，我们可以确认以下概念：诉争条文中的“他人”，仅指次债务人，经常又表述为第三人；诉争条文中的“利害关系人”系除次债务人以外的其他当事人，如主张是该到期债权的真实权利人，其与《中华人民共和国民事诉讼法》第二百二十七条中的“案外人”同义。

三、程序路径的梳理

由此，在执行程序中，对于到期债权的执行，我们需要区分不同主体的不同情形，以不同的程序路径去保护当事人的合法权利。具体而言：

第一，人民法院可以作出冻结债权的裁定，执行被执行人对次债务人的到期债权；次债务人若无异议，则以效率最高的方式保护了申请人的权利。

第二，倘若次债务人提出异议，人民法院应对异议部分不予执行，申请执行人仅能通过行使代位权，在另案诉讼中解决纠纷，而不宜在执行中进行。倘若人民法院未停止执行，次债务人可依据《中华人民共和国民事诉讼法》第二百二十五条，对执行行为提出执行异议。

需要说明的是，《最高人民法院关于适用〈中华人民共和国民事诉讼法〉执行程序若干问题的解释》第二十五条、第二十六条规定，债权人或者被执行人对分配方案有异议的，应当自收到分配方案之日起十五日内向执行法院提出书面异议，十五日内未提出异议，执行法院将具体执行。司法实践中，根据次债务人提出异议的时间不同，救济路径亦存在区别：1. 在十五日期限内提出异议，人民法院立即停止

---

① 沈德咏主编，最高人民法院修改后民事诉讼法贯彻实施工作领导小组编著：《最高人民法院民事诉讼法司法解释理解与适用》【下】，人民法院出版社 2015 年版，第 1329 页。

执行；2. 在十五日期限经过后提出的异议如何处理，并无明确法律规定。一种观点认为，应参照《最高人民法院关于人民法院办理执行异议和复议案件若干问题的规定》第六条“当事人、利害关系人依照民事诉讼法第二百二十五条规定提出异议的，应当在执行程序终结之前提出，但对终结执行措施提出异议的除外。案外人依照民事诉讼法第二百二十七条规定提出异议的，应当在异议指向的执行标的执行终结之前提出；执行标的由当事人受让的，应当在执行程序终结之前提出”的规定对于尚在异议程序中的予以解决。另一种观点则认为，由于没有明文规定，十五日后才提出异议的，依然应当按照此前梳理的路径予以保护。对此，笔者认为，从效率优先、兼顾公平的类案审判理念出发，应当参照适用案外人异议之诉的相关司法解释，即采用第一种观点。

第三，倘若除次债务人外的案外人提出异议的，可依据《中华人民共和国民事诉讼法》第二百二十七条进入案外人异议之诉程序处理。

第四，对生效法律文书确定的到期债权，次债务人予以否认的，人民法院不予支持，但其有权提出债务已经履行或部分履行的异议。

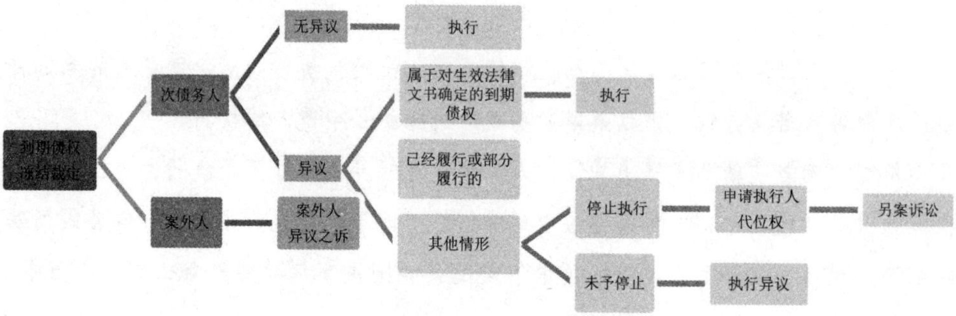

图1　程序路径流程图

“法典背后总是隐藏着强大的思想运动。”[①] 有朝一日，当我们能把各法律项下的哲学立场凝固成浑然一体的规则体系时，就不难洞察到条文背后的思想、路径，自然也能减少法律解释的“偏差”。

编写人：北京市第一中级人民法院　杨力

① 蒋大兴：《公司法的观念与解释Ⅰ——法律哲学 & 碎片思想》，法律出版社2009年版，第1页。

19

电信公司未变更手机号码过户登记时执行异议的审查

——中国联合网络通信有限公司许昌市分公司与关某执行异议案

【案件基本信息】

1. 裁判书字号

河南省许昌市中级人民法院（2018）豫10执复114号执行裁定书

2. 事由：执行异议

3. 当事人

申请执行人：关某

利害关系人：中国联合网络通信有限公司许昌市分公司（以下简称联通公司）

【基本案情】

关某与宋某、张某、许某和魏商贸有限责任公司民间借贷纠纷案，许昌仲裁委员会于2015年12月30日作出许仲裁字（2015）44号裁决书，裁决：宋某、张某自收到裁决书之日起十日内偿还关某借款本金330万元和利息，许某和魏商贸有限责任公司对上述裁决内容承担连带保证还款责任。裁决书生效后，关某向河南省许昌市魏都区人民法院申请执行，该院于2017年8月23日向联通公司发出协助执行通知书，将被执行人张某名下的电话号码186××88888予以查封，查封期间不得为其办理过户、买卖、变更登记等手续。当日，联通公司签收协助执行通知书。2017年8月24日，联通公司出具书面回复，称“法院要求对张某186××88888予以查封，因业务系统原因不能协助”。

2018年3月2日，河南省许昌市魏都区人民法院向联通公司发出书面通知，要求其在接收通知后七日内将涉案电话号码变更至张某名下，如未按期履行，将按法律规定追究该公司及相关责任人的责任，并予以罚款。

联通公司向河南省许昌市魏都区人民法院提出书面异议，称：2017年5月17

日，张某和案外人赵某共同申请，在营业厅办理了过户手续，手机号码已经过户给赵某。但因业务系统原因，造成客户名称与账户名称不一致，显示账户名称仍是张某，无法履行将手机号码186×××88888过户至张某名下的义务。

另查明：2017年8月14日，河南省增值税电子普通发票显示手机号码名称仍为被执行人张某。2017年9月5日，张某在查封（扣押）清单上签字并按指印确认。

【案件焦点】

手机号码权利人是否按照权利外观原则审查，协助义务单位以实际过户后未变更登记为由主张无法协助办理查封手续的，能否支持。

【法院裁判要旨】

河南省许昌市魏都区人民法院经审查认为：该院于2017年8月23日将案涉号码予以查封后，利害关系人联通公司于2017年8月24日向法院出具书面回复，称"法院要求对张某186×××88888予以查封，因业务系统原因不能协助"，但并未提及该号码已过户他人，后又以案涉号码已于2017年5月17日过户至他人名下为由对法院的执行不予协助。该院向联通公司发出的协助执行通知书已发生法律效力，其应当积极协助执行，利害关系人以业务系统原因不能协助和案涉号码已过户为理由提起执行异议，不能排除法院的执行。

河南省许昌市魏都区人民法院依照《中华人民共和国民事诉讼法》第二百二十五条、《最高人民法院关于人民法院办理执行异议和复议案件若干问题的规定》第五条第四项、第十七条第一项规定，裁定：

驳回利害关系人联通公司的异议请求。

联通公司不服，提起复议。河南省许昌市中级人民法院经审查认为：执行法院于2017年8月23日向联通公司作出协助执行通知书，当日联通公司对该协助执行通知书予以签收，表明联通公司对法院要求查封被执行人手机号码没有异议。联通公司关于业务系统原因不能协助的理由，并不能免除其协助执行义务，且2017年8月14日河南省增值税电子普通发票显示涉案号码名称仍为被执行人张某名下，遂裁定：

驳回联通公司的复议申请，维持一审法院执行裁定。

【法官后语】

一、手机号码的法律属性

根据物权法定原则，物权种类和内容由法律规定，作为物权客体的物原则上为有体物。手机号码作为一种无线电频谱，目前民法主流观点认为，无线电频谱在表现为无形形态的物，因可以被感知、控制和利用，在法律上可以排他支配，作为有体财产手机的延伸，属于有体物的一部分，且手机号码是独一无二的特定物，具有经济价值，满足“物”的要素所具备的各种特征。因此，从交易观念上作为物进行调整，属于物权法保护的范畴。值得注意的是，《中华人民共和国电信条例》第二十八条、二十九条分别以“占有、使用”“取得电信资源使用权”来表述电信业务经营者对码号资源的权益。而“占有”即人对于物管领控制的事实，是一种受法律保护的财产权益，其客体为物，因此该条例的表述与民法主流观点一脉相承。国家是手机号码的所有权主体，电信业务经营者和用户享有除处分外的占有、使用、收益等所有权权能。用户基于电信服务合同继受取得手机号码的物权权能，在服务合同有效期内通过履行合同义务，直接对手机号码这一特定物进行事实上的占有、支配和使用，享有其经济利益，是直接占有且为排他性的单独占有。手机号码通常归持有人“所有”，也符合社会观念和通常认知。否则，强制执行程序中司法拍卖手机号码将缺失法理基础。

由此可见，用户在转让手机号码时，是发挥其物的经济价值的一种形式，受让人概括取得用户对手机号码的物权，其性质上并非电信服务合同权利义务的一并转让。物权的享有和物权变动的公示方法只能法律作出规定，具有公示公信效果。2012 年 12 月，全国人大常委会颁布了《关于加强网络信息保护的决定》，将公民个人电子信息保护和电话用户实名制纳入法律层面。实名制虽然不具有法定的物权变动效力，但手机号码转让后，出让人和受让人应按照实名登记制的要求，履行变更登记的附随义务，变更登记使手机号码转让行为在外观上具备了公示公信的效果。

二、协助义务单位执行异议的审查

执行行为异议指向的对象是程序性事项，基于执行程序产生，如执行措施、实施执行措施的方式、方法、期间和顺序等，该异议指向的一般不是执行标的所涉及的实体权利本身，即利害关系人所提异议所依据的基础性权利为程序权利。本案中，联通公司以手机号码已经实际过户但未办理变更登记为由，主张登记的名义权利人与事实的实际权利人并不一致，变更登记通知与权利现实状态相冲突，直接影响受让人合法权益，法院协助执行超出其协助范围，无法履行变更协助义务，据此提出执行异议。换言之，联通公司以手机号码受让人的实体权利为理由基础，提出了无法履行变更登记协助义务的异议。

执行异议以“形式审查为原则，实质审查为例外”，形式审查标准主要遵循物权公示原则和权利外观主义，根据法律规定的物权公示方法和权利外观，以及特定情形下为实践广泛认可的非典型权利公示方式，作出权利判断。《最高人民法院关于人民法院办理执行异议和复议案件若干问题的规定》第二十五条规定“对案外人的异议，人民法院应当按照下列标准判断其是否系权利人……其他财产和权利，有登记的，按照登记机构的登记判断”，因此在对执行异议是否成立的判断标准上，应坚持较高的、外观化的判断标准，认定登记名义人为权利人。法院生效裁判则以事实为依据，认为手机号码仍登记在被执行人张某名下，依照外观主义原则，张某是手机号码权利人。出让人与受让人存在其他法律关系，未经变更登记的，不能作为判断权利归属的依据。据此，协助义务单位以手机号码实际过户后未变更登记为由主张无法协助办理查封、变更手续的，不予支持。

编写人：河南省许昌市中级人民法院　李锐　郭晓峰

20

汇款错误不构成“足以排除强制执行的实体权益”

——北京国能中电节能环保技术股份有限公司诉郭某案外人执行异议之诉案

【案件基本信息】

1. 裁判书字号

北京市第三中级人民法院（2018）京03民终2986号民事判决书

2. 案由：案外人执行异议之诉

3. 当事人

原告（上诉人）：北京国能中电节能环保技术股份有限公司（以下简称国能中电公司）

被告（被上诉人）：郭某

第三人（被执行人）：北京茨浮电气有限公司（以下简称茨浮电气公司）、北京茨浮测控技术研究所（以下简称茨浮研究所）

【基本案情】

郭某于2016年诉茨浮电气公司、茨浮研究所劳务合同纠纷一案，一审判决茨浮电气公司、茨浮研究所共同给付郭某劳动报酬共计130277.90元，北京市第三中级人民法院二审判决维持一审的结果。

郭某前述判决申请强制执行，北京市顺义区人民法院于2017年2月22日作出（2016）京0113执4760号执行裁定书，裁定划拨茨浮电气公司存款137000元。

茨浮电气公司账户在2017年1月12日余额23027.32元，在2017年2月17日进账390000元（对方户名为国能中电公司），余额413027.32元，于2017年2月17日发生四笔出账各15元，于2017年2月18日出账200元，于2017年2月22日向“北京市顺义区人民法院全国执行网络查控系统账户”转账137000元，于2017年2月27日和28日分别出账15元和200元，于2017年3月1日向国能中电公司退款260000元，退款后余额15552.32元，于2017年3月21日利息进账46.97元，于2017年3月23日和27日分别出账90元和15元。

后国能中电公司对执行标的提出执行异议并被驳回。国能中电公司遂以其汇入茨浮电气公司账户中的预付款属于支付错误，认为郭某请求强制执行以及法院实行强制执行茨浮电气公司账户款项的行为损害了其合法权利提起诉讼，而郭某认为国能中电公司汇入茨浮电气公司账户款项正确且未发生混同，因此可以申请强制执行。

【案件焦点】

1. 本案中是否存在国能中电公司错误汇款的事实；2. 假设国能中电公司确系错误汇款，其主张返还相应款项的请求权基础是否为所有权；3. 本案中该笔汇款是否存在国能中电公司主张的特定化的事实及其法律后果；4. 国能中电公司的返还请求权有无优先性，能否阻却执行。

【法院裁判要旨】

北京市顺义区人民法院经审理认为：公司作为经济活动的主要主体，对于大额合同理应审慎，并也应当有能力做到审慎。国能中电公司已从茨浮电气公司得到退款260000元，但国能中电公司起诉状中所写的支付错误要求返还的金额对应涉诉被冻结账户转账进北京市顺义区人民法院全国执行网络查控系统账户的137000元，未对应390000元扣除260000元后的130000元。

案外人提起执行异议之诉的，案外人应当就其对执行标的享有足以排除强制执行的民事权益承担举证证明责任。货币为种类物。根据本案具体情况，390000元与茨浮电气公司账户的原有款项已经实际发生混同。国能中电公司并未提供充分证据证明其对执行标的享有足以排除强制执行的民事权益。国能中电公司无权要求停止对涉诉从被冻结账户转账进入北京市顺义区人民法院全国执行网络查控系统账户的款项进行强制执行。

北京市顺义区人民法院依照《最高人民法院关于适用〈中华人民共和国民事诉讼法〉的解释》第三百一十一条、第三百一十二条规定，判决如下：

驳回国能中电公司的诉讼请求。

国能中电公司不服一审判决，提起上诉。北京市第三中级人民法院经审理认为：首先，国能中电公司没有确切证据证明其所汇款项是错误操作，且在汇款之后没有迅速主张归还，而是时隔多日，在法院采取执行划款措施之后才提出异议，故法院认为，国能中电公司关于双方无转移所有权的意思表示，汇款仅属于事实行为的主张自不能成立。其次，假设国能中电公司确有错误汇款之实，其失去的亦非对存款的所有权，而是对银行的债权，所得主张者亦非基于所有权的物上请求权，而是对收款人的不当得利返还请求权，该权利为一般性债权，并不足以阻碍执行。再次，国能中电公司向茨浮电气公司的账户汇款390000元，该账户虽被查封，但该款项并未以特户、封金、保证金等形式特定化，茨浮电气公司名下账户中原有存款2万余元，且该账户此后亦发生多笔出账，在茨浮电气公司向国能中电公司退款260000元后，该账户中仍剩有款项。该笔款项与茨浮电气公司名下存款账户内的原有款项已经混同，国能中电公司汇出的款项既未特定化，其要求优先保护而取回的主张亦不能成立，法院不予支持。最后，国能中电公司并不享有对相应款项的所有权及相应的物上请求权，其对茨浮电气公司仅可以行使不当得利返还请求权，而该请求权为一般性债权，并无优先于申请执行人之处。

北京市第三中级人民法院依照《中华人民共和国民事诉讼法》第一百七十条第一款第一项规定，判决如下：

驳回上诉，维持原判。

【法官后语】

依据法律之规定，物权的客体是特定的物，但在法律有明确规定的情况下，权利也可以成为物权的客体。因此，钞票、硬币等现金货币，具备物理意义上的有形实体，独立于他物而存在，可以成为物权的客体。因为货币的占有与所有合而为一，所以对于货币而言，一般不发生所有物返还请求权与占有之回复诉权问题，仅发生债权请求权。

被执行人账户所对应的现金货币，其所有权人依据前述货币“占有即所有”的原则，应是银行存款。其理由在于：第一，存款行为的完成或存款法律关系成立，必须以一定数量的现金货币这一可代替物的交付为条件，而交付现金货币这一可代替物的过程就是现金货币的占有转移以及所有权由存款人转移给银行的过程。第二，存款人实施存款行为的动机和银行吸存资金的目的以及实践中银行的运作，同样决定存款人依法不能对存入银行的现金货币仍然享有所有权。

就存款货币而言，首先，其本身并非作为一般等价物的货币；其次，存款货币不同于现金货币，现金货币依托于特定的有形载体而存在，满足物的要件，而存款货币本身只是一种记账符号，并非客观存在的实体，是存款人对银行享有的要求给付对应金额现金货币的债权的表征，本质上属于债权，并不属于物权法意义上物的范畴。最后，依据物权法及民法总则之规定，权利成为物权客体须有法律之明确规定，而我国法律亦未明确规定存款货币所表征的债权可以成为所有权之客体。

有学者认为，民法通则第七十五条以及物权法第六十五条明确了公民的储蓄受法律保护，可以理解为法律明确规定了存款货币可成为物权之客体，但我们认为法律的相关规定亦可理解为基于存款货币在现实生活中的重要性与特殊性，法律给予更多的保护，也就是为这一债权赋予优先性，但并未想要为存款名义人设立对存款货币或存款现金的所有权。所以，我们认为存款货币并非物权法意义上的物，也并非可成为所有权客体的权利，存款货币之上并不产生所有权，本案中，国能中电公司主张的对于被执行人账户存款货币享有所有权自然亦不成立。

在错误汇款案件类型中，收款人因为银行转账而没有法律根据（欠缺对价关系）地取得他人财产（收款人对收款银行的债权增加），导致错误汇款人受到损失（错误汇款人对汇款银行的债权减少），故而错误汇款人针对收款人享有不当得利返还请求权这一债权请求权。

债权的性质和特点决定了案外人债权之实现和法院对特定标的物强制执行并不冲突，因而原则上债权不足以排除强制执行。就本案所涉错误汇款而言，是否形成足以排除强制执行的权益，主要涉及存款特定化问题。依据《最高人民法院关于适用〈中华人民共和国担保法〉若干问题的解释》第八十五条规定，债务人或者第三人将其金钱以特户、封金、保证金等形式特定化后，移交债权人占有作为债权的担保，债务人不履行债务时，债权人可以以该金钱优先受偿。该条之规定，实际上包含两种情况：其一，是对现金货币的特定化；其二，是对存款货币的特定化。

就现金货币而言，基于货币的特性，货币的所有权与占有融为一体，导致其所有权缺乏追及效力，从而不产生所有物返还请求权。但是，在特殊情况下，作为种类物与消费物的货币经由特定化而成为特定物，此时，其占有与所有权不再融为一体，在其之上亦得以产生所有物返还请求权，从而基于所有权而生的所有物返还请求权，得以对抗基于一般债权而生的执行债权。此种现金货币的特定化，其实质是排除现金货币的流通性以及实际占有人对货币的绝对支配，从而否定占有人对现金货币的所有权，成为货币“占有即所有”规则的例外。

就存款货币而言，其本质是一个债权，此条之规定，相当于赋予了特定化了的存款货币所表征的债权以优先性，属于债权物权化的一种情形。我们认为，参考现金货币特定化的本质，对于存款货币是否可以认定为已经特定化，应注意审查以下两点：第一，存款货币所在账户是否具有流通性，不具备流通性系存款货币特定化的前提。第二，该笔存款货币是否可以区别于存款名义人在该账户内的其他存款货币。如若无法将二者加以区分，则自然不足以认定该笔存款货币已经“特定”。

就本案而言，国能中电公司向茨浮电气公司的账户汇款390000元，该账户虽被冻结，但该款项并未以特户、保证金账户等形式特定化，而且茨浮电气公司名下账户中原有存款2万余元，且该账户此后亦发生多笔出账，在茨浮电气公司向国能中电公司退款260000元后，该账户中仍剩有款项，无法看出该笔存款货币所对应的债权能区别于茨浮电气公司在该账户中的其他存款货币所对应的债权。故我们认为，国能中电公司所主张的汇款并未特定化，其要求优先保护而取回的主张亦不能成立，在此情形下，国能中电公司所能主张的不当得利返还请求权仅是一般债权并无优先性。

综上所述，国能中电公司对于自身名下账户内的存款货币已经因为汇款到茨浮电气公司名下而消灭，而转移给茨浮电气公司的该笔存款货币与茨浮电气公司账户内其他存款货币已经混同，不具有特定化之特征。国能中电公司并不享有对相应存款现金的所有权，其对茨浮电气公司只得行使相应金额的不当得利返还请求权，而该请求权也为一般性债权，并无优先于申请执行人之处。故国能中电公司对本案中的执行标的不享有足以排除强制执行的民事权益，即便其所主张的错误汇款事实成立，对其要求排除法院对茨浮电气公司名下存款账户内款项的强制执行的主张，亦不应予以支持。

编写人：北京市第三中级人民法院　黄海涛　杨俊逸

21

诉讼保全中被保全人的担保人在执行程序中的地位及异议性质

——李某与朱某申请执行伍某、广东金泽润技术有限公司执行异议案

【案件基本信息】

1. 裁判书字号

广东省广州市中级人民法院（2018）粤 01 执复 415 号执行裁定书

2. 事由：申请执行人执行异议

3. 当事人

异议人：李某

申请执行人：朱某

被执行人：伍某、广东金泽润技术有限公司（以下简称金泽润公司）

【基本案情】

朱某与伍某、金泽润公司民间借贷纠纷一案，（2015）穗天法金民初字第5709号民事调解书已经发生法律效力。根据上述调解书，伍某、金泽润公司应于2018年2月23日前向朱某清偿借款6540000元，逾期还款则朱某有权向法院申请执行，要求两被执行人按年利率24%的标准计付上述借款自2015年8月9日起至实际清偿之日止的利息；案件受理费60330元减半收取30165元、财产保全费5000元、公告费500元，均由伍某、金泽润公司共同负担。因两被执行人未履行上述调解书确定的义务，朱某申请执行，天河区人民法院于2018年2月24日以（2018）粤0106执4362号立案执行。

在（2015）穗天法金民初字第5709号案审理期间，天河区人民法院根据朱某的财产保全申请，裁定冻结伍某、金泽润公司的银行存款6932400元或查封、扣押其等值财产。2015年12月9日，李某向天河区人民法院出具《担保承诺函》，表示愿意提供广州市海珠区宝业路×号504房、603房、604房（以下简称案涉房屋）置换上述保全财产并提供担保，承诺：如金泽润公司败诉，其愿意以上述担保房产的拍卖价为金泽润公司清偿所欠申请执行人的欠款。同月24日，天河区人民法院作出（2015）穗天法金民初字第5709－1号民事裁定，裁定如下：一、查封案涉房屋；二、解除对金泽润公司的银行存款6932400元的冻结或其等值财产的查封、扣押。同月24日，金泽润公司交纳500000元至天河区人民法院。

天河区人民法院在执行过程中，依法向被执行人发出执行通知书，责令被执行人在限期内履行上述调解书确定的义务，逾期被执行人未履行。天河区法院遂裁定拍卖李某名下的案涉房屋。李某以案外人的名义提出书面执行异议，要求排除对案涉房屋的执行，主要理由是：异议人不是案件的被执行人，法院执行其案涉房屋不当；异议人同意置换保全物的前提是成为金泽润公司的股东，现该前提已不成立；案涉房屋的价值超过了原实际保全的财产价值。

【案件焦点】

1. 财产保全中为被申请人提供担保的担保人，在执行程序中处于哪种地位；2. 被执行人不履行生效法律文书确定的义务的，人民法院是否可以执行被保全人的担保人的担保财产，对担保人执行异议应适用哪一种程序审查；3. 被申请人的担保人的担保责任范围。

【法院裁判要旨】

广东省广州市天河区人民法院经审理认为：在（2015）穗天法金民初字第5709号案诉讼期间，法院根据申请执行人的申请对被执行人采取了财产保全措施，现该案民事调解书已进入执行程序，依照《最高人民法院关于适用〈中华人民共和国民事诉讼法〉的解释》第一百六十八条规定，该案的保全裁定自动转为（2018）粤0106执4362号案的查封、扣押、冻结措施。在诉讼保全程序中，异议人自愿提供案涉房屋为金泽润公司担保，法院据此裁定变更保全标的为异议人提供的案涉房屋。在进入执行程序后，案涉房屋自动转为（2018）粤0106执4362号案查封的财物。因此，异议人的地位实际为（2018）粤0106执4362号案的担保人，其异议应适用《中华人民共和国民事诉讼法》第二百二十五条的程序进行审查。

异议人在提供担保时明确表示，如金泽润公司败诉，其愿意以案涉房屋的拍卖价为金泽润公司清偿所欠申请执行人的欠款。现金泽润公司未履行上述调解书确定的义务，依法法院有权处分案涉房屋。异议人称其提供担保的前提是其成为金泽润公司的股东，现其未能成为金泽润公司股东，故要求解除对案涉房屋的查封缺乏事实根据和法律依据，法院不予采纳。

法院在（2015）穗天法金民初字第5709号案财产保全中，裁定冻结伍某、金泽润公司的银行存款6932400元或查封、扣押其等值财产，异议人提供担保的财产也应为与6932400元等值的财产。现案件已进入执行程序，其担保债务即为（2018）粤0106执4362号案的债务。因此，异议人称案涉房屋价值远超法院保全财产的价值理由不成立。

广东省广州市天河区人民法院依照《中华人民共和国民事诉讼法》第二百二十五条规定，裁定如下：

驳回异议人李某的异议。

二审法院同意一审法院的裁定意见。

【法官后语】

一、关于异议人在执行实施案中的地位

人民法院在诉讼期间采取的财产保全措施，在进入执行程序后自动转为执行程序的财产控制措施。异议人在诉讼保全中自愿提供案涉房屋为被保全人提供担保（俗称保全置换），法院据此变更保全标的物为案涉房屋，在进入执行程序后，案涉房屋亦自动转为被执行人的担保财物，故异议人的地位实际是执行案的担保人。

二、本案属利害关系人执行行为异议还是案外人异议

利害关系人与案外人均是当事人以外的与执行行为或者执行行为指向的标的物有利害关系的第三人，两者的异议容易混淆。结合有关法律规定及司法实践，可以从以下几个方面进行区分：

首先，异议的权利性质不同。利害关系人异议是异议人认为人民法院的执行行为违法，侵害了其程序性的权利，这些权利不能排除人民法院对执行标的物的执行。案外人异议是案外人认为人民法院对财产的执行侵害了其对该财产的实体权利，并因此主张排除对该财产执行。

其次，异议指向的对象和目的不同。案外人异议指向的是法院正在执行的标的物，目的是排除对这一标的物的执行。利害关系人异议则是指向法院的执行措施和程序，目的是保护自己程序上的权益不受侵害，而非排除对标的物的执行。在某些时候，利害关系人异议表面上也指向正在执行的标的物，但这两种异议所指向的标的物的表面特征不同：案外人异议指向的标的物一般是登记在被执行人名下的不动产、车辆，或者由被执行人占有的动产，从表面证据判断属于被执行人的财产；而利害关系人异议指向的标的物一般是登记在该利害关系人名下的不动产、车辆，或者由该利害关系人实际占有的动产，从表面证据判断属于利害关系人的财产。

最后，两者的功能不同。案外人异议的功能有二：一是确定异议人对该标的物是否享有实体权利，二是该实体权利能否排除执行。这两个功能是一个有机的整体，缺一不可。而利害关系人异议的功能在于纠正违法的执行行为，即便该执行行为指向特定的标的物，但因各方当事人对该特定的标的物的实体权利并无争议，无需就异议人对该标的物是否享有实体权利作出判断。

本案中，异议人虽不是被执行人，且以案外人的名义提出执行异议，但首先，异议人是被执行人的担保人，法院依法可以执行其财产；其次，案涉房屋登记在异

议人名下，各方当事人对案涉房屋的权属均不存在争议，法院无需就案涉房屋的权利人作出判断。因此，异议人的异议实际是异议人认为法院的执行行为本身违法，属于利害关系人提出的执行行为异议。

三、保全置换的财产价值标准问题

保全置换应同时具备两个条件：一是用于置换的担保财产与法院保全财产的价值等值，二是担保的财产易于执行。该“等值担保财产”即“已保全财产的价值”应以人民法院裁定保全的财产价值为标准，理由如下：

首先，财产保全的目的是为能及时有效地执行生效法律文书确定的债务人义务提供可靠的保证和基础，故应以法院裁定保全的财产价值为标准。

其次，在司法实践中，一些地方法院的指导意见也认同以裁定保全的财产价值为标准。

编写人：广东省广州市天河区人民法院　李云芳

22

协助执行义务人不协助法院执行而承担相应法律责任的条件

——刘某与陈某、云南万洲建设工程有限公司执行复议案

【案件基本信息】

1. 裁判书字号

云南省昆明市中级人民法院（2018）云01执复4号执行裁定书

2. 事由：执行复议

3. 当事人

申请执行人：刘某

被执行人（异议人、复议申请人）：云南万洲建设工程有限公司（以下简称云南万洲公司）

被执行人：陈某

【基本案情】

原告刘某诉被告陈某债权转让合同纠纷一案，2015年11月10日，刘某向云南省禄劝彝族苗族自治县人民法院（以下简称禄劝法院）申请保全被告陈某在西山公路工程有限公司（以下简称西山公司）的工程款986000元，同年11月12日，禄劝法院向西山公司送达了（2015）禄民保字第156号民事裁定书及（2015）禄执字第268号执行裁定书和协助执行通知书，要求西山公司将被执行人陈某的工程款986000元依法予以冻结。西山公司办公室主任赵某签收了上述文书，并表示属于被告陈某的工程款昆明市公路局还未结算，要等结算后将工程款拨付到公司账户才能协助执行。2016年11月15日，西山公司经核准变更为云南万洲公司。后该案经两审终审，判决被告陈某于判决生效后十日内归还原告刘某借款本金80万元及逾期利息，逾期利息之和以136000元为限。判决生效后陈某未履行还款义务，刘某于2017年2月7日向禄劝法院申请强制执行。同年2月17日，昆明市公路局将云龙水库环库段一标段的工程款681876.33元拨付到云南万洲公司的中国农业银行账户。同年2月18日，禄劝法院到云南万洲公司扣划保全的案件款时，办公室主任赵某称，除了要缴纳40000元的税款，剩下的钱市公路局交代要用于发放农民工工资，该笔款项已支付了一部分，现只有200000元。同年2月28日禄劝法院向昆明市公路局调查查明，拨付到云南万洲公司账户内的681876.33元工程款是云龙水库环库段一标段的工程款尾款，不是农民工工资，农民工工资是要经过劳动稽查部门界定的。同日禄劝法院作出（2017）云0128执209号执行裁定书，依法冻结了云南万洲公司的中国农业银行账户的203998元存款。2017年3月8日禄劝法院责令云南万洲公司十日内追回已被其发放的工程款，3月18日因云南万洲公司未追回案件款，同日禄劝法院作出（2017）云0128执209号之一裁定书追加云南万洲公司为被执行人，裁定云南万洲公司向申请执行人刘某清偿债务641876.33元。3月20日禄劝法院强制扣划了云南万洲公司在中国农业银行的存款203998元。因云南万洲公司办公地点不是注册地址，禄劝法院无法查找到该公司的实际办公地点，公告送达了（2017）云0128执209号之一执行裁定书。

2017年7月20日，云南万洲公司向禄劝法院书面提出执行异议申请，请求禄劝法院撤销（2017）云0128执209号及（2017）云0128执209号之一执行裁定书，对其公司账户予以解冻并返还扣划的203998元存款。禄劝法院受理后，于

2017年7月28日召开听证会，于2017年9月7日作出（2017）云0128执异12号裁定书，驳回云南万洲公司的执行异议。云南万洲公司对该裁定提出复议，云南省昆明市中级人民法院作出（2017）云01执复10号执行裁定书，撤销（2017）云0128执异12号裁定书，发回禄劝法院重新审查。禄劝法院于2018年1月16日作出（2018）云0128执异2号执行裁定书，裁定驳回云南万洲公司的执行异议。云南万洲公司不服，以禄劝法院执行裁定书送达违法及其无协助义务为由，申请再次复议。

【案件焦点】

1. 执行文书送达程序是否符合法律规定要求；2. 协助执行义务人不按法院规定履行协助义务，承担相应法律责任的条件。

【法院裁判要旨】

禄劝法院经审理认为：《最高人民法院关于人民法院执行工作若干问题的规定（试行）》第三十七条规定，有关单位收到人民法院协助执行被执行人收入的通知后，擅自向被执行人或其他人支付的，人民法院有权责令其限期追回；逾期未追回的，应当裁定其在支付的数额内向申请执行人承担责任。本案中，云南万洲公司收到人民法院的诉讼保全裁定书及协助执行通知书后，未经法院同意擅自向他人支付保全案款的行为违反法律规定。（2017）云0128执209号及（2017）云0128执209号之一执行裁定书，认定事实清楚，符合法律规定。

禄劝法院依照《中华人民共和国民事诉讼法》第二百二十五条、第二百四十二条规定，裁定如下：

驳回异议人云南万洲公司执行异议。

云南万洲公司不服，申请复议。云南省昆明市中级人民法院经审理认为：关于禄劝法院（2018）云0128执异2号执行裁定书是否程序违法的问题，禄劝法院2015年11月12日向西山公司送达（2015）禄民保字第156号民事裁定书及（2015）禄执字第268号执行裁定书和协助执行通知书，要求西山公司将被执行人陈某的工程款986000元依法予以扣留的法律文书均是由该公司办公室主任赵某签收的，并表示属于被告陈某的工程款昆明市公路局还未结算，要等结算后将工程款拨付到公司账户才能协助执行。之后西山公司变更为云南万洲公司，且其于2016

年 11 月变更法定代表人，作为办公室主任赵某在云南万洲公司变更法人以前已离职等情况并未告知禄劝法院，禄劝法院向前办公室主任赵某送达文书并无不妥。之后，因云南万洲公司办公地点不是注册地址，禄劝法院无法查找到该公司的实际办公地点，并公告送达了（2017）云 0128 执 209 号之一执行裁定书，符合法律规定。

关于复议申请人云南万洲公司提出的解冻云南万洲公司账户，退还其账户内的 203998 元的问题，《最高人民法院关于人民法院执行工作若干问题的规定（试行）》第三十六条规定："被执行人在有关单位的收入尚未支取的，人民法院应当作出裁定，向该单位发出协助执行通知书，由其协助扣留或提取。"第三十七条规定："有关单位收到人民法院协助执行被执行人收入的通知后，擅自向被执行人或其他人支付的，人民法院有权责令其限期追回；逾期未追回的，应当裁定其在支付的数额内向申请执行人承担责任。"本案中，禄劝法院依法向西山公司送达（2015）禄民保字第 156 号民事裁定书及（2015）禄执字第 268 号执行裁定书和协助执行通知书，符合法律规定，云南万洲公司理应配合法院做好协助执行工作，但云南万洲公司擅自支付，且在法院规定的期限内没有追回已被其发放的工程款，禄劝法院于 2017 年 3 月 18 日作出（2017）云 0128 执 209 号之一裁定书追加云南万洲公司为被执行人，裁定云南万洲公司向申请执行人刘某清偿债务 641876.33 元。3 月 20 日强制扣划了云南万洲公司的存款 203998 元，符合上述法律规定。综上，复议人云南万洲公司的复议请求没有法律和事实依据，不予支持。

云南省昆明市中级人民法院依据《最高人民法院关于人民法院办理执行异议和复议案件若干问题的规定》第二十三条第一款第一项规定，裁定如下：

驳回复议申请人云南万洲公司的复议请求。

【法官后语】

执行送达程序应当依据我国民事诉讼法及其司法解释规定的送达方式进行。就本案而言，云南万洲公司称该公司办公室主任赵某在其变更公司名称及法定代表人之前就已辞职，但并没有提供可信证据，禄劝法院在向赵某送达相应法律文书时，赵某并没有提出其已辞职的情况，且该公司也没有将赵某已辞职的情况向法院说明，因此，法院向作为该公司办公室主任的赵某送达法律文书是符合民事诉讼法司法解释规定的。云南万洲公司变更办公地点，没有在管理部门及时作变更登记，造成法院无法通过正常途径查找到其私自变更的办公地点，法院通过公告送达相应法律文书符合民事诉讼法规定。

近年来，全国法院为基本解决执行难，保障胜诉当事人的合法权益得以实现，从最高人民法院到全国其他各级法院都付出了艰辛的努力，但仍有部分案件胜诉当事人的合法权益难以兑现，与部分协助执行单位法律意识不强、法制观念淡薄、法律思维滞后不无关系。本案中，作为协助执行单位云南万洲公司在收到法院执行裁定书和协助执行通知书后，本应高度重视，配合法院将应付被执行人陈某的相应工程款予以冻结扣留。即使遇有如农民工工资等急需支付、必须支付的款项，也应及时、如实地向法院说明沟通，只要在法律允许或者申请执行人认可的情况下，法院也可解冻部分款项，允许其予以支付。但其不能自认为没有协助义务，随意支付法院已作保全冻结扣留的款项，更不能欺骗法院，用支付农民工工资来当作挡箭牌，以达到逃避协助执行的不法目的。再者，如果认为自己没有协助执行义务，法律也赋予了可就该协助执行行为向法院提起执行行为异议，由法院进行审查裁定，如对法院的该执行行为异议裁定不服，还可向上一级法院申请复议，而不能对法院的协助执行要求不理不睬，擅自处分有协助执行要求的财产。否则，法院可依据法律规定，要求协助执行义务人限期追回被擅自支付的款项，如不能追回，应在支付款项范围内向申请执行人承担法律责任。

在现阶段的协助执行工作中，由于法律知识观念淡薄，人们守法意识不强，协助执行义务人不履行协助义务的情况并不鲜见，而且协助义务人的拒不协助导致被执行人恶意转移财产的情况时有发生。在这种情况下，被执行人责任财产的非正常减少，导致申请执行人经过生效法律文书确定的债权利益难以实现甚至无法实现，极大地损害了申请执行人的切身利益。协助义务人违反协助执行义务的行为既侵犯了司法机关正常的执法秩序，又侵害了申请执行人的民事利益。但我国现行立法体系中，对违法协助执行义务的主体，在制裁方式上，通过罚款、拘留条款的设置，规定了较为明确、具体的民事制裁制度。而在补偿性方式方面，则没有系统完整的表述。因此，还需国家层面加强协助执行的立法，依法确立协助执行的主体范围、协助程序、协助职责和责任承担方式，从而根除实践中选择性协助的消极现象。

编写人：云南省昆明市中级人民法院　冯丽萍　付琼　蒋志平

23

在继承遗产范围内承担责任判项的执行

——北京澜华腾歌投资中心与金某等执行复议案

【案件基本信息】

1. 裁判书字号

北京市高级人民法院（2018）京执复141号执行裁定书

2. 事由：执行复议

3. 当事人

申请执行人（复议申请人）：北京澜华腾歌投资中心（有限合伙）（以下简称澜华腾歌中心）

被执行人：金某、李甲、李乙、邓某、李丙、李丁

【基本案情】

就澜华腾歌中心与金某、李甲、李乙、邓某、李丙、李丁仲裁一案，中国国际经济贸易仲裁委员会（以下简称贸仲）作出（2017）中国贸仲京裁字第1421号裁决（以下简称1421号裁决）。该裁决第三项内容为，金某、李乙、邓某对前两项裁决应向澜华腾歌中心支付的款项，以其依法实际继承案外人李某遗产的范围为限承担连带清偿责任，李甲对前两项裁决应向澜华腾歌中心支付的款项，以其依法实际继承案外人李某遗产的范围并扣除必要的生活费、教育费等合理费用后的财产为限承担连带清偿责任。后澜华腾歌中心向北京市第一中级人民法院（本案以下简称北京一中院）申请执行。北京一中院以（2018）京01执558号案件立案执行。鉴于1421号裁决没有明确金某、李甲、李乙、邓某实际继承案外人李某遗产的范围，对李甲应扣除必要的生活费、教育费等合理费用也未明确具体的标准，北京一中院向贸仲函询可否补正或说明。贸仲答复：1. 在该案裁决作出之前，金某、李乙、邓某继承李某遗产的情况尚无法确定，建议法院要求相关当事人就有关情况进行说明；

2. 关于李甲生活费、教育费等合理费用的标准，建议法院根据相关法律及案件具体情况予以确定；3. 上述事实均不属于该会《仲裁规则》第五十四条“补充仲裁”的情形。

2018 年 8 月 7 日，北京一中院作出（2018）京 01 执 558 号执行裁定，驳回澜华腾歌中心对 1421 号裁决第三项内容的执行申请。澜华腾歌中心不服，向北京市高级人民法院申请复议。北京市高级人民法院经审查，确认北京一中院查明的关于 1421 号裁决第三项的内容。

另查明，金某按照北京一中院发出的（2018）京 01 执 558 号报告财产令于 2018 年 6 月 4 日签署财产报告书并呈交北京一中院。该财产报告书在第二部分载明，（2016）京 0105 民初 68548 号民事判决、（2016）京 0105 民初 68549 号民事判决、（2016）京 0105 民初 68550 号民事判决、（2016）京 0105 民初 68551 号民事判决、（2016）京 0105 民初 68553 号民事判决均已发生法律效力，它们对李某名下的不动产及银行存款和股权作出了分割，确定了哪些财产属于金某个人、哪些属于李某的遗产。

【案件焦点】

以继承遗产承担责任的案件执行中，如何界定遗产的范围。

【法院裁判要旨】

北京一中院经审理认为：申请执行的法律文书应有给付内容，且执行标的明确。1421 号裁决第三项内容属于金钱给付具体数额不明确或者计算方法不明确导致无法计算出具体数额，符合《最高人民法院关于人民法院办理仲裁裁决执行案件若干问题的规定》（以下简称《仲裁裁决执行规定》）第三条第一款第二项可以导致人民法院驳回部分执行申请的情形之一的规定；在该院向仲裁机构依法询问后，贸仲未作出补正，其答复建议执行法院在被申请人继承的遗产仲裁机构尚无法确定的情况下，要求当事人就有关情况进行说明或根据相关法律及案件具体情况确定被申请人生活费、教育费等合理费用的标准，于法无据。该案仲裁机构的裁决内容导致部分无法执行的，人民法院应裁定驳回该部分的执行申请。

北京一中院依照《中华人民共和国民事诉讼法》第一百五十四条第一款第十一项、《最高人民法院关于人民法院执行工作若干问题的规定（试行）》第十八条第一款第四项、《仲裁裁决执行规定》第三条第一款第二项、第四条、第五条规定，裁定如下：

驳回澜华腾歌中心对贸仲1421号裁决第三项内容的执行申请。

澜华腾歌中心不服，申请复议。北京市高级人民法院经审理认为：执行依据载明的权利义务主体和给付内容可以明确的，应当予以执行。本案中，1421号裁决第三项确定了金某、李乙、邓某应当承担责任的范围，具体执行内容可通过执行程序进一步明确；但1421号裁决第三项未确定必要的生活费、教育费等合理费用的金额或者计算方式，李甲应当给付的内容不明确。因此，澜华腾歌中心的部分复议理由成立，予以支持，原审裁定驳回澜华腾歌中心对1421号裁决第三项内容的执行申请，存在部分错误，应当予以纠正。

北京市高级人民法院依照《中华人民共和国民事诉讼法》第一百五十四条第一款第十一项规定，裁定如下：

一、变更北京市第一中级人民法院（2018）京01执558号执行裁定为：驳回澜华腾歌中心对贸仲1421号裁决第三项中关于李甲的执行申请；

二、驳回澜华腾歌中心的其他复议申请。

【法官后语】

执行依据是否有给付内容、给付内容是否具体明确，是执行程序应当首先审查处理的问题，也是司法实践中一个易发争议的问题。这一问题在以继承遗产承担责任的案件执行中表现尤为突出。债务人死亡后，债权人提起诉讼的，判决内容一般为继承人在继承遗产的范围内承担责任。此类判决进入执行程序后面临的一个突出难题就是：如何界定遗产的范围？

此类案件中，遗产的认定由审判部门承担还是由执行部门承担，有两种不同的观点：一是由审判部门查明遗产的范围，对于执行依据中列明的遗产内容，执行部门才予以执行。否则，即应认为执行依据不明确；二是审判部门无需查明遗产内容，根据法律规定径行作出判决即可，具体遗产内容由执行部门进行查明。若采纳第一种观点，在执行阶段查到财产的，一律告知相关人员通过诉讼解决继承析产问题，将大大降低执行效率；若采纳第二种观点，因执行程序无法解决实体权属判断问题，对查到的财产不加区分地直接进行处置，甚至立案后直接对被继承人或相关继承人名下的财产采取执行措施，可能侵犯合法的财产权利。

民事诉讼程序包含审判和执行两种类型的司法程序，两种程序存在根本区别。审判权的实质是对当事人之间的实体性权利义务作出确定性的判定，而执行权则旨在根据确定的生效法律文书通过对债务人采取执行措施以实现债权人的权益。在以继承遗产承担责任的案件执行中，若执行依据本身并未确定被继承人的遗产及其范围，一般情况下，执行部门应当认定执行依据不明确。但从司法实践角度，执行部门不宜当然作为执行依据不明确的案件进行处理，还应对被继承人名下的财产或继承人是否进行了财产继承等进行查询了解，当然也可根据申请执行人提供的财产线索进行调查。根据《中华人民共和国继承法》第二条规定，继承从被继承人死亡时开始。被执行人死亡时，继承自然开始，并非从继承人主张权利的时候开始。因此，对于仍登记在被继承人名下或确认继承事宜的生效裁判确定的财产，执行部门仍应采取执行措施。若无上述条件，执行部门不宜主动查询相关继承人名下的财产并采取执行措施。否则，不仅可能违反“审执分离”的基本理念，还会导致合法的财产权受到侵犯。本案中，已有生效裁判认定李某的哪些财产被继承，故应当对生效裁判确认的遗产进行执行。但对于李甲的判项并未明确必要的生活费、教育费等合理费用的金额或者计算方式，因此应当认定李甲应当给付的内容不明确，该部分判项构成执行依据的内容不明确，应当驳回执行申请。

鉴于以继承遗产承担责任的案件判决和执行具有其特殊性，建议：如果审判阶段能够查明遗产的，审判部门应当尽量予以查明，以便利后续执行程序，防止出现“空判”。有必要时，也可参照财产保全相关司法解释等的规定，通过相应系统查询财产。若审判阶段没有予以查明，进入执行程序的，执行部门也要尽量对被执行人名下的财产进行查询或做相关继承人的思想工作，尽力促成和解；发现有财产线索的，可以由申请执行人另行诉讼，尽量保障当事人的合法权益。

编写人：北京市高级人民法院　刘旭峰

24

未成年子女对登记在其名下的房屋提起执行异议之诉的处理

——孙小夏诉陈某案外人执行异议之诉案

【案件基本信息】

1. 裁判书字号

河南省信阳市中级人民法院（2018）豫15民终4284号民事判决书

2. 案由：案外人执行异议之诉

3. 当事人

原告（上诉人）：孙小夏（化名）

被告（被上诉人）：陈某

第三人：丰某

【基本案情】

第三人丰某与孙某于1996年10月30日在罗山县子路镇婚姻登记处登记结婚，1997年8月21日生育长女，取名丰小春（化名），2006年2月20日生育次女，取名孙小夏。双方于2016年8月1日协议离婚，协议约定：其夫妻名下的四套房产均归女方孙某所有（其中一套为某小区302号房，即本案争议房产），并均称双方婚姻存续期间无共同债务。双方离婚后，孙某于同年10月9日将302号房产赠与原告孙小夏，并将房子过户原告孙小夏名下。2015年10月9日，第三人丰某因经商房地产欠被告陈某借款576000元，经罗山县人民法院判决，丰某应偿还陈某借款576000元。该判决生效后，被告陈某向法院申请强制执行，（2017）豫1521执689号执行裁定书裁定扣押被执行人丰某女儿孙小夏名下302号房一套。

原告孙小夏认为房屋产权已过户至其名下，认为法院扣押错误，于2018年1月18日向法院提出执行异议申请，法院审查后于2018年1月29日作出（2018）豫1521执异1号执行裁定书，裁定驳回执行异议。异议人孙小夏向河南省信阳市中级人民法院申请执行复议，河南省信阳市中级人民法院于2018年5月16日作出裁定，撤销了（2018）豫1521执异1号执行裁定书，并发回河南省罗山县人民法院重新作出裁定，河南省罗山县人民法院又于2018年6月13日重新作出（2018）豫1521执异1号执行裁定书，裁定驳回异议人孙小夏的执行异议申请。孙小夏收到该裁定书后十五日内又提起案外人执行异议之诉。

【案件焦点】

未成年子女通过父母离婚协议而获赠房屋并不承担任何债务，该房屋所有权归谁所有。人民法院在执行该房产时，未成年子女以案外人名义提起执行异议之诉，请求排除对登记在其名下的房屋强制执行的，人民法院是否应当予以支持。

【法院裁判要旨】

河南省罗山县人民法院经审理认为：《中华人民共和国物权法》第十七条规定，“不动产权属证书是权利人享有该不动产物权的证明”。第三十三条规定：“因物权的归属、内容发生争议的，利害关系人可以请求确认权利。”不动产权属证书是权利人享有该不动产物权的证明，一般情况下，登记权利人即推定为实际权利人，但有证据证明房款实际出资人不是登记权利人时，亦要根据实际出资情况确定房屋的归属。本案中，原告孙小夏系未成年人，无独立的收入来源，其登记在个人名下的302号房产系其母亲孙某与其父亲丰某2007年、2008年左右出资购买，而非父母之外第三人的赠与所得。该房屋购买时间为原告母亲孙某与其父亲丰某婚姻存续期间，亦属夫妻共同财产。第三人丰某欠被告陈某借款时间为2015年10月9日，借款系经营房地产开发，亦发生在原告母亲孙某与其父亲丰某婚姻存续期间，依法应属夫妻共同债务。原告母亲孙某与其父亲丰某在离婚时，尚未偿还被告陈某借款，恶意将房产分割给孙某并将该案争议房产以赠与名义过户原告名下，孙某与丰某的行为违反婚姻法夫妻共同财产偿还夫妻共同债务的规定，损害了陈某的合法利益。故（2017）豫1521执689号执行裁定书裁定扣押被执行人丰某女儿名下302号房一套并无不妥，裁定驳回异议人孙小夏的执行异议申请亦无不当。原告诉称法院作出的（2017）豫1521执689号执行裁定书，该裁定书侵犯了原告的房屋所有权，理由不能成立，其诉讼请求不予支持，其诉讼请求依法应予驳回。

河南省罗山县人民法院依据《中华人民共和国物权法》第十七条、第三十三条，《中华人民共和国婚姻法》第四十一条，《中华人民共和国民事诉讼法》第二百二十七条，《最高人民法院关于适用〈中华人民共和国民事诉讼法〉的解释》第三百一十二条规定，作出如下判决：

驳回孙小夏的诉讼请求。

宣判后，孙小夏不服一审判决，提起上诉。河南省信阳市中级人民法院经审理认为：孙小夏对案涉302号房屋不享有足以排除强制执行的民事权益。丰某陈述该房产系2007年或2008年购买，在其与孙某夫妻关系存续期间，应为夫妻共同财产。丰某与孙某在明知存在本案债务的情况下，于2016年8月1日签订《离婚协议书》约定将夫妻名下包括案涉房产在内的四套房产全部归女方所有，并不让女方承担任何债务，该分割行为明显不均等，使丰某的责任财产明显减少，2016年9月22日，双方又将案涉房产共同赠与未成年的女儿孙小夏所有，该夫妻财产分割行为与赠与行为属于恶意逃避债务的行为，严重损害了债权人陈某的利益，根据《中华人民共和国合同法》第五十二条第二项规定，此赠与行为无效，案涉房产应按照丰某与孙某共同财产处理。《最高人民法院关于人民法院民事执行中查封、扣押、冻结财产的规定》第十四条第一款规定："对被执行人与其他人共有的财产，人民法院可以查封、扣押、冻结，并及时通知共有人。"即使涉案房屋存在其他共有人，人民法院依然可以对该房屋进行扣押。涉案房屋的共有人可以另行提起共有物分割诉讼，请求法院对该房屋进行分割。孙小夏由于不能因赠与取得案涉房产的所有权，其对案涉房产不享有足以排除强制执行的民事权益，一审驳回其诉讼请求并无不当。上诉人提出已经取得涉案房产的不动产权属证书，一审法院在对该证书未有任何评价的情况下，驳回上诉人的起诉请求，违反物权登记的公示公信力和物权登记法律制度。根据执行异议之诉案件实质审理原则，要基于执行标的权属变化及其争议赖以产生的基础性实体法律关系予以判断，不能简单地根据权利外观及程序性法律或司法解释对权利归属加以审查。上诉人孙小夏取得案涉房产的基础法律关系是赠与行为，在赠与行为无效的情况下，其不能取得案涉房产的所有权，所以即使房产登记在其名下，也不能排除人民法院对该房产的强制执行。

综上所述，孙小夏的上诉请求不能成立，应予驳回；因本案是执行异议之诉，一审不宜在本案中认定丰某所欠陈某的576000元款项系夫妻共同债务，原审法院裁判理由部分欠妥，但结果正确，法院予以维持。

河南省信阳市中级人民法院依照《中华人民共和国民事诉讼法》第一百七十条第一款第一项规定，作出如下判决：

驳回上诉，维持原判。

【法官后语】

关于孙小夏对案涉房产是否享有足以排除强制执行的民事权益，本案存在两种不同的观点：

第一种观点认为，孙小夏已经取得涉案房产的不动产权属证书，根据物权登记的公示公信力和物权登记的法律制度，孙小夏对执行标的享有足以排除强制执行的民事权益。

第二种观点认为，根据执行异议之诉案件实质审理原则，要基于执行标的权属变化及其争议赖以产生的基础性实体法律关系予以判断，不能简单地根据权利外观及程序性法律或司法解释对权利归属加以审查。上诉人孙小夏取得案涉房产的基础法律关系是赠与行为，在赠与行为无效的情况下，其不能取得案涉房产的所有权，所以即使房产登记在其名下，也不能排除人民法院对该房产的强制执行。

笔者同意第二种观点，理由如下：

第一，从赠与行为的效力角度来看。丰某陈述该房产系2007年或2008年购买，在其与孙某夫妻关系存续期间，应为夫妻共同财产。丰某与孙某在明知存在本案债务的情况下，于2016年8月1日签订《离婚协议书》约定将夫妻名下包括案涉房产在内的四套房产全部归女方所有，并不让女方承担任何债务，该分割行为明显不均等，使丰某的责任财产明显减少，2016年9月22日，双方又将案涉房产共同赠与未成年的女儿孙小夏所有，该夫妻财产分割行为与赠与行为属于恶意逃避债务的行为，严重损害了债权人陈某的利益。恶意串通，损害国家、集体或者第三人利益的合同应属无效，因此此赠与行为无效，案涉房产应按照丰某与孙某共同财产处理。

第二，从未成年人获得财产的来源角度看。涉案房产变更为孙小夏所有的登记时间为2016年10月31日，孙小夏系2006年2月出生，获得房产时孙小夏尚未成年。依据《中华人民共和国婚姻法》和有关司法解释的规定，婚姻关系存续期间取得的财产，均为夫妻共同财产。未成年子女系家庭成员的一员，一般没有独立经济来源，日常生活尚且靠父母供给，其名下财产自然是共有财产的组成部分，房屋虽登记在未成年子女名下，仍为家庭共同财产。未成年子女作为家庭成员之一，其名下的财产除因奖励、报酬等合法来源获得外，不论来源于父母任何一方，都具有家庭共同财产的性质。现孙小夏主张房屋归其个人所有，那么就应当举证证明其是通过上述的方式取得，但孙小夏主张涉案房屋是基于其母亲孙某与其父亲丰某离婚时，孙某因离婚事由而取得该房产，孙某又将该房产赠与孙小夏，并非上述方式获得，故登记在孙小夏名下的涉案房产应属于丰某与孙某共同财产。

第三，从法的适用规则的角度来看。一般法是指在效力范围上具有普遍性的法律，即针对一般的人或事，在较长时期内，在全国范围内普遍有效的法律。特别法是指对特定主体、事项，或在特定地域、特定时间有效的法律。在物或财产的归属问题上，物权法关于产权推定制度的规定，适用于一般物权登记，不适用于夫妻财产。即根据物权法的相关规定，我国不动产物权变动原则上采取登记生效主义，不动产登记簿是物权归属和内容的依据，但是，不动产登记簿作为不动产物权公示手段所具有的公信力，主要是针对不特定的第三人而言。第三人由于信赖物权登记而为之进行不动产交易，即使登记权利与真实权利不符，但法律仍然承认其具有与真实权利状态相同的法律效果，以此保护第三人利益。但是，婚姻法对于夫妻之间财产共有权的取得有明确规定，即婚姻关系存续期间所得的财产均为夫妻共同财产，因此本案中涉案房产的归属不能适用物权法，应当适用婚姻法。

编写人：河南省信阳市中级人民法院审管办　阮江帆

25

特许经营合同中非典型执行异议之诉的司法认定

——张甲诉张乙申请执行人执行异议之诉案

【案件基本信息】

1. 裁判书字号

北京市东城区人民法院（2018）京0101民初7280号民事判决书

2. 案由：申请执行人执行异议之诉

3. 当事人

原告：张甲

被告：张乙

【基本案情】

原告与成都神龙源贸易有限公司（以下简称神龙源公司）特许经营合同纠纷一案，北京市东城区人民法院（以下简称东城法院）作出民事判决书，判令神龙源公司赔偿原告经济损失22000元。该判决生效后，原告申请东城法院执行该判决，但因被执行人神龙源公司无可供执行的财产，东城法院作出执行裁定书，裁定终结本次执行。此后，原告向东城法院申请追加神龙源公司的原股东张乙为被执行人，东城法院以张乙已不是神龙源公司股东，且其认缴期限未到期为由，作出执行裁定书，裁定驳回追加张乙为被执行人的申请。原告认为，张乙的认缴期限为2024年11月6日，认缴金额是245万元，其仅通过上家股东刘超实缴了0.5万元出资，就于2015年1月13日将股权转让给韩志民，故其作为神龙源公司的原股东，在未足额缴纳出资的情况下即转让股权，依据《最高人民法院关于民事执行中变更、追加当事人若干问题的规定》第十九条、《最高人民法院关于适用〈中华人民共和国公司法〉若干问题的规定（三）》第十三条第二款，应当被追加为被执行人，并在未出资的244.5万元范围内对神龙源公司不能清偿的22000元债务承担补充赔偿责任。

【案件焦点】

1. 基础执行案件中的被执行人是否需要追加为共同被告；2. 未届认缴期限的股东出资义务能否因债权人起诉而加速到期。

【法院裁判要旨】

东城法院经审理认为：本案中，张甲主张张乙作为神龙源公司的原股东，在未足额缴纳出资的情况下即转让股权，应在神龙源公司不能清偿债务时被列为被执行人，在其尚未缴纳出资的范围内依法承担责任。根据已查明事实，张乙认缴的金额为245万元，现张甲认可张乙通过神龙源公司的前股东刘超实际出资0.5万元，但其未缴纳的244.5万元的出资时间为2024年11月6日，该期限尚未届满，且张乙已于2015年1月13日将股权转让给了韩志民，不再是神龙源公司的股东。法院认为，有限责任公司的注册资本为在公司登记机关登记的全体股东认缴的出资额，股东应当按期足额缴纳公司章程中规定的各自所认缴的出资额，股东依法获得分期缴纳出资的期限利益受法律保护，且股东认缴的金额、实缴期限等均可通过企业信用信息系统查询，作为一种公示信息，债权人对此应当知晓，对于交易过程中的风险也可以并且应当预见，在无证据显示股东存在欺诈或者其他恶意损害债权人利益的情形下，直接要求股东放弃期限利益对公司债务承担责任，并不符合股东出资认缴制度的设立初衷。《最高人民法院关于民事执行中变更、追加当事人若干问题的规定》第十九条、《最高人民法院关于适用〈中华人民共和国公司法〉若干问题的规定（三）》第十三条第二款规定并未明确在公司认缴制中，作为被执行人的企业法人在不能清偿生效法律文书确定的债务时，可以追加在认缴期未至前已转让股权的原股东为被执行人。现张甲亦未举证证明其他符合追加张乙为被执行人的法定情形，故张甲主张追加张乙为被执行人并在其未出资的范围内承担给付义务的诉讼请求，于法无据，不予支持。债权人张甲有权通过其他合法方式保护其财产权益。

东城法院依照《中华人民共和国公司法》第二十六条、第二十八条，《最高人民法院关于适用〈中华人民共和国公司法〉若干问题的规定（三）》第十三条第二款，《最高人民法院关于民事执行中变更、追加当事人若干问题的规定》第十九条、第三十二条、第三十四条规定，判决如下：

驳回张甲的诉讼请求。

【法官后语】

本案系基于特许经营合同提起的非典型执行异议之诉，其不同于《最高人民法院关于适用〈中华人民共和国民事诉讼法〉的解释》规定的执行异议之诉，本案不存在该解释所指的案外人或申请执行人所提起的执行异议之诉，本案的前提是人民法院在因被执行人无财产可供执行而终结本次执行程序后，申请执行人要求追加未全面履行出资义务的股东为被执行人时被执行法院驳回，申请执行人据此提起本案之诉。

关于本案所涉焦点问题，解析如下：

1. 基础执行案件中的被执行人是否需要追加为共同被告

《最高人民法院关于民事执行中变更、追加当事人若干问题的规定》第三十二条第二款规定，被申请人提起执行异议之诉的，以申请人为被告。申请人提起执行异议之诉的，以被申请人为被告。据此，根据上诉规定是将其他执行当事人与被申请执行人予以区分的，故其他执行当事人应理解为包括被执行人在内，也即被执行人与被申请执行人并非同一概念，且不追加被执行人并不影响其实体利益，故在对被执行人终结执行程序后，申请执行人仅将未全面履行出资义务的股东列为被申请执行人时，本案无需追加被执行人为共同被告。

2. 未届认缴期限的股东出资义务能否因债权人起诉而加速到期

现有法律并无明确规定，在理论界也无统一意见。法院不支持加速到期的主要理由如下：

(1) 对认缴制修改的初衷的解读

2013 年，《中华人民共和国公司法》将公司注册资本由“实缴制”修改为“认缴制”，修改的初衷是为了实现市场的决定作用，降低国家行政权力的干预，使资源实现最大限度的自由流通。为保障认缴制的顺利实施，国务院颁布条例要求公司必须将公司章程等内容进行公示。法律赋予公司更大的自由，而自由相对的就是责任，故市场主体在交易过程中需承担起更多的审慎的义务，尤其对于交易对象的股东出资情况等的调查责任。此背景下，司法机关不宜武断地停止股东的期限利益。

(2) 基于法律体系的解释

《中华人民共和国企业破产法》中规定法院受理破产申请后，要求出资人缴纳认缴的出资可以不受认缴期限的限制。这是认可突破缴纳期限的唯一法律规定，但是在特殊情况下才允许的突破。在其后的《最高人民法院关于适用〈中华人民共和国公司法〉若干问题的规定（三)》及《最高人民法院关于民事执行中变更、追加当事人若干问题的规定》中，均没有对认缴期限作出突破性规定，一方面是为了保护市场主体的自由及股东的期限利益，另一方面为了保护所有债权人的合法权益，可见立法者的慎重态度。

(3) 关于债权人的救济途径

实践中，当《中华人民共和国企业破产法》第二条第一款规定的破产条件成就时，债权人可以申请债务人破产。另，当股东出现为规避法定义务或合同义务，或假借公司之名从事非法行为，或股东与法人财产混同、股东对公司过度控制，或法人资本与法人经营的规模及其隐含的风险相比明显不足等损害债权人利益的行为，债权人可以申请适用法人人格否认制度即通过刺破公司的面纱以获得保护。

综上，笔者认为，在没有证据证实股东存在恶意损害债权人利益的情况下，不能适用认缴期限加速到期。

编写人：北京市东城区人民法院　高翡　申会英

四、查封问题

26

查封影响房屋买卖合同的履行，但不影响该合同的效力

——黄某诉无锡佳泓置业有限公司所有权确认、合同效力确认案

【案件基本信息】

1. 裁判书字号

江苏省无锡市新吴区人民法院（2018）苏0214民初1892号民事判决书

2. 案由：所有权确认、合同效力确认纠纷

3. 当事人

原告：黄某

被告：无锡佳泓置业有限公司（以下简称佳泓公司）

【基本案情】

2012年8月14日，佳泓公司原法定代表人冯某以该公司名义，与黄某签订一份《购房合同》，约定佳泓公司将某小区13号A室出售给黄某，房屋建筑面积为46平方米，价格为400000元，约定交房时间为2013年2月1日。双方对于逾期付款、逾期交房、产权登记时间等均作了约定。该份合同未加盖佳泓公司公章。同日，黄某通过他人向冯某汇款支付40万元房款，冯某出具了收条。2012年12月10日，佳泓公司与黄某又签订一份经网上备案系统备案的《商品房买卖合同》，约定由黄某购买某小区13号A室，建筑面积48.49平方米，售价708827元。

2013年8月13日，冯某以佳泓公司名义与黄某签订一份《换房协议》，写明：……在交房时发现，13号A室根本无法居住使用，鉴于以上情况，双方达成如下协议：将购买房屋变更为13号B室，价款400000元不变；次日，黄某通过佳泓公司销售经理蒋某完成13号B室的交接。之后黄某入住、使用至今。

因涉及案外人的诉讼，13号B室由法院在2011年12月31日起查封，在2013年8月13日签订上述《换房协议》时，该房屋处于查封状态。

2017年1月4日，因佳泓公司不能清偿到期债务，法院裁定受理案外人对佳泓公司的破产清算申请，指定无锡市金顺经济咨询有限公司为佳泓公司破产管理人。

黄某向法院起诉请求：1. 确认双方关于13号B室的买卖合同成立、有效；2. 确认该房屋不属于佳泓公司的财产；3. 判令佳泓公司协助黄某办理该房屋的过户手续（诉讼中黄某又撤回该第3项项诉讼请求）。

【案件焦点】

查封期间对房屋进行转卖，合同是否有效，是否可以办理过户手续。

【法院裁判要旨】

江苏省无锡市新吴区人民法院经审理认为：冯某为佳泓公司进入破产程序前的法定代表人，其以公司名义与黄某签订的《购房合同》等应认定是双方当事人真实意思表示，具有法律效力。即便该两份合同没有加盖佳泓公司印章，冯某作为公司法定代表人有权利代表公司从事经营活动，不因此影响合同效力。关于签订《换房协议》时，房屋处于法院查封状态，因查封事实确会影响协议的履行，但不影响协议的效力，《换房协议》也不因此而无效。关于双方合同与标准化的《商品房买卖合同》不符，因双方对合同标的物、当事人名称、价款都已达成一致，此情形不影响买卖合同成立。至于款项支付至冯某个人账户，应属公司与法定代表人的内部关系，不影响合同的成立及合同效力。综上，黄某关于其购买13号B室的买卖合同成立、有效的诉讼请求，应予支持。

关于黄某诉请确认13号B室不属于佳泓公司的财产，《中华人民共和国物权法》第九条第一款规定，不动产物权的设立、变更、转让和消灭，经依法登记，发生效力；未经登记，不发生效力，但法律另有规定的除外。据此，商品房购买人以已支付全部购房款或者以实际占有为由，主张取得商品房权属的，不予支持。13号

B室属于佳泓公司财产，黄某依据《购房合同》《换房协议》享有相应债权。故判决如下：

一、确认黄某与佳泓公司就13号B室房屋的买卖合同成立、有效。

二、驳回黄某的其他诉讼请求。

【法官后语】

查封是诉讼法规定的保全、执行措施，是人民法院依据职权作出的具有法律强制力的行为。通常，法院查封都有“未经许可，不得转让、出卖、抵押”等限制性要求。但实践中，被法院查封的房屋被开发商进行出卖的情况并不鲜见。在法院查封期间将房屋出卖，该买卖合同效力如何，应如何恰当处理，是司法实务中的难题。一种意见认为该合同无效，其理由主要是认为《中华人民共和国城市房地产管理法》第三十八条第二项规定了“司法机关和行政机关依法裁定、决定查封或者以其他形式限制房地产权利的”，不得转让，该条规定为法律强制性规定，违反此条规定即符合《中华人民共和国合同法》第五十二条第五项“违反法律、行政法规的强制性规定”的合同无效情形 。另一种意见认为，出卖被查封房屋的行为仅是妨害民事诉讼行为，不影响合同效力。笔者赞同第二种意见，查封不影响房屋买卖合同的效力，但影响合同的履行。

强制性规定分为效力性强制性规定和管理性强制性规定。效力性规定是指绝对不允许特定类型民事行为发生效力的强制性规定，如禁止毒品交易的规定等。管理性规定是指授权管理机关可以就特定类型民事行为对民事主体采取行政处罚措施的强制性规定，违反管理性规定，可能会发生行政责任，但不当然影响民事行为的效力。例如，禁止在街头摆摊设点等规定。《最高人民法院关于适用〈中华人民共和国合同法〉若干问题的解释（二）》第十四条已规定“合同法第五十二条第（五）项规定的‘强制性规定’，是指效力性强制性规定”。要准确判断强制性规范是效力性规范还是管理性规范，除参考上述定义外，司法实践经验也有助于我们进一步识别规范的性质。有最高人民法院的法官提出：“应当采取正反两个标准，在肯定性识别上，首先，判断标准是该强制性规定是否明确规定违反后果是合同无效。如果规定了违反后果是合同无效，该规定是效力性强制性规定。其次，法律、行政法规虽然没有规定违反将导致合同无效，但违反该规定使合同继续有效将损害国家利益和社会公共利益的，也应当认定该规定是效力性强制性规定。”因此，判断涉法院查封的房屋买卖合同的效力关键在于判断《中华人民共和国城市房地产管理法》第三十八条规定是管理性强制性规定还是效力性强制性规定。

《中华人民共和国城市房地产管理法》第三十八条第二项虽然明确有“不得”等强制性字眼，但没有直接规定合同无效，所以需要进一步识别。该法主要是规范房地产开发企业的经营行为，而不是调整民事关系，所以它是一部行政管理性法律。其第三十八条规定了七种房地产不得转让的情形。其中第六项“未依法登记领取权属证书的”房地产“不得转让”的规定已被通说和司法判例认为是管理性规定，如果同一法条中只有第某项为效力性强制性规定，而其他为管理性强制性规定的话，不符合立法规则统一的原理，也不符合立法技术的要求。《最高人民法院关于审理买卖合同纠纷案件适用法律问题的解释》第三条第一款规定，当事人一方以出卖人在缔约时对标的物没有所有权或者处分权为由主张合同无效的，人民法院不予支持。可见该条对无权处分的买卖合同作了有效认定。以“举重以明轻”的道理，查封期间的房屋买卖合同更应有效。

房屋买卖合同在履行过程中，如该房屋因法院查封导致交付或过户障碍，买受人诉请出卖人履行交付或过户义务，法院应如何判决。笔者认为，因履行过程中有司法行为的介入，阻却了继续履行的可能，只有该阻却情形消除，才能判决过户。法院查封行为形成了《中华人民共和国合同法》第一百一十条规定的“法律上或事实上不能履行”的状态。根据该条规定，买受人要求继续履行的不应得到支持。但买受人依据《购房合同》等享有相应债权，可以据此维护自己的合法权益。

编写人：江苏省无锡市新吴区人民法院　徐贞　李庆玲

27

违法建筑权属认定不属于民事诉讼受理的范畴

——北京东居物业管理有限公司诉乔某、赵某案外人执行异议之诉案

【案件基本信息】

1. 裁判书字号

北京市第一中级人民法院（2018）京01民终2771号民事裁定书

2. 案由：案外人执行异议之诉

3. 当事人

原告（被上诉人）：北京东居物业管理有限公司（以下简称东居物业公司）

被告（上诉人）：乔某

被告（被上诉人）：赵某

【基本案情】

东居兴业公司是东居物业公司全资成立的子公司。2003年11月11日，北京市东北旺农场通过划拨方式获得海淀区上地开发区西路的土地使用权。2005年8月8日，东居兴业公司（乙方）与北京市东北旺农场（甲方）签订《场地占用合同》，约定甲方将坐落在上地西路西侧场地面积14.36亩以及丘比公司西侧足球场17.8亩（含293平方米房屋）租给乙方使用，乙方对房屋及场地只有使用权及出租权。合同租赁期限18年。2006年3月至5月，东居兴业公司在该场地上建房3024平方米。2006年6月，东居兴业公司（甲方、出租方）与乔某（乙方、承租方）签订了《房屋租赁合同》，将上地西路西侧（原石头城）内的房屋3024平方米，占地面积9000平方米进行出租。合同约定：租赁期限为十年（自2006年7月1日始至2016年6月30日止）；年租金551880元；租赁期间，乙方不得擅自对所承租场地增设他物，若乙方需对场地进行改动，增建设施，需要事先征得甲方的书面同意，

乙方未经甲方同意，必须对租赁地恢复原状，并赔偿甲方的损失等约定。2007年至2008年，乔某在其租用的场地内自建房屋2860平方米。就乔某的自建房屋，乔某与东居物业公司发生分歧。经双方友好协商，在2013年3月28日，东居物业公司（甲方、出租方）与乔某（乙方、承租方）签订《房屋租赁合同补充协议》，约定：乙方新增2860平方米的建筑从签订本协议之日起，无偿归甲方所有；乙方按每日每平方米0.30元人民币从2013年7月1日起向甲方交纳租金；本协议未列内容仍按房屋租赁合同执行等内容。合同签订后，东居物业公司与乔某一直按照合同约定履行自己的合同义务。

2013年9月26日，经北京市工商行政管理局海淀分局核准，东居兴业公司注销。根据北京永勤税务师事务所有限公司出具的永勤鉴字［2013］第117号《企业纳税清算查账鉴证报告》、东居物业公司董事会决议，东居兴业公司所有剩余财产全部转入母公司东居物业公司。2016年3月23日，该院在执行赵某与乔某公证债权文书一案过程中，作出（2015）海执字第13641号公告，将坐落于北京市海淀区上地西路西侧（原石头城）内乔某所建房产查封，查封依据是：北京市中信公证处的公证债权文书。东居物业公司向该院执行部门提出执行异议。该院于2016年8月18日作出（2016）京0108执异134号执行裁定书驳回东居物业公司的异议请求。东居物业公司对该裁定不服，提起本案诉讼。2016年12月19日，北京市东北旺农场出具一份《证明》。《证明》的内容是：坐落在北京市海淀区上地西路西侧（原石头城）的土地，北京市东北旺农场是使用者，详见京海国用（2003）划字第2452号《国有土地使用证》。东居物业公司是北京市东北旺农场的控股公司，上述场地自2005年8月8日起交由东居物业公司对外进行经营管理，期限至2023年8月7日，并签订了《场地占用合同》。在此期间，该场地由东居物业公司独立对外进行经营管理，该场地对外产生的纠纷由东居物业公司负责解决，必要时有权依法进行诉讼解决纠纷。

东居物业公司主张对诉争房屋具有物权并排除人民法院对诉争房屋的查封，向一审法院起诉请求：1. 判令确认乔某对位于北京市海淀区上地西路西侧（原石头城）内由其所建的所有建筑不享有所有权、用益物权等任何权利，该建筑物的用益物权（占有、使用及收益权）自2013年3月28日至2023年8月7日由东居物业公司享有；2. 判令立即解除2016年3月23日北京市海淀区人民法院对上述场地上建筑所采取的查封措施；3. 判令本案诉讼费由赵某、乔某承担。乔某辩称：法院的查封措施是正确的，东居物业公司不应起诉此案。乔某与东居物业公司是租赁关系，双方的合同应属无效，请求法院驳回东居物业公司的诉讼请求。赵某辩称：不同意东居物业公司的诉讼请求。东居物业公司提出的确认之诉不应与本案一并审理。无论东居物业公司提交的合同是否真实，均是东居物业公司与乔某之间的事情，不能对抗第三人。

庭审中，乔某表示，其建造房屋并未履行任何手续，未取得合法的建造手续，该建筑物的权属亦无相关部门的认定。

【案件焦点】

东居物业公司对诉争房屋是否享有排除查封行为的民事权利。

【法院裁判要旨】

北京市海淀区人民法院经审理认为：《最高人民法院关于人民法院办理执行异议和复议案件若干问题的规定》第二十五条规定，案外人对已登记的不动产提出的异议，应按照不动产登记簿判断其是否系权利人；对未登记的建筑物、构筑物及其附属设施，按照土地使用权登记簿、建设工程规划许可、施工许可等相关证据判断。2003 年，北京市东北旺农场通过划拨方式获得海淀区上地开发区西路的土地使用权。2005 年，东居兴业公司通过租赁方式获得上地西路西侧场地面积 14.36 亩以及丘比公司西侧足球场 17.8 亩（含 293 平方米房屋）土地及房屋的使用权及租赁权。2006 年，东居兴业公司在租赁土地内建造 3024 平方米建筑。2013 年，东居兴业公司所有财产全部转入东居物业公司，东居物业公司继承东居兴业公司的债权债务，东居物业公司获得对上地西路西侧场地的使用权。且依据北京市东北旺农场出具的《证明》，可以证明东居物业公司对上地西路西侧（原石头城）对外经营管理的事实，并有权负责解决对外纠纷。不动产物权的设立，未经登记，不发生效力。2007 年至 2008 年，乔某在其租用的场地内自建房屋 2860 平方米，但该建筑未经房屋建设部门批准，为私自建造房屋的行为。乔某未依法进行产权登记，不能取得对该建筑的所有权。乔某增设 2860 平方米房屋的行为未经东居物业公司同意，东居物业公司可以要求乔某恢复原状或赔偿损失。2013 年，东居物业公司与乔某签订《房屋租赁合同补充协议》，是双方真实意思的表示，且未违反法律、行政法规的强制性规定，应属有效。合同约定，乔某新增2860平方米建筑面积从签订本协议之日起，无偿归东居物业公司所有。《房屋租赁合同补充协议》是乔某对增设建筑物处理，该院据此合同确认2860平方米场地内自建房屋用益物权发生转移。东居物业公司是2860平方米自建房屋的真实权利人，且在东居物业公司土地租赁期间具有排除强制执行的民事权益。

北京市海淀区人民法院依照《中华人民共和国物权法》第九条第一款，《最高人民法院关于适用〈中华人民共和国民事诉讼法〉的解释》第三百一十二条第一款第一项、第三百一十二条第二款，《最高人民法院关于人民法院办理执行异议和复议案件若干问题的规定》第二十五条第一款第一项规定，判决如下：

一、乔某对位于北京市海淀区上地西路西侧（原石头城）内所建的所有建筑不享有所有权、用益物权，东居物业公司在2013年3月28日至2023年8月7日对该建筑物享有占有、使用、收益的权利；

二、自判决生效之日起解除（2015）海执字第13641号公告查封的乔某租赁的东居兴业公司位于北京市海淀区上地西路西侧（原石头城）内所建的所有建筑。

乔某不服原审判决，提起上诉。北京市第一中级人民法院经审理认为：本案系东居物业公司提起的案外人执行异议之诉，其依据与乔某签订的《房屋租赁合同补充协议》中约定的乔某自建2860平方米的建筑无偿归东居物业公司所有等内容，以东居物业公司取得上述建筑物的用益物权，即占用、使用、收益权，乔某不享有任何物权为由，主张北京市海淀区人民法院对上述建筑物的查封错误，并提起本案诉讼要求确认其对诉争建筑物享有占有、使用及收益权的权利，并请求判令解除北京市海淀区人民法院对上述场地上建筑所采取的查封措施。《最高人民法院关于适用〈中华人民共和国民事诉讼法〉的解释》第三百一十二条规定："对案外人提起的执行异议之诉，人民法院经审理，按照下列情形分别处理：（一）案外人就执行标的享有足以排除强制执行的民事权益的，判决不得执行该执行标的；（二）案外人就执行标的不享有足以排除强制执行的民事权益的，判决驳回诉讼请求。案外人同时提出确认其权利的诉讼请求的，人民法院可以在判决中一并作出裁判。"根据该条规定，人民法院应依据案外人就执行标的是否享有足以排除强制执行的民事权益作出处理。就本案而言，即东居物业公司对北京市海淀区人民法院（2015）海执字第13641号公告查封的建筑物是否享有足以排除强制执行的民事权益。经查，本案诉争建筑物由乔某自行建造，在上述行为未经过有权机关批准，亦未取得涉案房屋的合法所有权权属证书的前提下，乔某通过与东居物业公司签订《房屋租赁合同补充协议》的方式其诉争房屋转让的行为无法改变房屋的属性。根据《最高人民法院关于人民法院办理执行异议和复议案件若干问题的规定》第二十五条规定，案外人对已登记的不动产提出的异议，应按照不动产登记簿判断其是否系权利人；对未登记的建筑物、构筑物及其附属设施，按照土地使用权登记簿、建设工程规划许可、施工许可等相关证据判断。在此情况下，确认东居物业公司是否享有足以排除强制执行的民事权益，必然涉及诉争建筑物是否符合规划、是否经过合法批建，即是否属于合法建筑的认定，而该认定不属于人民法院受理民事诉讼的范围。《中华人民共和国民事诉讼法》第一百一十九条规定，当事人提起诉讼应属于人民法院受理民事诉讼的范围。不符合上述规定的，应裁定驳回原告的起诉。据此，本案应裁定驳回东居物业公司的起诉。

综上所述，北京市第一中级人民法院依照《最高人民法院关于适用〈中华人民共和国民事诉讼法〉的解释》第三百三十条规定，裁定如下：

一、撤销北京市海淀区人民法院（2018）京0108民初30522号民事判决；

二、驳回东居物业公司的起诉。

【法官后语】

案外人执行异议之诉，是指案件执行过程中，案外人对执行依据确定的执行标的主张享有实体权利，进而请求法院对该实体上法律关系进行裁判，以阻止法院对执行标的进行执行的诉讼。根据该定义，人民法院对于执行标的应否继续进行执行，应基于异议人是否对执行标的是否具有实体权利，如案外人的实体权利足以排除人民法院的执行，则中止执行，否则裁定驳回其申请，案外人可就此提起案外人执行异议之诉。因此，在案外人执行异议之诉中，人民法院应就案外人对执行标的是否享有所有权或其他实体权利进行认定，不可避免地涉及对执行标的物所有权权属的认定。案外人执行异议之诉中，案外人提出异议的标的物中，不动产占有相当的数量，案外人多基于对不动产具有所有权要求法院确认权属并停止执行。在该类案件中，有一类不动产较为特殊，即未进行不动产登记的建筑物、构筑物及其附属设施，对于该类不动产的权属的认定，应进行严格审查，对于未经规划、审批的建筑物，不宜通过民事诉讼确认其权属。

一、人民法院对不动产的执行，原则上以该不动产权属证明上登记的权利人认定所有权归属

不动产物权的确定原则上应以经登记公示的不动产权属证明为准。《中华人民共和国物权法》规定，国家对不动产实行统一登记制度，法律另有规定的除外，不动产物权的设立、变更、转让和消灭，经依法登记，发生效力；未经登记，不发生效力，不动产物权自记载于不动产登记簿时发生效力。一般而言，不动产登记簿记载的权利人，应为该不动产的物权人。不动产登记制度自古有之，由于不动产的不可移动性，其所有权的转移难以通过交付不动产本身进行公示，更多地体现为通过交付该不动产对应的所有权凭证的方式转移所有权，登记行为则是对该种交付方式的公权力的确认，经过公示，不动产权属的转移具有法律上的效力，即一般通过由房地产管理部门进行登记并出具不动产权属证书的方式确定权属。司法实践中，不动产登记簿以及对应的不动产权属权证书，是判断不动产所有权的直接依据，在无相反证据否定的情况下，人民法院亦根据不动产权属证书记载的内容认定不动产的所有权归属，在执行程序中，执行人员据此认定案涉财产是否为被执行人的财产，并采取具体的执行措施予以执行。因此，人民法院在执行过程中，根据不动产登记确定执行标的物的所有权人为被执行人后，方可对该标的物采取查封、变卖、拍卖等措施，通过上述行为获得价款后交予申请执行人以完结执行程序。

二、案外人执行异议之诉的实质是否定经过登记的不动产物权，重新对权属进行认定

不动产所有权原则上以登记的内容确定所有权人，《最高人民法院关于人民法院办理执行异议和复议案件若干问题的规定》第二十五条规定，案外人对已登记的不动产提出的异议，应按照不动产登记簿判断其是否系权利人。但实践中，不动产权属证书上记载的所有权人与实际所有权人并不一致。如前所述，不动产物权的设立、变更以登记作为公示和生效的要件，但转移不动产的行为与不动产物权登记行为本身有可能存在时间上的不连续性，即转移不动产的行为已经完成的情况下，物权登记行为，也就是变更不动产权属证明可能具有一定的延迟，造成实质上的权利人与登记的权利人不一致的情形。如此时该不动产登记的权利人因涉及被执行，则根据登记公示的结果，人民法院将根据不动产权属证明上记载的权利人采取相应的

执行措施。因此，案外人提出执行异议之诉，系认为自己为诉争不动产的实际权利人，其诉讼的基础是诉争不动产的登记所有权人与实际所有权人不一致，并意图通过否定不动产登记的内容重新确认诉争不动产的权属。从这个角度讲，案外人执行异议之诉具有确权之诉的特征，涉及对物权权属的确认。《最高人民法院关于人民法院办理执行异议和复议案件若干问题的规定》第二十八条中即规定，在金钱债权执行中，如买受人在查封前已签订合法有效的书面买卖合同并已合法占有该不动产，且已支付全部价款或交付执行未付部分价款的，在非其自身原因未办理过户登记的情况下，其对登记在被执行人名下的不动产提出异议的，人民法院应予支持。据此，在执行程序中，不动产权属证书记载的内容并非认定被执行物的所有权人并采取执行措施的绝对依据。在特定情形下，人民法院可依据执行标的物的不动产权利转移合同及履行情况综合认定该标的物的实际权利人，即突破了以不动产权属证书登记的内容确定不动产所有权人的规定。据此可知，案外人执行异议之诉中涉及对不动产的权属进行确认。

三、案外人异议之诉，乃至民事诉讼中，对不动产物权的确认，应以诉争不动产物权具有合法性为前提，而对不动产合法性的确定并非民事诉讼的审理范畴

《最高人民法院关于人民法院办理执行异议和复议案件若干问题的规定》第二十五条规定，对未登记的建筑物、构筑物及其附属设施的权利人，按照土地使用权登记簿、建设工程规划许可、施工许可等相关证据判断。根据该规定，即使作为执行标的物的不动产并未进行登记，亦可根据其他与该不动产相关的依据认定权利人。但是，实践中登记的建筑物、构建物并非一定具有合法性，如该不动产未取得合法批建手续，则其建设缺乏符合法律规定的依据，即通常所称违法建筑。《中华人民共和国城乡规划法》规定，在城市、镇规划区内进行建筑物、构筑物、道路、管线和其他工程建设的，建设单位或者个人应当向城市、县人民政府城乡规划主管部门或者省、自治区、直辖市人民政府确定的镇人民政府申请办理建设工程规划许可证。未取得建设工程规划许可证规定进行建设的，县级以上地方人民政府城乡规划主管部门有权责令建设者停止建设、限期改正、限期拆除，并可对建设者进行罚款、没收实物或者违法收入等处罚。根据上述法律规定，建设者进行建设前，应当取得相应的建设工程规划许可证，同时，对于未取得上述许可而进行建设的，对于是否存在违法事实应由规划主管部门认定。据此，在案外人执行异议之诉的执行标

的为未经登记的建筑物，需要判断该建筑物是否取得了相应的规划、批建手续，在该建筑物未取得任何许可文件的情况下，该建筑物的合法性需要进一步予以认定，而该认定并非案外人执行异议之诉或民事诉讼审理、处理和认定的范畴。最高人民法院在《最高人民法院关于转发住房和城乡建设部〈关于无证房产依据协助执行文书办理产权登记有关问题的函〉的通知》中亦明确表示，人民法院在执行程序中应尊重房屋登记机构依法享有的行政权力，在保证执行工作的顺利开展的同时，要防止“违法建筑”等不符合法律、行政法规规定的房屋通过协助执行行为合法化。因此，在民事诉讼和执行中，如涉及对不具有合法性或合法性需进一步确定的建筑物、构建物等不动产的权属的认定，应首先由有权的行政管理部门对该不动产的合法性作出认定，因该争议不属于民事诉讼的受理范围，故应裁定驳回起诉。

就本案而言，东居物业公司以对诉争建筑物享有足以排除强制执行的民事权益提起案外人执行异议之诉，要求确认其具有相应权益，但诉争建筑物由乔某自行建造，并未经过有权机关批准，亦未取得合法的所有权权属证书，在此情况下，确认东居物业公司的民事权益应以诉争建筑物的合法性为基础，该认定不属于人民法院受理民事诉讼的范围，而一审判决判令乔某不享诉争建筑物的有所有权、用益物权，进而确认东居物业公司在相应期间内享有占有、使用、收益的权利，实质上为变相确认不具合法性的建筑物的权属，超出了民事诉讼受理案件的范围，处理结果不当，北京市第一中级人民法院撤销一审判决，裁定驳回东居物业公司的起诉。需要说明的是，一审判决判令解除查封的处理结果亦有不当，在案外人执行异议之诉中，应就案外人是否享有排除执行的实体权益进行审查，其对应的结果为是否对诉争执行标的物继续执行，而是否解除对执行标的物的查封系应否对该标的物是否继续执行的后续处理行为，不宜在案外人执行异议之诉中进行处理。

编写人：北京市第一中级人民法院　徐硕

五、夫妻共同财产、共同债务的执行问题

28

罚金刑执行中涉夫妻共同财产的审查与处置

——廖某与傅某罚金刑执行案

【案件基本信息】

1. 裁判书字号

广东省江门市中级人民法院（2018）粤07执6号之三执行裁定书

2. 事由：罚金刑执行

3. 当事人

被执行人：廖某

案外人：傅某

【基本案情】

2018年1月9日，江门市中级人民法院立案执行被执行人廖某罚金人民币300万元一案。在执行中，被执行人未主动履行缴纳罚金的义务，已查明的现金等可供执行的财产，不足以缴纳全部罚金。因查明被执行人名下有位于茂名市迎宾路150号大院某处房产一套（面积约250平方米），执行法院立即对该房产予以查封，并进行现场实地调查，了解涉案房产现状。随后，委托评估公司对房产进行评估，评估公司受托后出具了相应评估报告，认定该房产市场价值为人民币2266500元。执行法院遂将评估报告送达被执行人廖某与案外人傅某（被执行人妻子），二人未对

评估价格提出异议，但认为法院不应拍卖该住房。

【案件焦点】

涉夫妻共同财产的罚金刑执行案件中，一方为被执行人，夫妻共同财产应如何审查与处置。

【法院裁判要旨】

广东省江门市中级人民法院经审理认为：罚金刑执行案件所需执行的罚金，仅针对被执行人个人，为其个人之债，并不因罚金在被执行人夫妻关系存续期间作出，而转化为夫妻共同债务。对罚金的执行，只能以被执行人的个人财产或其在共有财产中的份额为限进行强制执行，不能执行非被执行人的夫妻另一方财产。然而，执行已查明的被执行人名下财产，往往因婚姻关系的存在，变成实际执行夫妻共同财产。

对夫妻共同财产的执行，始终面临夫妻共同财产如何全部确认、应当如何分割、各方所占份额如何确定、如何处置确定份额的夫妻共同财产、整体处置还是按被执行人所占份额处置等问题。正因为这类案件执行起来面临的问题多、难度大、耗时长等，有的法官对不可分割的共有财产仅予以查封，但不处置，将其束之高阁，只执行被执行人的其他财产，在一定程度上影响了罚金类案件的执行到位率。

考虑到涉案房产面积较大，其常住家庭成员不超过3名，执行法院认为超出正常家庭住宅用房需求，应当予以拍卖变现。随后，启动对该房产的网络司法拍卖，并定于2018年8月30日上午10时至8月31日上午10时在淘宝网司法拍卖平台对该房产进行公开拍卖。

尚未开拍前，案外人傅某提出对该房产拥有50%份额，并申请以该房产价值的50%为被执行人廖某代缴罚金，执行法院将上述情况通知被执行人廖某后，其未对傅某提出拥有该房产50%份额的主张提出异议，但不认可法院对该房产进行评估拍卖。由于涉及夫妻共同财产的处置，执行法院较为审慎，合议庭经合议后认为，在无法完全调查清楚夫妻全部共同财产的情况下，执行被执行人名下房产的50%份额并无不妥，应当继续推进网络司法拍卖。综合考虑该案情况，执行法院对案外人傅某拥有该处房产50%份额的主张予以确认，并允许案外人傅某作为优先购买人参与竞买。

最终，该房产历经一拍和二拍，由案外人傅某以人民币1605000元的最高价竞得，在支付完毕一半价款802500元后，执行法院解除该房产的查封，并协助过户至案外人傅某名下。

本案执行结合实际调查了解的情况，绕开较为棘手的夫妻共同财产确认、份额分割等问题，对已查明的被执行人名下财产，执行法院直接予以执行。在被执行人与另一方共有人提出各占一半份额后，执行法院进行确认并继续执行，避免了执行法院主动审查夫妻财产份额的问题，应视为一种较为妥当的执行方案。此举既有效提高了被执行人财产的处置变现率，也打消了被执行人以共有房产法院不得执行为借口逃避履行法律义务。

广东省江门市中级人民法院依照《最高人民法院关于适用〈中华人民共和国刑事诉讼法〉的解释》第四百三十九条第一款、第五百一十九条规定，裁定如下：

终结本次执行程序。

【法官后语】

在执行实践中，时常面临执行夫妻共同财产的情形，而夫妻共同财产形式又较为广泛，既包括房屋、土地等不动产以及汽车、生活用品等动产形式的实物财产，又包括知识产权、股权等非实物财产。因此，夫妻共同财产类型和范围的复杂性，决定了涉及该类共同财产的执行规则必然是复杂的，涉及夫妻共同财产的执行也一直是强制执行程序中的难点问题。在夫妻一方为被执行人的罚金类执行案件中，被执行人所处罚金仅为其个人法律义务，不能连带至另一方。而处置被执行人名下的财产，直接关涉另一方财产权益，被执行人只是共同财产部分所有权主体，执行法院对被执行人在共有财产中的权益或份额采取强制处分措施，很可能改变基于夫妻关系而存在的财产共有关系，采取执行措施时必须尤为谨慎。

由于现行法律规定未强制要求夫妻一方共有人在涉及共有财产强制处置时必须提起析产诉讼，在罚金刑执行中，法院作为强制执行的中立机构，亦不可能越俎代庖，作为申请人来提起析产诉讼。因而，在执行阶段若想完全查明被执行人夫妻共同财产，可行方案是追加另一方为被执行人。本案中，对于是否追加案外人傅某进入本案，以查明被执行人夫妻全部的共同财产情况，执行法院合议庭持审慎态度，认为追加被执行人必须经法定程序。同时，对于能否依职权追加非被执行人的共有人作为被执行人，《最高人民法院关于民事执行中变更、追加当事人若干问题的规定》给出了否定回应，明确变更、追加法定原则，非因法定情形不得变更、追加被执行人。因而，在对夫妻共同财产的调查上，既有婚姻关系存续期亦不能提起析产诉讼的限制，又有无法定情形不得追加非被执行人的共有人作为被执行人的限制，想厘清被执行人夫妻共同财产困难重重。

虽然执行中存在诸多限制因素，但是亦应从执行的基本理念、罚金刑的刑罚目的等角度综合考量执行措施的选择运用。执行的目的在于迅速、及时地实现生效法律文书中所确定的义务。因此，不论是罚金刑的执行，还是普通民事案件的执行，追求的首要价值都是效率。依照当前法律规定，不能查明夫妻全部财产以及各自所占份额的情况下，根据个案实际，不突破当前执行相关规定和基本原则，适当赋予执行法院对已查明的共同财产，在夫妻双方提出对该财产各占一半份额后，直接进行确认，并予以强制处置，不失为一种可行办法。这一做法既能有效避免执行法官越位审查划分夫妻共同财产份额等实体问题，也利于当前不能追加共有人为被执行人的限制下，最大限度地实现罚金刑的刑罚目的。

编写人：广东省江门市中级人民法院　张孟楠

29

非举债方在执行过程中对夫妻共同债务的追认，应作为参与分配的执行依据

——林某诉蔡某、吴某执行分配方案异议之诉案

【案件基本信息】

1. 裁判书字号

福建省南平市中级人民法院（2018）闽07民终1344号民事判决书

2. 案由：执行分配方案异议之诉

3. 当事人

原告（被上诉人）：林某

被告（原审被告）：蔡某

被告（上诉人）：吴某

第三人：钱某、彭某

【基本案情】

2016 年 9 月 18 日，福建省武夷山市人民法院受理林某与钱某、彭某（钱某、彭某系夫妻关系）民间借贷纠纷一案。同年 9 月 21 日，福建省武夷山市人民法院根据林某的申请查封了钱某、彭某所有的坐落于武夷山市的房产，并作出（2016）闽 0782 民初 2115 号民事调解书，确认钱某、彭某尚欠林某借款本息共计 1600000 元。后钱某、彭某未按该民事调解书履行义务，林某于 2017 年 4 月 27 日向福建省武夷山市人民法院申请强制执行。执行过程中，福建省武夷山市人民法院依法对钱某、彭某所有的房产进行评估拍卖，2017 年 11 月 6 日，买受人以 1750745 元竞得该房产。蔡某于 2017 年 11 月申请参与分配该拍卖款。

2017 年 11 月 2 日，福建省武夷山市人民法院作出（2017）闽 0782 民初 2050 号民事调解书：确认钱某尚欠吴某借款 2450000 元及利息。钱某未按时还款，吴某于同年 11 月 6 日向武夷山市人民法院申请强制执行，并要求参与分配前述房产拍卖款。

2018 年 1 月 8 日，福建省武夷山市人民法院作出钱某、彭某执行案件款项分配表，参与分配的申请执行人为林某、蔡某。2018 年 2 月 1 日，彭某出具《关于与吴某债务纠纷的说明》，确认（2017）闽 0782 民初 2050 号民事调解书中钱某所欠吴某的借款本息属其与钱某的夫妻共同债务，并同意从夫妻共同财产中偿还。2018 年 2 月 9 日，福建省武夷山市人民法院作出钱某、彭某执行案件款项分配表（修正），参与分配的申请执行人为林某、蔡某、吴某。之后，林某对该分配方案提出异议，并提起本案诉讼。

【案件焦点】

彭某就案涉债务作出的认可为夫妻共同债务的声明是否可认定为参与分配的执行依据。

【法院裁判要旨】

福建省武夷山市人民法院经审理认为：《最高人民法院关于适用〈中华人民共和国民事诉讼法〉的解释》第五百零八条规定，被执行人为公民或者其他组织，在执行程序开始后，被执行人的其他已取得执行依据的债权人发现被执行人的财产不能清偿所有债权的，可以向人民法院申请参与分配。该解释第五百零九条第二款规定，参与分配申请应当在执行程序开始后，被执行人的财产执行终结前提出。蔡某、吴某参与分配的申请系在取得合法的执行依据后及林某与钱某、彭某民间借贷纠纷案件执行程序开始后，并在被执行人的财产执行终结前提出，且申请时钱某、彭某的财产确实不能清偿其所有的债权，故蔡某、吴某申请参与分配具有合法的执行依据，依照法定程序提出申请，符合法律的规定。林某关于目前钱某、彭某的财产能清偿蔡某、吴某的债权的主张证据不足，法院不予采纳。但彭某的声明未经审理确认，吴某没有对彭某合法的执行依据，彭某不是吴某申请执行案件的被执行人，故吴某不得参与彭某财产的分配，林某的该主张有理，法院予以采纳。

福建省武夷山市人民法院依照《中华人民共和国民事诉讼法》第六十四条第一款，《最高人民法院关于适用〈中华人民共和国民事诉讼法〉的解释》第五百零八条、第五百一十二条规定，判决如下：

一、吴某无权参与对钱某、彭某所有的房产拍卖款中彭某的财产部分的分配；

二、驳回林某的其他诉讼请求。

吴某不服一审判决，提起上诉。福建省南平市中级人民法院经审理认为：林某依据生效裁判文书于2017年4月27日向一审法院申请对钱某、彭某的财产采取强制执行措施，在一审法院对钱某、彭某名下房产的执行程序开始后，吴某依据已生效民事调解书，作为钱某的其他已取得执行依据的债权人，在对被执行人钱某、彭某上述财产执行终结前，申请参与分配钱某、彭某名下房产的拍卖款，符合法律规定。虽然生效的（2017）闽0782民初2050号民事调解书未载明彭某为债务人，但彭某已在执行过程中自愿出具《关于与吴某债务纠纷的说明》，且彭某、钱某均在一审法院的执行笔录中对此予以确认，钱某、彭某夫妻俩对钱某拖欠吴某的债务系夫妻共同债务作出真实意思表示，符合《最高人民法院关于审理涉及夫妻债务纠纷案件适用法律有关问题的解释》第一条“夫妻双方共同签字或者夫妻一方事后追认等共同意思表示所负的债务，应当认定为夫妻共同债务”的规定。相关法律规定夫妻共同债务需经案件审理才能作出确认是基于夫妻间非举债一方对共同债务提出异议，才需要经过案件审理作出确认，以保证非举债一方配偶的民事权利。而本案彭某作为非举债一方，已自认钱某拖欠吴某的债务属于夫妻共同债务，一审法院作出确认，既未侵犯彭某的权利，也未侵害其他债权人的权利。因此，一审法院执行部门依据（2017）闽0782民初2050号民事调解书、彭某出具的《关于与吴某债务纠纷的说明》和相关法律规定，认定钱某拖欠吴某的债务属于钱某与彭某的夫妻共同债务，准许吴某申请参与分配钱某与彭某夫妻的执行财产，并作出对钱某、彭某执行财产的分配方案，符合法律规定，吴某对此提出的上诉主张成立，予以支持。一审法院认定吴某尚未取得合法执行依据确有错误，应予纠正。林某没有证据证明钱某、彭某名下尚有其他可供执行的财产且足以清偿债务，即使在查明钱某、彭某名下另有其他财产可供执行，包括林某在内的钱某、彭某的所有债权人均有权申请参与分配，并不能剥夺吴某在本案中享有的分配权利。

综上所述，吴某的上诉请求成立。福建省南平市中级人民法院依照《最高人民法院关于审理涉及夫妻债务纠纷案件适用法律有关问题的解释》第一条、《中华人民共和国民事诉讼法》第一百七十条第一款第二项、《最高人民法院关于适用〈中华人民共和国民事诉讼法〉的解释》第五百零八条规定，判决如下：

一、撤销福建省武夷山市人民法院（2018）闽0782民初812号民事判决；

二、驳回林某的诉讼请求。

【法官后语】

法律规定的参与分配程序系基于平等保障债权人合法权益实现的目的设立，当债务人的财产不足以清偿全部债权时允许其他已取得执行依据的债权人启动该程序，但法律规定的“执行依据”并未局限于生效法律文书的框架内，也未将审理程序作为必要条件。《最高人民法院关于依法妥善审理涉及夫妻债务案件有关问题的通知》虽规定“未经审判程序，不得要求未举债的夫妻一方承担民事责任”，但该通知的目的应是保障未具名举债夫妻一方的诉讼权利，如夫妻双方均认可一方所举之债系夫妻共同债务，且均表明偿还之意，则非举债一方的合法权益不存在受到侵害的可能。此时，为保护非举债一方权利而设立的审判程序已无存在的必要，如必须经过审理确认，根据《最高人民法院关于审理涉及夫妻债务纠纷案件适用法律有关问题的解释》第一条“夫妻双方共同签字或者夫妻一方事后追认等共同意思表示所负的债务，应当认定为夫妻共同债务”的规定，也应当认定为夫妻共同债务。因此，在非举债夫妻一方对夫妻共同债务作出明确追认时，应认定债权人已经取得申请参与分配非举债一方夫妻共同财产的执行依据。

笔者认为，在涉及夫妻共同债务的执行程序中认定非举债一方作出的关于夫妻共同债务的追认为债权人参与分配的依据，应同时具备以下几个条件：

一、非举债方对举债方所负债务的追认主动且自愿

对未经生效法律文书确认的夫妻共同债务，执行法院应在非举债方向债权人或执行法院作出愿意承担债务的意思表示，或者债权人取得非举债方作出认可的书面依据并提交后，再行与非举债方本人确认并记录，不宜主动询问非举债方的意思，否则有可能损害其他债权人的利益。

二、必须意思表示明确且未附条件

债权人申请参与分配即表示债务人已有可供执行的财产，故非举债方一旦作出确认为夫妻共同债务意思表示且得到执行法院认定，即表示其财产将被执行。如此时非举债一方将确认夫妻共同债务附上条件，则有可能存在无法在执行中确认条件是否成就的情形，也就失去了平等保护债权人的基础性目的。

三、需在举债方债务已经生效的法律文书确认后，执行终结前作出

非举债方如在申请参与分配的债权人取得生效法律文书前已在其他债权人执行程序中一并对此作出了确认，则属申请参与分配的债权人在诉讼时已经取得的证据，不属于非举债方的追认，应在诉讼过程中作为证据提交，并经法院审理，否则不属于参与分配时提交的执行依据，不予认定。

四、不得损害第三人的合法权益

如非举债方作出的追认可能损害他人合法权益，则不能作为执行依据。

本案中，主要焦点在于彭某就案涉债务作出的认可为夫妻共同债务的声明是否能认定为参与分配的执行依据。作为未具名举债方的彭某，已在吴某取得生效判决后，执行终结前作出书面声明，并向福建省武夷山市人民法院执行部门明确表示认可钱某所负的债务系夫妻共同债务，自愿以夫妻共同财产偿还且未附加条件。据此，彭某事实上已经完成了对钱某所负债务为共同意思表示所负债务的追认，且该追认并未对他人的合法权益造成损害，故钱某对吴某所负的案涉债务系其与彭某的

夫妻共同债务已然成为一种确定的事实状态，若此时要求吴某必须经人民法院审理才能确认为夫妻共同债务，不仅造成当事人的诉累，更有违立法本意。因此，法院执行部门在制作执行分配方案时直接将彭某列为被执行人符合法律规定，吴某有权参与分配彭某与钱某的夫妻共同财产。

编写人：福建省南平市中级人民法院　曹滢颖

30

共有房产未分割前，共有人提出执行异议之诉阻却执行的应予驳回

——袁某诉天津天佑股权投资合伙企业案外人执行异议之诉案

【案件基本信息】

1. 裁判书字号

北京市第二中级人民法院（2018）京02民初116号民事判决书

2. 案由：案外人执行异议之诉

3. 当事人

原告（执行案外人）：袁某

被告（申请执行人）：天津天佑股权投资合伙企业（有限合伙）（以下简称天津天佑）

第三人（被执行人）：高能控股有限公司（以下简称高能公司）、王某

【基本案情】

王某与袁某系夫妻，于2003年5月20日登记结婚。2006年7月5日，案涉房屋登记在王某名下。王某系高能公司的实际控制人，袁某于2015年4月9日担任高能公司的董事。

2013年5月，高能公司与天津天佑签订《高能新建投资（北京）有限公司股

权转让协议》《高能新建投资（北京）有限公司股权转让协议补充协议》。2013年6月，高能公司与天津天佑、新远景佑成（天津）股权投资管理合伙企业（有限合伙）签订《高能新建投资（北京）有限公司股权转让主体变更补充协议》。后因上述协议的履行，天津天佑向中国国际贸易仲裁委员会提起仲裁申请，高能公司、王某是被申请人。在仲裁期间，北京市第二中级人民法院依据天津天佑的财产保全申请，于2016年11月21日查封了案涉房屋。仲裁裁决生效后，因高能公司、王某未履行法定义务，天津天佑向法院申请执行。北京市第二中级人民法院于2017年10月9日以（2017）京02执561号立案执行。后袁某以案涉房屋系其与王某的夫妻共同财产、王某担保之债非夫妻共同债务为由提出书面异议，该院经审查作出（2018）京02执异245号执行裁定书，驳回袁某的异议请求。

后袁某向北京市第二中级人民法院提出案外人执行异议之诉。庭审中，王某认可案涉房屋系其与袁某的夫妻共同财产。

【案件焦点】

1. 袁某对案涉房屋是否享有权利；2. 袁某享有的权利是否足以排除执行。

【法院裁判要旨】

北京市第二中级人民法院经审理认为：因生效仲裁裁决中将王某列为债务人，未将袁某列为债务人，依据现有情况下，法院将裁决所认定的债务视为王某个人所负担的债务，不对是否构成共同债务进行审查。

关于袁某对案涉房屋是否享有权利，结合王某与袁某婚姻登记时间以及案涉房屋登记在王某名下的时间，可知案涉房屋为王某与袁某婚姻关系存续期间取得的财产。庭审中王某认可案涉房屋系其与袁某的夫妻共同财产，没有证据显示袁某与王某进行了分别财产约定，故应认定案涉房屋为袁某与王某的夫妻共同财产，袁某对案涉房屋享有权利。袁某主张对案涉房屋享有二分之一份额的权利，该部分主张涉及袁某与王某对夫妻共有财产的分割问题，不在本案的审理范围内，袁某可另行主张，法院对袁某的该项请求不予支持。

关于袁某享有的权利是否足以排除执行，案涉房屋是王某与袁某的夫妻共同财产即王某与袁某共同共有案涉房屋，因王某是案涉房屋的所有权人之一，且房屋并非是可分之物，故法院对案涉房屋采取执行措施，符合法律规定。同时袁某在诉讼中表明其诉讼目的也并非阻却查封、拍卖，只是执行实施中预留相应的财产份额，所以对法院执行程序没有必要停止，袁某可在执行程序中表明自己的权利即可。综上，袁某对案涉房屋享有的权利不足以排除法院的执行。

综上所述，袁某的诉讼请求不成立。北京市第二中级人民法院依照《中华人民共和国婚姻法》第十七条，《最高人民法院关于人民法院办理执行异议和复议案件若干问题的规定》第二十四条、第二十五条，《最高人民法院关于适用〈中华人民共和国民事诉讼法〉的解释》第三百一十一条、第三百一十二条规定，作出如下判决：

驳回袁某的诉讼请求。

【法官后语】

《中华人民共和国民事诉讼法》第二百二十七条赋予了案外人提起执行异议之诉的权利。《最高人民法院关于适用〈中华人民共和国民事诉讼法〉的解释》第三百一十一条规定，案外人或者申请执行人提起执行异议之诉的，案外人应当就其对执行标的享有足以排除强制执行的民事权益承担举证证明责任。该条规定明确了执行异议之诉中举证责任的分配原则。该司法解释第三百一十二条规定，案外人就执行标的享有足以排除强制执行的民事权益的，判决不得执行该执行标的。故在适用该法条时应首先判断被执行人是否对执行标的享有实体权益，其次判断案外人对执行标的所享有的实体权益对于申请执行人依据执行依据所享有的债权是否具有优先效力，最后判断法院依申请的强制执行行为是否会妨害案外人对该执行标的所享有的权利。如果不构成妨害，则应判决驳回案外人的执行异议。

审判实践中，作为夫妻的一方对法院依申请采取的执行措施提出案外人执行异议之诉的案件屡见不鲜，但处理结果还有分歧，有待统一。夫妻双方对于婚后的共有财产除有特殊约定外，享有共同共有的权利。当共有财产特别是共有房产被作为执行标的的，夫妻另一方以其对共有房产享有一半份额提出停止对其享有份额部分的房产的执行的请求是否予以支持。夫妻基于共同共有财产制，除特别规定或约定外，对夫妻关系存续期间所得财产享有共同共有的权利。夫妻一方对共有财产（房产）享有的共有权一般是优先于普通债权的，即根据前述对司法解释适用的理解，对共有人提出的执行异议之诉请求应着重判断法院依申请的强制执行行为是否会妨害案外人对该执行标的所享有的权利。案外人所提执行异议请求实质是对执行标的主张实体性权利。根据《中华人民共和国物权法》第九十五条规定，共同共有人对共有的不动产共同享有所有权。在共有房产未分割前，夫妻的共有权利及于共同共有的房产全部，即夫妻双方均对共有房产享有100%的财产权利。根据《最高人民法院关于人民法院民事执行中查封、扣押、冻结财产的规定》第十四条规定，法院可以对被执行人与其他人共有的财产进行查封，但是在共有人提起析产诉讼或债权人代位提起析产诉讼之前，不得对查封财产实施处分行为，且在析产诉讼期间应中止对该标的的执行。故人民法院在共有房产未析产前对共有房产采取查封措施，并不违反法律规定，并不构成对夫妻另一方所享有的权利的妨害。

本案中，袁某以其对夫妻共有房产享有二分之一份额为由，请求法院停止对涉及房产二分之一份额部分的执行，因其与王某的夫妻关系尚在存续期间，且也未通过诉讼对共有房产进行析产分割，故其主张对被执行的共有房产享有二分之一份额的权利缺乏依据，其要求停止执行的请求也不应予以支持。

编写人：北京市第二中级人民法院　蒋春燕

31

案外人异议之诉中法院对夫妻共同财产排除执行的审查原则及范围

——杨某诉北京智盛双全石材有限公司等案外人执行异议之诉案

【案件基本信息】

1. 裁判书字号

北京市第三中级人民法院（2018）京03民终12188号民事判决书

2. 案由：案外人执行异议之诉

3. 当事人

原告（上诉人、执行案外人）：杨某

被告（被上诉人、申请执行人）：北京智盛双全石材有限公司（以下简称石材公司）

被告（被上诉人、被执行人）：牛某、赵某

【基本案情】

杨某系牛某之妻，二人于1994年4月登记结婚。在婚姻关系存续期间，牛某取得2401号房屋的产权，房屋产别为私有房产，登记在牛某名下，无房屋共有权人。

2011年8月31日，牛某、赵某与石材公司签订《石材购销合同》，约定牛某、赵某购买石材公司不同名称和规格的石材，并约定相应成品价。合同金额计1000万元，最终结算以实际发生量为准。合同签订后，石材公司按约为牛某、赵某承接的工地供货。牛某、赵某付款480000元，剩余欠款为6129703元。2013年9月1日，石材公司与牛某、赵某签订《协议书》，就牛某、赵某欠款事宜达成还款协议，双方确认截至签署《协议书》之日，牛某、赵某共欠石材公司货款6129703元，除此之外双方无其他纠纷；牛某、赵某承诺分期支付石材公司货款，如果迟延支付，自愿承担违约责任，违约金按欠款金额的日七分之一计算（违约金自2012年12月31日确认清单之日算起）。《协议书》签订后，牛某、赵某给付石材公司货款800000元，剩余款项5329703元一直未给付。2014年，石材公司将牛某、赵某诉至法院，要求牛某、赵某给付货款5329703元及违约金1000000元，牛某、赵某未到庭应诉。后法院于2014年8月13日判决牛某、赵某给付石材公司货款5329703元及违约金1000000元。后该判决生效，牛某及赵某未履行判决，石材公司向法院申请强制执行，法院遂查封了2401号房屋，后于2017年4月20日做出426号执行裁定，裁定拍卖2401号房屋。

426号执行裁定出具后，杨某向法院提起执行异议，认为2401号房屋系杨某与牛某的夫妻共同财产，杨某享有50%的份额，要求法院仅拍卖2401号房屋中属于牛某的份额，为杨某保留50%的份额。法院于2017年10月19日作出231号执行裁定，认为2401号房屋登记在牛某名下，进行拍卖符合法律规定，故裁定驳回杨某提出的异议申请。

本案在审理过程中，杨某称牛某没有固定工作，一直在外开办公司、会所等，曾开办的公司名称为乌兰察布市朗廷公馆休闲会馆有限责任公司，牛某为公司股东及法定代表人。上述公司于2015年转让给他人，牛某自石材公司购买石材即为了装修经营上述公司。杨某称其为家庭妇女，无工作和收入来源，其生活依靠牛某在外经营所得。2401号房屋系牛某购买并办理手续，杨某并不清楚详细情况。现房屋由杨某居住，杨某在2017年5月6日请评估公司对房屋进行评估，即将拍卖时才知道房屋要被拍卖一事，故提起了执行异议。石材公司及牛某对杨某的陈述无异议。

【案件焦点】

案外人对夫妻共同财产异议审查范围与原则。

【法院裁判要旨】

北京市朝阳区人民法院经审理认为：夫妻在婚姻关系存续期间所得的财产，归夫妻共同所有。2401号房屋系杨某与牛某夫妻关系存续期间购买取得，应为杨某与牛某的夫妻共同财产，且杨某与牛某均予以认可，故杨某要求确认其对2401号房屋享有50%份额的诉讼请求，证据充分，理由正当，法院予以支持。

虽杨某享有2401号房屋的部分产权，但杨某要求停止对2401号拍卖强制措施的诉讼请求不应予以支持，理由如下：第一，牛某对石材公司所负债务为牛某与杨某的夫妻共同债务。夫妻共同债务有两个特征：一是用于夫妻共同生活或共同生产、经营活动；二是产生于双方婚姻关系存续期间，夫妻双方共同举债或一方虽以个人名义举债但另一方同意。杨某在本案中自认其为家庭妇女，无工作和收入来源，其生活依靠牛某在外经营所得。而牛某一直在外开办公司、会所，且牛某自石材公司购买石材即为了装修牛某经营的公司。因此牛某经营公司所得经济利益可以用于牛某与杨某的家庭共同生活，符合夫妻共同债务的特征，杨某作为一方应对夫妻共同债务承担相应责任。第二，《最高人民法院关于人民法院办理执行异议和复议案件若干问题的规定》第二十五条第一款规定："对案外人的异议，人民法院应当按照下列标准判断其是否系权利人：（一）已登记的不动产，按照不动产登记簿判断……"2401号房屋登记在牛某名下，人民法院可依据不动产登记簿判断房屋的权利人。综上所述，虽杨某为2401号房屋的共有权人，但牛某对石材公司所负债务亦为夫妻共同债务，且2401号房屋登记在牛某名下，杨某要求停止对2401号房屋的拍卖措施无事实及法律依据，不予支持。

北京市朝阳区人民法院依据《中华人民共和国民法通则》第五条,《中华人民共和国合同法》第八条、《中华人民共和国婚姻法》第十七条第一款,《最高人民法院关于适用〈中华人民共和国婚姻法〉若干问题的解释(二)》第二十四条,《最高人民法院关于人民法院办理执行异议和复议案件若干问题的规定》第二十五条第一款第一项,《中华人民共和国民事诉讼法》第一百四十四条,《最高人民法院关于适用〈中华人民共和国民事诉讼法〉的解释》第三百一十一条、第三百一十二条第一款第二项和第二款规定,判决如下:

一、确认杨某享有2401号房屋50%的产权份额;

二、驳回杨某的其他诉讼请求。

杨某不服,提起上诉。北京市第三中级人民法院经审理认为:本案的争议焦点是杨某就2041号房屋所享有的权益能否排除强制执行。本案系案外人执行异议之诉,诉因是法院在执行程序中查封了被执行人牛某名下房产,杨某作为牛某的配偶,以其系被采取执行措施的房产的共同共有人提出异议,由此而产生的诉讼,因生效判决中将牛某列为债务人,未将杨某列为债务人,所以在现有情况下,法院不应对是否构成共同债务进行审查。一审法院直接在本案中认定因牛某经营公司所得经济利益可以用于牛某与杨某的家庭共同生活,符合夫妻共同债务的特征,故杨某作为一方应对夫妻共同债务承担相应责任是不妥的,该认定亦超出了本案的审理范围,予以纠正。根据一审法院查明的事实和认定,2401号房屋系杨某与牛某夫妻关系存续期间购买取得,故该套房屋应为杨某与牛某的夫妻共同财产。但是依据《中华人民共和国民事诉讼法》第二百四十四条规定,人民法院有权查封、扣押、冻结、拍卖、变卖被执行人应当履行义务部分的财产。依据北京市通州区人民法院(2014)通民初字第7532号民事判决,牛某、赵某共同给付石材公司货款5329703元及违约金1000000元,故石材公司有权要求牛某履行该判决中确定的给付义务。根据已查明的事实,2401号房屋登记的所有权人为牛某,法院依据石材公司的申请对2401房屋进行查封,该强制执行措施于法有据,杨某虽为2401房屋的共同共有人,但根据《最高人民法院关于人民法院民事执行中查封、扣押、冻结财产的规定》第十四条规定,对被执行人与其他人共有的财产,人民法院可以查封、扣押、冻结。杨某对2401房屋所享有的权益不足以排除强制执行,杨某的该项诉讼请求缺乏法律依据,不予支持。综上所述,一审判决对于本案涉及的债务是否属于夫妻共同债务的论述不妥，予以纠正，但是一审法院驳回杨某关于停止对2401号房屋的拍卖程序的诉讼请求并无不当，予以维持。

北京市第三中级人民法院依照《中华人民共和国民事诉讼法》第一百七十条第一款第一项、《最高人民法院关于适用〈中华人民共和国民事诉讼法〉的解释》第三百三十四条规定，判决如下：

驳回上诉，维持原判。

【法官后语】

本案系常见的案外人执行异议之诉，与一般案件有所不同的是本案中涉及夫妻一方要求对夫妻共同财产排除执行，法院在认定案外人不足以排除执行时的审查范围和标准问题。

1. 涉夫妻共同财产的案外人执行异议之诉的基本法律关系

根据对多份涉及夫妻共同财产的案外人执行异议之诉裁判文书的统计，笔者对该类型案件中具有共性的法律关系进行了梳理。

首先，在涉及夫妻共同财产的案外人执行异议之诉中当事人的构成基本相同。原告（案外人）通常为夫妻中的一人，被告（执行案件申请人）为债权人，第三人（执行案件被申请人）为夫妻中的另一人同时也是债务人，案件标的物同时也是执行案件中的标的物，该标的物多为不动产，登记在债务人名下。

其次，案件形成的过程基本相同。各方当事人在进入案外人执行异议之诉之前至少已经历两个诉讼程序：第一个是确定债权债务法律关系的民事诉讼程序，在该诉讼程序中，原告方为债权人，被告为债务人，债务人的配偶并非案件中的当事人，该诉讼程序中确认债务人对债权人所负债务的金额及给付期限；第二个是强制执行程序，如债务人未能按期履行前一个民事诉讼确定的债权，债权人向法院提起强制执行后法院采取查封、扣押等强制执行手段，在执行程序进行期间如债务人的配偶认为侵害其合法权益，可向执行法院提起执行异议，如异议成立，则停止执行。但是由于被强制执行的财产（以房产为例）多单独登记于债务人名下，《最高人民法院关于人民法院办理执行异议和复议案件若干问题的规定》第二十五条第一款规定："对案外人的异议，人民法院应当按照下列标准判断其是否系权利人：（一）已登记的不动产，按照不动产登记簿判断……"法院在执行阶段多驳回案外人的异议申请，以致形成案外人异议之诉。

最后，案外人的诉讼请求及事实和理由基本相同。根据案外人执行异议之诉的制度设计特点，案外人的诉讼请求主要概括为两项：一是确认被执行财产属于共同财产或要求确认对被执行财产享有50%的份额；二是要求停止对共同财产的强制执行措施。事实和理由也可以概括为两项：一是债务人对外所欠债务为债务人的个人债务，案外人对该债务既不知情也未表示同意，依据《最高法院关于适用〈中华人民共和国婚姻法〉若干问题的解释（二）》第二十四条规定不应就债务人的个人债务执行夫妻共同财产；二是被强制执行的财产为夫妻共同财产，夫妻双方各享有50%的份额，它不等同于一般的物权法规定的所有权关系，夫妻双方对房产是共有财产关系，这是婚姻法予以特殊规定的物权共有关系，如果全部进行拍卖，拍卖成交价格极有可能远低于市场价格，即使拍卖后，给案外人留下50%份额也会使其遭受一定的经济损失。基于以上理由，案外人要求停止对债务人名下不动产的执行程序。

2. 对于被执行财产是否属于夫妻共同财产的认定

从程序上看，执行异议之诉是作为执行程序的救济制度而生的，但本质上是案外人与债权人就执行标的物的实体权利关系的争议，实体法律关系是案外人异议之诉的必要先决问题。对于涉及夫妻共同财产的案外人执行异议之诉而言，同样如此。作为案外人的配偶与作为债权人就强制执行标的争议焦点即为从标的物外观上看登记在债务人一人名下的财产是否为夫妻共同财产。具体可以分为以下两种情形：第一，案外人提起诉讼时与债务人仍为夫妻关系的情形。按照《中华人民共和国婚姻法》第十七条规定，夫妻在婚姻关系存续期间所得的下列财产，归夫妻共同所有：（一）工资、奖金；（二）生产、经营的收益；（三）知识产权的收益；（四）继承或赠与所得的财产，但本法第十八条第三项规定的除外；（五）其他应当归共同所有的财产。司法解释中对于夫妻共同财产的认定还有一些细化条款，但是核心认定标准有二：一是财产取得的时间，即涉案财产是否是夫妻关系存续期间取得；二是夫妻双方是否存在夫妻财产约定及夫妻一方婚前个人财产的转化问题。如果不存在夫妻财产约定及个人财产转化的问题，绝大多数案件中，在夫妻关系存续期间取得的财产都属于夫妻共同财产。第二，案外人提起诉讼时与债务人已经解除夫妻关系，但是夫妻双方并未就强制执行标的物进行分割，产权登记亦未做变更的情形。根据婚姻法及物权法的规定，共有物未经分割之前仍属于共有人共同所有，所以如果夫妻双方在离婚时未就共有财产进行分割，经审查符合《中华人民共和国婚姻法》第十七条的规定且无例外情形的，亦应认定执行财产属于夫妻共同财产。

3. 案外人异议能否阻却执行的判定标准

（1）对于被执行财产的性质的认定是判断案外人申请能否阻却执行的先决要素。这一观点在前文中已经反复提及，任何案外人执行异议之诉中案外人与债权人就强制执行财产实体权利关系的争议都是停止执行的先决要素。在案外人执行异议之诉中，应适用“谁主张，谁举证”的原则，被执行财产的性质的举证责任在案外人，无论案外人是否将被执行财产的确权问题作为其诉讼请求，案外人都应就其要求停止执行的财产确属于夫妻共同财产或是其个人所有的事实承担举证责任，如果案外人不能完成该项举证责任，则案外人就失去了提起执行异议之诉的核心基础，法院对其要求停止执行的诉讼请求无法支持。

（2）在认定财产属于夫妻共同财产的前提下，是否能够停止执行程序，司法实践中存在着不同的做法。一种意见①认为，《最高人民法院关于人民法院民事执行中查封、扣押、冻结财产的规定》第十四条规定，对被执行人与其他人共有的财产，人民法院可以查封、扣押、冻结，并及时通知共有人。共有人协议分割共有财产，并经债权人认可的，人民法院可以认定有效。查封、扣押、冻结的效力及于协议分割后被执行人享有份额内的财产；对其他共有人享有份额内的财产的查封、扣押、冻结，人民法院应当裁定予以解除。共有人提起析产诉讼或者申请执行人代位提起析产诉讼的，人民法院应当准许。诉讼期间中止对该财产的执行。如果涉案房产系夫妻共同共有，可以通过析产诉讼或代位析产诉讼确定债务人就该房产所占具体份额后，再行对债务人所占相应份额予以处理。在未对夫妻共同财产进行析产分割前，应当停止对涉案房产的执行。另一种意见②认为，对于被强制执行的财产如果是房屋，鉴于房屋并非是可分之物，即使该财产属于夫妻共同财产，法院对案涉房屋采取执行措施，符合法律规定。即使案外人在该财产中确有份额，法院在执行过程中亦可为案外人预留相应的财产份额，而无需停止整个执行程序，案外人在执行程序中表明自己的权利即可。

---

① （2018）京01民终844号。

② （2018）京02民初116号。

笔者同意第二种意见。首先，从共有权人提起的执行异议之诉的一般处理原则来看，共有并非当然阻却执行的理由。在司法实践中，部分共有人因负担外部债务，需要分割共有财产偿还债务，履行法院生效法律文书明确的法定义务，其他共有人可请求对于涉案共有财产行使优先购买权，或者向作为被执行人的其他共有人求偿，并不损害其他共有人的利益，且在现实层面可以操作。其次，夫妻在婚姻关系存续期间夫妻共同财产不可分割的特殊性来看，共有不应成为阻却执行的障碍。虽然《最高人民法院关于人民法院民事执行中查封、扣押、冻结财产的规定》第十四条规定，共有人提起析产诉讼或者申请执行人代位提起析产诉讼的，人民法院应当准许，但是涉及夫妻共同财产的案外人异议案件中的财产共有不同于一般的共有，根据《最高人民法院关于适用〈中华人民共和国婚姻法〉若干问题的解释（三）》第四条规定，婚姻关系存续期间，夫妻一方请求分割共同财产的，人民法院不予支持，但有下列重大理由且不损害债权人利益的除外：（一）一方有隐藏、转移、变卖、毁损、挥霍夫妻共同财产或者伪造夫妻共同债务等严重损害夫妻共同财产利益行为的；（二）一方负有法定扶养义务的人患重大疾病需要医治，另一方不同意支付相关医疗费用的。根据司法解释的规定，清偿债权人债务显然不属于在婚姻关系存续期间分割夫妻共同财产的情形，如果强制要求夫妻分割夫妻共同财产，有干涉当事人婚姻自由之嫌。退一步说，即使债务人与案外人真的提起离婚诉讼要求分割夫妻共同财产，则该诉讼可能经过一审、二审，诉讼周期无法估计，债权人的合法利益迟迟得不到保护，对于实现司法公正亦是不利的。最后，从提高司法效率、保护债权人利益的角度看，债权人提起强制执行的依据是法院作出的终审判决，具有强制执行力。既然债权人的权利已经经过法院审理并得到最终确认，债务人有义务按照生效法律文书确定的期限自动履行。既然债权人已经提起了强制执行程序，则说明债务人并未自觉主动履行生效法律文书，法院对债务人采取强制执行程序符合法律规定且不损害其他共有权人的利益。基于以上三点理由，笔者认为，即使认定被执行财产属于夫妻共同财产，亦不足以构成阻却执行的理由。

4. 涉夫妻共同财产的案外人异议之诉的审查范围限制

案外人执行异议之诉可一并对实体法律关系作出有既判力的判决，制度设计的初衷是避免案外人或被执行人在判决生效后另行诉讼，既可能造成当事人诉累，又容易导致判决前后的矛盾。[①] 正因为执行异议之诉的功能强大，法院对于该程序所涉当事人之间的权利义务关系即案件审理范围应严格把握，仅能对符合法律规定的事项进行审理并作出判决，对于超出该程序审查范围的事项，应向当事人进行释明，告知其另行主张权利。具体到涉及夫妻共同财产的案外人执行异议之诉中，比较突出的问题是对于涉案的债务是否属于夫妻共同债务不应在该诉讼程序中进行审查。

但是在一些案件中，无论是当事人还是法官对于是否应将涉案债务作为夫妻共同债务纳入案外人异议之诉把握不准。笔者认为，案外人异议之诉程序中之所以会涉及夫妻共同债务的认定，原因有以下几个方面：一是作为原告的案外人以涉案债务不属于夫妻共同债务为由，要求停止执行程序；二是作为被告的债权人在答辩意见中，以涉案债务为夫妻共同债务为由，要求法院驳回原告的诉讼请求；三是法院在说理部分以涉案债务为夫妻共同债务为由认定应驳回案外人申请停止强制执行的诉讼请求。

夫妻共同债务与涉及夫妻共同财产的案外人执行异议之诉之间存在着天然的联系，因为该类案件本身就是处理夫妻内部关系与外部关系的冲突，对夫妻间的财产归属与夫妻与第三人之间的财产冲突进行判断，如果涉案债务属于夫妻共同债务，则案外人就不存在提起异议之诉的可能性，因为案外人自身就是债务人之一，其不再具有案外人的身份而应被认定为被执行人。但是涉案债务是否为夫妻共同债务的问题不应在案外人执行异议之诉程序中解决，具体理由如下：第一，从案外人执行异议之诉的程序角度分析。案外人执行异议之诉是案外人作为原告，以执行债权人为被告向法院提起并要求法院作出不得强制执行裁判的诉讼，这使其区别于普通的确权之诉或给付之诉，区别之一就在于作为被告的债权人并不能按照普通的民事案件程序提出反诉，如被告提出要求确认被执行的房产归自己所有或是要求确认债权属于案外人与债务人（被执行人）的夫妻共同财产；即使被告以债务属于夫妻共同债务为由为答辩意见，从本质上仍属于被告提出的新的诉讼请求。鉴于案外人执行异议之诉是审查被采取执行措施的财产的权属状态，而非确定债务本身，法院不宜直接对债务是否属于夫妻共同债务作出认定。第二，从案外人执行异议之诉的功能角度分析。案外人执行异议之诉的功能是通过诉讼达到阻却或恢复对特定标的物执

---

① 王毓莹：《执行异议之诉案件的审判理念与裁判思路》，载《判解研究》2017年第3期。

行的目的，具体到涉及夫妻共同财产的案外人执行异议之诉，案外人提起诉讼的目的就是阻却债权人对执行标的物的执行程序而非要求法院确认债务属于夫妻共同债务。既然案外人（原告）的诉讼请求并不包括请求将债务确认为夫妻共同债务，法院不应超出当事人的诉讼请求范围对涉案债务是否构成共同债务进行审查。基于上述两点理由，涉案的债务是否属于夫妻共同债务不应在该诉讼程序中进行审查，如债务人认为涉案债务属于案外人与债务人的夫妻共同债务，必须通过其他诉讼程序予以确认。

编写人：北京市第三中级人民法院　周易

32

夫妻共有房产归一方所有之判决不能排除法院的在先查封执行行为

——吴某与秦某、刘某执行异议案

【案件基本信息】

1. 裁判书字号

福建省福州市鼓楼区人民法院（2019）闽0102执异174号执行裁定书

2. 事由：执行异议

3. 当事人

异议人：吴某

申请执行人：秦某

被申请执行人：刘某

【基本案情】

申请执行人秦某与被申请执行人刘某民间借贷纠纷执行一案，法院于2018年10月9日作出（2017）闽0102民初8301号民事判决：一、刘某于本判决生效之日起十日内偿还秦某借款480000元及利息（利息计算方式：以480000元为本金，自2015年5月3日起至还清借款之日，按年利率24%计付）；二、驳回秦某的其他诉讼请求。该判决于2018年12月3日生效。申请执行人秦某向法院申请诉中财产保全，法院于2017年11月28日依据（2017）闽0102民初8301号《民事裁定书》查封刘某、吴某共有的福州市仓山区上渡街道燎原路180号江南水都×号楼102单元（即本案讼争房产），查封期限自2017年11月28日起至2020年11月27日止。

异议人吴某向法院提出执行异议：请求法院依法解除对讼争房产的执行措施。异议人认为，《离婚协议书》和福州市台江区人民法院（2018）闽0103民初2022号《民事判决书》证明诉争房产的实际所有人为异议人吴某，而非被执行人刘某，法院不应当查封执行吴某所有的房产。

刘某、吴某于2009年5月22日与融侨集团股份有限公司签订《江南水都订购协议书》购买讼争房产。讼争房产自2014年8月12日起登记在刘某、吴某名下，为共同共有。刘某、吴某于2006年6月30日登记结婚，2011年1月25日登记离婚。二人提交福州市台江区民政局备案的离婚协议第二条约定："双方共同买受的讼争房产归女方所有，房屋的按揭贷款由女方自行负担，男方协助女方办理房产变更登记手续。"双方未办理房产过户登记手续。

吴某与刘某离婚后财产纠纷一案，福州市台江区人民法院于2018年7月2日作出（2018）闽0103民初2022号民事判决：一、确认吴某、刘某双方于2011年1月25日签订的《离婚协议书》有效；二、江南水都×号楼102单元房产归吴某所有。该判决于2018年8月22日生效。

【案件焦点】

夫妻共有房产归一方所有之判决能否排除法院的在先查封执行行为。

【法院裁判要旨】

福建省福州市鼓楼区人民法院经审理认为：根据《最高人民法院关于人民法院办理执行异议和复议案件若干问题的规定》第二十五条"已登记的不动产，按照不动产登记簿判断"其是否系权利人之规定，讼争房产登记在刘某、吴某名下，刘某、吴某系讼争房产的共有权人。《最高人民法院关于人民法院民事执行中查封、扣押、冻结财产的规定》第十四条第一款规定，对被执行人与其他人共有的财产，人民法院可以查封、扣押、冻结。被申请执行人刘某系讼争房产的共有权人，在其不履行生效法律文书确定的义务时，法院依法可以查封其房产。《最高人民法院关于人民法院办理执行异议和复议案件若干问题的规定》第二十六条第二款规定："金钱债权执行中，案外人依据执行标的被查封、扣押、冻结后作出的另案生效法律文书提出排除执行异议的，人民法院不予支持。"异议人吴某据以提出执行异议的（2018）闽0103民初2022号《民事判决书》系于2018年8月22日生效，而讼争房产于2017年11月28日已被法院依法查封，法院查封行为在前，故异议人的异议请求不能排除法院的查封执行行为。

福建省福州市鼓楼区人民法院依法裁定如下：

驳回吴某的异议申请。

【法官后语】

本案为涉及房产执行的执行异议，争议焦点为夫妻共有房产归一方所有之判决能否排除法院的在先查封执行行为。审查关键在于确定讼争房产是否是案外人吴某的个人财产、法院判决讼争房产归吴某一人所有能否阻止本案执行。本案中，刘某、吴某离婚协议在前，但因未办理产权过户登记手续，讼争房产未发生物权变动，仍为刘某、吴某的共有财产。被申请执行人刘某未履行生效法律文书确定的义务，故法院可以查封其名下与吴某的共有房产。法院查封在前，福州市台江区人民法院确认讼争房产归吴某一人所有的判决生效在后，由于法院的查封行为具有固定物权的效力，故异议人的异议请求不能排除本案执行，异议人提出的执行异议不成立。

综合本案及执行异议审查实践，可以发现被执行人（即被申请执行人、借款人）的配偶所提执行异议大多呈现以下特征：

一、被执行人配偶提出执行异议的案件大多为民间借贷纠纷、借款合同纠纷等财产借贷纠纷，被申请执行人与申请执行人的借贷法律关系多发生在被申请执行人与其配偶的婚姻关系存续期间，借款用于买房、购车等。

二、被执行人配偶的异议请求大致为：请求法院中止/终止执行标的房屋，请求法院撤销查封标的房屋的民事裁定书/执行裁定书，请求法院解除对标的房屋的查封、冻结，请求法院中止拍卖标的房屋。前述请求的目的在于排除法院的强制执行、阻止法院执行标的房屋。

三、被执行人配偶据以提出执行异议的依据主要包括离婚协议和法院生效法律文书，对标的房屋主张所有权，认为标的房屋系其个人财产，非被执行人的财产，法院不应当执行该房屋。

（一）离婚协议

1. 协议内容：被执行人与其配偶离婚协议约定异议所涉债务由被执行人承担、标的房屋归其配偶一人所有，并办理了民政局备案登记。

2. 签订时间：被执行人借款后至法院执行完毕之前。

3. 房屋产权：被执行人与其配偶未办理房屋产权过户登记。

（二）法院生效法律文书

法院生效法律文书就被执行人与其配偶离婚财产纠纷案认定离婚协议有效，标的房屋归配偶所有。

四、法院查封标的房屋在前，标的房屋归属被执行人配偶一人所有之判决生效在后。被执行人借款后逾期还款，申请执行人（即债权人、出借人、贷款人）诉至法院，往往在诉讼前申请诉前财产保全、在诉讼中申请诉中保全或是在法院裁判生效后作为申请执行人向法院申请强制执行被执行人的财产。被执行人名下与配偶共同所有的房产被法院采取查封执行措施，被执行人配偶因此以案外人身份向法院提出执行异议。

综上，被执行人配偶之执行异议涉及法律问题如下：

1. 离婚协议不具有物权变动效力。根据《中华人民共和国婚姻法》第十九条之规定，夫妻可以书面约定婚姻关系存续期间所得财产的所有权归属一方或双方，该协议对夫妻双方具有约束力。法院法律文书确认离婚协议有效、执行标的归属于配偶，配偶基于债权请求权可以请求被执行人办理产权过户登记手续，权利基础为债权，根据债权平等原则，基于一般债权的交付请求权不能对抗本案对标的房屋的执行，标的房屋所有权仍属于被执行人。《中华人民共和国物权法》第九条第一款规定，不动产物权的设立、变更、转让和消灭，经依法登记，发生效力；未经登记，不发生效力，但法律另有规定的除外。被执行人与其配偶虽签有离婚协议，但因未进行产权过户登记，不产生物权变动效力，故离婚协议对债权人不具有约束力。

2. 法院查封行为具有固定物权的效力。江苏省高级人民法院在江苏省扬州新宇房地产有限公司与胡某、林某执行异议之诉案判决中明确：执行法院查封房产后即具有固定权利现状、排除之后物权变动的效力。本案执行的债权是金钱债权，被执行人配偶之异议依据是执行标的被查封后法院作出的另案确权文书，理应适用《最高人民法院关于人民法院办理执行异议和复议案件若干问题的规定》第二十六条第二款规定，不予支持被执行人配偶的执行异议。

编写人：福建省福州市鼓楼区人民法院　李小梅　张莉珍

六、执行依据问题

33

执行依据已明确抚养费负担标准与方式的不属于执行内容不明确

——郝某与季某执行复议案

【案件基本信息】

1. 裁判书字号

江苏省无锡市中级人民法院（2018）苏02执复54号执行裁定书

2. 事由：申请执行人执行复议

3. 当事人

申请执行人：郝某

被执行人（异议人）：季某

【基本案情】

郝某与季某抚养纠纷一案，江苏省宜兴市人民法院（以下简称宜兴法院）于2015年2月3日作出（2015）宜少民初字第81号民事判决，判令：季某自2015年2月10日起每月负担小郝生活费人民币600元至其独立生活时止，每月的生活费于当月月底前支付；2015年2月10日起小郝的教育费、医疗费由季某、郝某各半承担至小郝独立生活时止；每年的教育费、医疗费由郝某分别于当年的3月和9月凭票据与季某结算，季某在拿到票据后五日内支付给郝某。判决生效后，郝某以季某未能按照判决规定履行义务，尚结欠应当支付被抚养人小郝的抚养费13800元、教育费10990元，合计24790元为由，于2017年11月29日申请执行，宜兴法院于2017年12月1日立案执行。

宜兴法院依法向季某邮寄送达了执行通知书、反规避执行告知书、报告财产令及财产申报表等相关材料。季某在收到执行通知书后，先后两次提出书面异议称：1. 教育费、医疗费的申请不符合条件；2. 部分费用的申请超出申请执行期限；3. 晚托班事项未与被执行人商量，产生费用不应由其承担；4. 抚养费计算有误。为此，宜兴法院组织双方当事人进行了协商，也就异议事项通知双方当事人进行了听证，但当事人之间未能就执行内容达成一致意见。执行人员又向作出该判决的审判庭发出征询意见函，仍无法明确执行的内容。

【案件焦点】

执行依据仅明确抚养费中教育费、医疗费的负担标准与方式，未明确具体给付数额的，是否属于给付内容不明确而不能执行。

【法院裁判要旨】

宜兴法院经审查认为：人民法院受理执行案件，应当有明确的给付内容。作为本案执行依据的民事判决，只是确定了双方在抚养费、教育费、医疗费负担上的标准与方式，并未明确具体给付数额。现被执行人对申请执行人的执行申请提出异议，法院通过协调、听证，双方当事人未能协商达成一致。经征询原审判人员，仍无法确定执行内容。为此，对申请执行人的执行申请应予驳回。

宜兴法院依据《中华人民共和国民事诉讼法》第一百五十四条第一款第十一项、《最高人民法院关于适用〈中华人民共和国民事诉讼法〉的解释》第四百六十三条规定，裁定如下：

驳回申请执行人郝某的执行申请。

郝某不服，提起复议，江苏省无锡市中级人民法院经审查认为：《中华人民共和国婚姻法》第二十一条规定所称“抚养费”包括子女生活费、教育费、医疗费等费用。宜兴法院（2015）宜少民初字第81号民事判决判令季某应每月负担小郝生活费人民币600元，季某虽辩称有部分时间小郝随其生活，但季某并未与郝某达成相关协议，故应以季某自愿承担对待。至于郝某主张的教育费，根据生效判决主文第三项，郝某可凭教育费的票据与季某结算，该判决并未限额，故郝某凭有效票据要求季某履行义务，法院应予准许，故宜兴法院裁定驳回执行申请不当，应予纠正。

江苏省无锡市中级人民法院依照《中华人民共和国民事诉讼法》第二百二十五条、《最高人民法院关于人民法院办理执行异议和复议案件若干问题的规定》第二十三条第一款第二项规定，裁定如下：

撤销宜兴法院（2017）苏0282执5677号执行裁定书，宜兴法院应继续执行。

【法官后语】

《最高人民法院关于适用〈中华人民共和国民事诉讼法〉的解释》第四百六十三条规定："当事人申请人民法院执行的生效法律文书应当具备下列条件：（一）权利义务主体明确；（二）给付内容明确。"本案中，一审、二审法院审查思路出现分歧，其原因即在于对"给付内容明确"的不同理解。

本案执行依据将抚养费进行拆分，明确为生活费、教育费和医疗费，其中生活费按月支付。因教育费、医疗费的发生具有不确定性，故判决由当事人双方各半负担、定期凭票据结算，这是审判实践中一种较常见的做法，亦能有效缓解因未成年子女生病住院或发生大额教育费用等情况时产生后续诉讼、导致司法资源浪费的状况。执行法院依据判决主文可凭有效票据计算教育费、医疗费的具体金额并要求被执行人按时履行义务，不需要审查判断超出执行依据的实体权利诉求，故不违背审执分离原则。本案生效法律文书符合给付内容明确、具体的要求，具有可执行性。一审法院认定执行依据中教育费、医疗费的具体数额不明确，导致执行内容无法确定而裁定驳回执行申请，系对"给付内容明确"含义的机械理解，故一审裁定应予撤销。

编写人：江苏省无锡市中级人民法院　杨曦　刘永刚

34

案外人执行异议中异议人应享有对执行标的阻却执行的实体权利

——常州台厦大件物流有限公司诉中航卓越锻造（无锡）有限公司等案外人执行异议之诉案

【案件基本信息】

1. 裁判书字号

江苏省无锡市中级人民法院（2018）苏02民终3026号民事判决书

2. 案由：案外人执行异议之诉

3. 当事人

原告（上诉人）：常州台厦大件物流有限公司（以下简称台厦公司）

被告（被上诉人）：中航卓越锻造（无锡）有限公司（以下简称中航公司）、常州市万象化工机械有限公司（以下简称化工机械公司）、常州市万象彩板钢结构有限公司（以下简称彩板公司）、常州博朗低温设备有限公司（以下简称博朗公司）

【基本案情】

2016年4月21日，台厦公司与彩板公司签订了《土地使用权转让协议》，并于2017年8月11日达成补充协议，将彩板公司位于常州市钟楼区新闸证庆丰村、权证号为［常国用（2010）变0372218号］（以下简称218号土地使用权）的土地使用权转让给台厦公司，《土地使用权转让协议》经江苏省常州市钟楼区人民法院（2016）苏0404民初6171号民事判决书确认合法有效；台厦公司认为其已实际占有使用218号土地，该土地使用权不属于被执行人的财产，可排除执行申请人的执行申请。故台厦公司请求撤销（2016）苏0206第1192号执行裁定书，解除对

218号土地使用权的强制执行措施。中航公司则辩称江苏省常州市钟楼区人民法院的生效判决书不能作为排除执行的有效依据；作为执行标的的218号土地使用权登记在化工机械公司名下，台厦公司没有支付合理对价，并未实际占有，也未及时办理过户登记手续，属被执行人可供执行的财产；其他被告存在恶意规避执行的情形，请求依法驳回原告诉请。

【案件焦点】

案外人台厦公司是否享有对执行标的阻却执行的实体权利。

【法院裁判要旨】

江苏省无锡市惠山区人民法院经审理认为：就本案而言，首先，台厦公司以江苏省常州市钟楼区人民法院6171号案件的民事判决书作为执行异议的主要证据，而该案件受理时间和判决生效时间均在执行标的218号土地使用权被查封之后，且该判决并未对诉争的218号土地使用权作出不动产所有权确认的裁判结果，仅对《土地使用权转让协议》的效力作出裁判。而协议有效并不等于当事人已经实际履行协议内容，特别是涉及不动产转让协议的履行须符合法定程序，如须经过依法登记等。故台厦公司仅以此判决结果作为排除执行的依据不符合法律规定。其次，台厦公司未提供其他证据来证明其在法院查封218土地使用权之前已合法占有该不动产，相反，常州市国土资源局在针对同一土地的执行异议中却主张土地使用权已经收回，未有他人占有使用。故台厦公司对其实际合法占有诉争土地的主张亦不能成立。再次，彩板公司与台厦公司签订的《土地使用权转让协议》以及彩板公司与武某签订的《债权转让协议》，对付款方式和时间作了约定。《土地使用权转让协议》的约定是台厦公司应当在协议签订之日起三个月内支付完毕全部转让价款。台厦公司所称该转让款是通过《债权转让协议》形式支付的，以彩板公司对于台厦公司的土地转让款债权转让给武某，又以化工机械公司、何文雅与武某之间《还款协议》方式抵偿彩板公司以外的第三人对外结欠的债务。根据（2016）苏0404民初6171号民事判决书查明事实，从时间上看，台厦公司应给付的土地转让款都是在执行之后，且其间台厦公司已向法院的执行提出异议，结合上述各种协议所涉及人员之间错综复杂的关系，法院认定台厦公司至今没有支付土地转让款。最后，台厦公司提供的《土地使用权转让协议》中载明的签订时间是2016年4月21日，法院查封218号土地使用权的时间是2016年6月28日。在长达两个多月的时间里，诉争土地并不存在办理变更登记的障碍，诉争土地不存在非因买受人的原因而不能办理过户登记的情形。综上，台厦公司的本案诉讼请求均不符合法律规定，江苏省无锡市惠山区人民法院不予支持。

江苏省无锡市惠山区人民法院依据《中华人民共和国物权法》第六条、第九条、第十四条、第十六条，《最高人民法院关于人民法院办理执行异议和复议案件若干问题的规定》第二十六条第二款、第二十八条规定，判决如下：

驳回台厦公司的诉讼请求。

台厦公司不服原审判决，提起上诉。江苏省无锡市中级人民法院经审理认为：生效判决虽已认定台厦公司与彩板公司签订的《土地使用权转让协议》合法有效，但该案并未对该协议的实际履行以及台厦公司是否已取得涉案土地使用权等问题进行审理并作出认定。因此，本案审理的核心问题就是台厦公司与彩板公司之间的土地使用权转让协议的履行问题。首先，关于合法占有使用问题，生效民事判决中在查明事实部分虽已作出认定，但在本案执行过程中，国土局针对涉案土地曾向原审法院提出过异议，表示该土地使用权已收回。该异议陈述与上述查明事实存在矛盾，且因台厦公司作为物流公司与化工机械公司、彩板公司之间原本就存在着业务关系，故其提供的截图、视频等在涉案土地上运输作业的场景并不能证实其是因受让土地使用权而占有使用上述涉案土地，故对于台厦公司上诉称在法院查封前已因转让而合法占有使用涉案土地问题，证据不足，法院不予采信。其次，根据《土地使用权转让协议》，台厦公司应支付转让款900万元给彩板公司，彩板公司将该债权转让给武某后，台厦公司理应按《土地使用权转让协议》约定将转让款支付给武某。现根据台厦公司提供的自行整理的付款明细表，载明2016年6月8日至2018年9月11日，共计支付武某6976100元，但其中前期的付款凭证中大部分是武海青个人转账至武某，且大都数额在1万元以下，有时同一天还产生多笔几千元的情形，有违公司付款的常理，更何况大部分付款均发生在台厦公司提出执行异议之后。故台厦公司上诉称已付清全部转让款一节，同样证据不足，不予采纳。

江苏省无锡市中级人民法院依照《中华人民共和国民事诉讼法》第一百七十条第一款第一项规定，判决如下：

驳回上诉，维持原判。

【法官后语】

案外人执行异议之诉是相对较新的诉讼类型，司法实践中尚存在不少需要进一步明确之事项。鉴于此，江苏省高级人民法院2015年7月8日发布《执行异议之诉案件审理指南》，2017年至2019年又分别出台了《江苏省高级人民法院执行异议及执行异议之诉案件审理指南（一）》《江苏省高级人民法院执行异议及执行异议之诉案件审理指南（二）》《江苏省高级人民法院执行异议及执行异议之诉案件审理指南（三）》，以规范全省法院案外人执行异议及执行异议之诉案件的审查办理工作，并统一审判尺度。

笔者认为，处理执行异议之诉需要准确对待程序与实体问题，且程序与实体问题并重，互为表里，密不可分，这是执行异议之诉与普通案件的一大鲜明区别。

一是执行异议之诉在程序上的特别要件：案外人提起执行异议之诉，除应当符合《中华人民共和国民事诉讼法》第一百一十九条规定外，还应当具备一些特殊条件：(1）案外人的执行异议申请已经被人民法院裁定驳回；(2）有明确的排除对执行标的执行的诉讼请求，且诉讼请求与原判决、裁定无关；(3）自执行异议裁定送达之日起十五日内提起。人民法院应当在收到起诉状之日起十五日内决定是否立案。而在当事人方面，如本案所涉的案外人提起执行异议之诉的，以申请执行人为被告，被执行人反对案外人异议的，被执行人为共同被告；被执行人不反对案外人异议的，则可以列被执行人为第三人。

二是执行异议之诉在实体上的特殊性：根据《最高人民法院关于人民法院办理执行异议和复议案件若干问题的规定》第二十八条则明确规定了对于登记在被执行人名下的不动产提出执行异议主张成立必须符合四项要件，缺一不可，具体是：(1）在人民法院查封之前已签订合法有效的书面买卖合同；(2）在人民法院查封之前已合法占有该不动产；(3）已支付全部价款，或者已按照合同约定支付部分价款且将剩余价款按照人民法院的要求交付执行；(4）非因买受人自身原因未办理过户登记。鉴于此，本案在对照处理执行异议之诉上述实体标准基础上，与事实进行了逐一比对，最终判决驳回原告（上诉人）的诉请。

当前，执行异议之诉纠纷的大量产生，笔者认为确实在很大程度上与各类财产权益的名义产权人与真正产权人出现的分离状况密不可分。该类纠纷中，相关权益实际权利人的利益与申请执行人利益之间存在激烈的冲突，人民法院通常需要反复权衡到底该保护哪一方的利益，如果要保护财产权益的实际权利人利益，则申请执行人的利益将落空；当然，如基于“商事外观主义”原则优先保护申请执行人利益，则又需要以牺牲相关权益的实际权利人利益为代价。所以，随着近年来执行异议之诉案件的数量开始大幅度提升，并且执行异议之诉的新情况不断出现，案件所涉及的事实越来越复杂，规范执行异议之诉、统一裁判尺度已经成为各级法院、各区域板块法院共同面临的一项迫切任务。是故，制定全国范围适用的执行异议之诉司法解释，不断细化执行异议之诉规定应当被提上议事日程。

编写人：江苏省无锡市惠山区人民法院　高斌

35

车辆权属登记证书是否系车辆所有权人的认定依据

——叶某诉党某、郭某案外人执行异议之诉

【案件基本信息】

1. 裁判书字号

北京市第二中级人民法院（2018）京02民终6373号民事判决书

2. 案由：案外人执行异议之诉

3. 当事人

原告（被上诉人）：叶某

被告（上诉人）：党某

被告：郭某

【基本案情】

2015年6月，叶某与郭某签订购车指标转让协议，该协议载明：郭某将购车指标以58000元出售给叶某。叶某称协议是郭某签名后由其代理人刘某拿到4S店签的，党某不认可郭某的签字。经法院释明，党某表示不对郭某签字的真伪性进行司法鉴定；发票显示：购货单位为郭某，销货单位为源流东南公司，车辆为东风牌，价格为132000元；消费凭条显示，2015年6月25日，叶某在源流东南公司消费132000元。经法院向源流东南公司调查核实，该公司答复涉案车辆出售给叶某，购车指标登记在郭某名下。

在购车后，叶某于2015年6月25日为在英大泰和财产保险股份有限公司为涉案车辆购买交强险和商业险；保险单和保险业专用发票显示，涉案车辆在英大泰和财产保险股份有限公司投保。2015年至2018年的保险均由叶某购买，保单的投保人和被保险人也是叶某；车辆维修结算单显示维修单客户签字人是叶某；公安交通管理简易程序处罚决定书显示涉案车辆的被处罚人签字人是叶某。

党某与郭某确认合同无效纠纷一案，法院作出的（2016）京0106民初4827号民事调解书已经发生法律效力。该调解书确定："一、被告郭某于2016年5月24日之前给付原告党某租金及损失共计60660元；二、案件受理费400元、公告费260元均由原告党某负担（已交纳）。"党某于2016年8月1日向法院申请强制执行，法院依法受理，执行案号为（2016）京0106执4849号。2016年10月27日，法院查封郭某名下的东风牌汽车，查封期限为两年，自2016年10月27日至2018年10月26日。2017年6月19日，法院扣押涉案车辆。

叶某向法院提出案外人异议，法院于2017年8月8日作出（2017）京0106执异311号执行裁定书，驳回了叶某的异议请求。后叶某提起本次诉讼，请求：1. 要求立即停止对登记在郭某名下的东风牌汽车的执行，并解除查封、扣押；2. 要求确认东风牌汽车归叶某所有；3. 要求被告承担一切诉讼费用。

【案件焦点】

1. 本案中机动车登记权属证书能否作为认定涉案车辆所有权人的证据；2. 党某是否构成《中华人民共和国物权法》第二十四条规定的善意第三人。

【法院裁判要旨】

北京市丰台区人民法院经审理认为：根据《中华人民共和国民事诉讼法》规定，当事人有答辩和质证的权利，郭某经法院合法传唤，未出庭应诉，视为其放弃了答辩和质证的权利。根据《公安部关于确定机动车所有权人问题的复函》可知，现行机动车登记法规和有关规定，公安机关办理的机动车登记，是准予或者不准予上道路行驶的登记，不是机动车所有权登记。动产原则上按照实际占有情况判断权属。基于已查明事实可知，叶某使用郭某的购车指标购买涉案车辆，车辆亦由叶某实际使用，故法院认定叶某为车辆的实际所有权人。叶某要求停止对该车辆执行的诉讼请求，符合法律规定，法院予以支持。需要指出的是，叶某未取得小客车配置指标，根据《北京市小客车数量调控暂行规定》的相关规定，叶某无权取得郭某名下的配置指标及相关车牌号码。

北京市丰台区人民法院依照《中华人民共和国物权法》第二十三条、《中华人民共和国民事诉讼法》第一百四十四条、《最高人民法院关于适用〈中华人民共和国民事诉讼法〉的解释》第三百一十二条第一款第一项和第二款规定，判决如下：

一、确认登记在被告郭某名下的东风牌汽车一辆归原告叶某所有；

二、停止依据（2016）京0106执4849号执行案件对上述车辆的执行，并解除对上述车辆的查封、扣押。

党某不服，提起上诉，北京市第二中级人民法院经审理认为：本案的争议焦点为叶某是否为涉案车辆的所有权人。《中华人民共和国物权法》第二十三条规定："动产物权的设立和转让，自交付时发生效力，但法律另有规定的除外。"在本案中，叶某已提交证据证明其为涉案车辆的出资购买人并实际占有使用涉案车辆，党某虽对此予以否认，但未提交证据对叶某提供证据证明的事实予以反驳，故一审法院认定叶某为涉案车辆的所有权人正确。《中华人民共和国物权法》第二十四条规定："船舶、航空器和机动车等物权的设立、变更、转让和消灭，未经登记，不得对抗善意第三人。"前述法律规定中"善意第三人"应适用于《中华人民共和国物权法》第一百零六条中关于物权善意取得的情形，故作为郭某债权人的党某并不属于不得对抗的"善意第三人"。

北京市第二中级人民法院依照《中华人民共和国民事诉讼法》第一百七十条第一款第一项规定，判决如下：

驳回上诉，维持原判。

【法官后语】

北京市采取小客车数量调控政策后，在实践中存在借名买车的情形，即车辆登记证书登记人与车辆所有人分离。在执行过程中，对车辆归属的审查采取形式审查主义，即以车辆登记证书来认定车辆所有权人。那么，可能出现被采取强制措施的车辆不是归被执行人所有，进而可能损害车辆实际所有权人的权益。该案件涉及车辆登记证书的证据效力认定，以及借名买车中车辆所有权人未取得小客车配置指标时应当如何处理这一问题，对这一类案件的处理具有典型的代表性和借鉴性。

第一，动产物权的公示。《中华人民共和国物权法》第二十三条规定："动产物权的设立和转让，自交付时发生效力，但法律另有规定的除外。"不动产物权以登记为公示手段，与此相对应，动产物权以占有和交付为公示手段。占有主要在静态下，即在不发生物权变动的情况下发挥动产物权的公示作用；而交付主要是在动态下，即在发生物权变动的情况下发挥动产物权的公示作用。因此，动产原则上按照实际占有情况判断权属。基于已查明事实可知，叶某使用郭某的购车指标购买涉案车辆，车辆亦由叶某实际使用，故法院认定叶某为车辆的实际所有权人。2000年6月5日，公安部就机动车所有权人问题函复最高人民法院执行工作办公室，即《公安部关于确定机动车所有权人问题的复函》，内容如下："根据现行机动车登记法规和有关规定，公安机关办理的机动车登记，是准予或者不准予上道路行驶的登记，不是机动车所有权登记。为了交通管理工作的需要，公安机关车辆管理所在办理车辆牌证时，凭购车发票或者人民法院判决、裁定、调解的法律文书等机动车来历凭证确认机动车的车主。因此，公安机关登记的车主，不宜作为判别机动车所有权的依据。"依据上述函可知，现行机动车登记法规和有关规定，公安机关办理的机动车登记，是准予或者不准予上道路行驶的登记，不是机动车所有权登记。因此，车辆登记证书记载车辆登记在郭某名下，并不表示郭某系车辆的所有权人。

第二，强制执行债权人不构成善意第三人。《中华人民共和国物权法》第二十四条规定："船舶、航空器和机动车等物权的设立、变更、转让和消灭，未经登记，不得对抗善意第三人。"参照全国人大法工委编写的《中华人民共和国物权法释义》，所谓善意第三人，是指不知道也不应当知道物权发生了变动的物权关系相对人，即对标的物享有正当物权利益的人。所谓物权利益系指该人与转让人具有物权关系。显然该条文所讲的善意第三人不包括强制执行人，理由如下：一是任何债权人都可能成为强制执行债权人，即使债权人对该机动车没有特定的利益，如本案执行债权人党某对涉案车辆不享有特定的利益，仅是由于车辆登记在被执行人郭某名下才被法院查封成为执行标的；二是由于机动车的购车款均系叶某出资，郭某对涉案车辆并无所有权，而郭某作为债务人，责任财产必须是其拥有所有权的财产。因此，党某不构成善意第三人。综上，叶某作为车辆实际所有权人，要求停止对该车辆执行的诉讼请求，符合法律规定。

编写人：北京市丰台区人民法院　李冬冬

36

实际施工人享有的工程债权请求权不能阻却法院针对承包方（名义施工人）享有的对发包方到期工程债权的执行

——卢某诉资阳市隆鑫商贸有限责任公司案外人执行异议之诉案

【案件基本信息】

1. 裁判书字号

四川省资阳市中级人民法院（2018）川20民终363号民事判决书

2. 案由：案外人执行异议之诉

3. 当事人

原告（上诉人）：卢某

被告（被上诉人）：资阳市隆鑫商贸有限责任公司

第三人：资阳市第三建筑安装工程公司、资阳市第三建筑安装工程公司第四工程处

【基本案情】

2013年7月3日，四川省资阳市雁江区人民法院作出（2013）雁江民初字第1767号民事判决书，判决资阳市第三建筑安装工程公司、资阳市第三建筑安装工程公司第四工程处给付资阳市隆鑫商贸有限责任公司购油款318398元及利息。该判决发生法律效力后，资阳市隆鑫商贸有限责任公司于2013年8月16日向四川省资阳市雁江区人民法院申请执行，在执行中，四川省资阳市雁江区人民法院于2014

年1月30日冻结了被执行人资阳市第三建筑安装工程公司在四川省资阳绿康实业发展有限公司的破产债权500000元，案外人卢某以该笔破产债权系其以资阳市第三建筑安装工程公司名义在四川省资阳绿康实业发展有限公司承包工程所应得的工程款、保证金、违约金对应的破产债权分配额为由，提出执行异议，请求法院解除对该款项的冻结。法院审查后驳回其异议，卢某不服，提起执行异议之诉。

另查明，2007年5月28日，卢某以资阳市第三建筑安装工程公司名义与四川省资阳绿康实业发展有限公司签订建设施工合同，2008年解除合同，解除协议约定由四川省资阳绿康实业发展有限公司退还乙方资阳市第三建筑安装工程公司（代表人：卢某）保证金、工程款、违约金2325000元。2013年四川省资阳绿康实业发展有限公司破产，卢某之父卢松华受资阳市第三建筑安装工程公司委托代表资阳市第三建筑安装工程公司申报债权3951356.92元。四川省安岳县人民法院（2015）安岳民初字第1380号判决确认资阳市第三建筑安装工程公司在四川省资阳绿康实业发展有限公司享有债权630万余元，（2015）安岳民初字第1381号判决书确认资阳市第三建筑安装工程公司在四川省资阳绿康实业发展有限公司享有债权390余万元。

【案件焦点】

法院冻结的500000元属于资阳市第三建筑安装工程公司还是卢某。

【法院裁判要旨】

四川省资阳市雁江区人民法院经审理认为：四川省安岳县人民法院生效民事判决书已确认被执行人资阳市第三建筑安装工程公司在四川省资阳绿康实业发展有限公司享有债权，因此法院在执行中根据执行申请人资阳市隆鑫商贸有限责任公司的申请，冻结被执行人资阳市第三建筑安装工程公司在四川省资阳绿康实业发展有限公司的债权，符合法律规定，并无不妥。综上，作出如下判决：

驳回原告卢某的诉讼请求。

卢某不服一审判决，提起上诉。四川省资阳市中级人民法院经审理认为：本案系案外人执行异议之诉，并非实际施工人以发包人和承包人为被告提起的建设工程施工合同纠纷，原判决认定卢某为四川省资阳绿康实业发展有限公司工程的实际施工人，一方面，超出了本案的审理范围，实际施工人是《最高人民法院关于审理建设工程施工合同纠纷案件适用法律问题的解释》中规定的概念，旨在对于那些诉争工程已实际施工但无法因合同关系主张工程款的人予以限制性保护，因其规范情形之特定性，故亦应在该规范所涉之建设工程施工合同纠纷案件中，才适宜对实际施工人的身份作出认定。另一方面，因一审、二审法院并非针对建设工程施工合同纠纷进行审理，并未围绕该工程所涉各方之诉辩主张、举证质证情况进行庭审、判断及裁决，故作出该认定可能有失公正且可能对于该工程所涉各方之权利义务关系造成一定影响。

四川省安岳县人民法院确认的《破产财产初步分配方案》确认债权人是资阳市第三建筑安装工程公司，上诉人卢某认为其是该债权的享有者的证据不足。因此四川省资阳市雁江区人民法院在执行中根据执行申请人资阳市隆鑫商贸有限责任公司的申请，冻结被执行人资阳市第三建筑安装工程公司在四川省资阳绿康实业发展有限公司的债权，符合法律规定，并无不妥。

综上所述，上诉人卢某的上诉请求不能成立，应予驳回；一审判决认定事实基本清楚，适用法律正确，应予维持。四川省资阳市中级人民法院依照《中华人民共和国民事诉讼法》第一百七十条第一款第一项规定，作出如下判决：

驳回上诉，维持原判。

【法官后语】

《最高人民法院关于审理建设工程施工合同纠纷案件适用法律问题的解释》第二十六条规定：实际施工人以转包人、违法分包人为被告起诉的，人民法院应当依法受理。实际施工人以发包人为被告主张权利的，人民法院可以追加转包人或者违法分包人为本案当事人。发包人只在欠付工程价款范围内对实际施工人承担责任。由于实际施工人主张的工程款性质上属于合同之债，因此产生的请求权依法仅能针对合同相对人，而该条第二款明确突破了合同相对性，是基于实际施工人与发包人之间已然形成的事实上的权利义务关系，为保护农民工合法权益而特别规定的，旨在对于那些已实际施工诉争工程但无法因合同关系主张工程款的人予以限制性保护，因其规范情形之特定性。

另外，建设工程款即一定数量的货币，按照“占有即所有”的原则，在该物权实现之前，债权人享有的是相应的物权请求权，其实质仍为债权。当该一定数量的货币进入债权人账户后，则成为现实的物权，即工程款进入谁的账户，即推定为归谁所有。具体到本案中，经检支队账户中的建设工程款及利息，在尚未支付给他人时，所有权人只能是经检支队；生效判决确认经检支队向建筑施工企业支付建设工程款及利息，该款项交付后即为建筑施工企业所有。但无论该款项是否支付，卢某都不是该款项合法的权利人。

具体到本案，在资阳市隆鑫商贸有限责任公司申请执行资阳市第三建筑安装工程公司、资阳市第三建筑安装工程公司第四工程处买卖合同纠纷一案中，资阳市第三建筑安装工程公司、资阳市第三建筑安装工程公司第四工程处系被执行人，本案所涉被执行财产为生效判决确认的该企业在四川省资阳绿康实业发展有限公司的债权，法院依法强制执行该财产是正当合法的。并且本案所涉工程系四川省资阳绿康实业发展有限公司发包，资阳市第三建筑安装工程公司、资阳市第三建筑安装工程公司第四工程处作为合同约定的建设工程承包方，有权向合同约定的发包方要求支付工程款。在本案中，无论案外人卢某是否为涉案工程实际施工人，其与发包方之间不存在合同关系。虽然，最高人民法院出于保护农民工合法权益的目的，在相关司法解释中赋予实际施工人突破合同相对性原则向发包人主张工程款的权利，但该条亦作出了限定性规定，即发包人只在欠付承包人工程款范围内对实际施工人承担责任，且该条并未赋予实际施工人取代承包人合同地位的权利。综上，卢某不能取得排除人民法院执行该笔工程款的权利。

编写人：四川省资阳市中级人民法院　柯劲

七、执行中的质押问题

37

金钱质押执行异议的处理模式选择

——中信银行股份有限公司哈尔滨分行与深圳国投商业保理有限公司等案外人异议案

【案件基本信息】

1. 裁判书字号

北京市高级人民法院（2018）京执复62号执行裁定书

2. 事由：案外人异议

3. 当事人

复议申请人（案外人）：中信银行股份有限公司哈尔滨分行（以下简称中信银行哈尔滨分行）

申请执行人：深圳国投商业保理有限公司（以下简称深国投公司）

被执行人：绥芬河翰德贸易有限公司（以下简称翰德公司）、亿阳集团股份有限公司（以下简称亿阳公司）、邓甲、邓乙

【基本案情】

北京市第一中级人民法院（本案以下简称北京一中院）在执行深国投公司与翰德公司、亿阳公司、邓甲、邓乙保理纠纷一案过程中，于2018年1月30日冻结了亿阳公司在中信银行哈尔滨分行的银行账户。

中信银行哈尔滨分行以被冻结账户内的款项是亿阳公司在该行开立的银行承兑

汇票保证金为由提出异议。认为该行对亿阳公司开立的两张银行承兑汇票已经承兑并付款，申请解除对该笔款项的冻结措施。中信银行哈尔滨分行提交了《电子银行承兑汇票承兑协议（纸质介质）》，该协议载明，“出票人（以下简称甲方）：亿阳公司　承兑人（以下简称乙方）：中信银行哈尔滨分行……第一条　承兑汇票　甲方申请承兑的汇票共计贰张，票面金额共计人民币（大写）陆仟陆佰陆拾万元整……第二条　担保　为保证乙方债权的实现，甲方向乙方提供以下一项或数项担保：（一）交存保证金。甲方应按票面金额的40%缴纳保证金，保证金存入甲方在乙方开立的保证金专用账户，保证金金额为：人民币（大写）贰仟陆佰陆拾肆万元整，以担保承兑汇票到期付款。在上述保证金足额入账前，乙方没有义务承兑汇票。已经存入的保证金，在甲方未向乙方付清票款前不得动用……第八条　垫款的救济　乙方在电子汇票到期日垫付票款后甲方未能足额偿还垫款的，乙方可以同时采取以下救济措施：（一）从甲方在乙方的保证金账户中扣收票款及应付利息；（二）从甲方在乙方的所有营业机构开立的任何账户中扣划票款及应付利息；（三）依法可采取的其他措施。”中信银行哈尔滨分行还提交了该行的保证金存款入账、冻结通知书、电子商业汇票系统汇票信息记录等证明其已就该银行承兑汇票保证金进行承兑。

【案件焦点】

对于金融机构以享有质权为由要求就保证金优先受偿的主张，是通过执行行为异议程序进行处理，还是通过案外人异议及异议之诉程序进行处理。

【法院裁判要旨】

北京一中院经审理认为：执行异议符合《中华人民共和国民事诉讼法》第二百二十五条或者第二百二十七条规定条件的，人民法院应当在三日内立案，并在立案后三日内通知异议人和相关当事人。不符合受理条件的，裁定不予受理；立案后发现不符合受理条件的，裁定驳回申请。异议人对不予受理或者驳回申请裁定不服的，可以自裁定送达之日起十日内向上一级人民法院申请复议。上一级人民法院审查后认为符合受理条件的，应当裁定撤销原裁定，指令执行法院立案或者对执行异议进行审查。《最高人民法院、中国人民银行关于依法规范人民法院执行和金融机构协助执行的通知》第九条规定，人民法院依法可以对银行承兑汇票保证金采取冻结措施，但不得扣划。如果金融机构已对汇票承兑或者已对外付款，根据金融机构的申请，人民法院应当解除对银行承兑汇票保证金相应部分的冻结措施。银行承兑汇票保证金已丧失保证金功能时，人民法院可以依法采取扣划措施。本案中，中信银行哈尔滨分行以法院冻结亿阳公司账户为银行承兑汇票保证金账户并已对汇票承兑且已对外付款为由，主张解除对该账户的冻结措施，该主张应直接向执行实施部门提出申请，并非异议案件的审查范围，故中信银行哈尔滨分行的该项请求应予驳回。

北京一中院依照《中华人民共和国民事诉讼法》第一百五十四条第一款第十一项规定，裁定驳回：

中信银行哈尔滨分行的异议申请。

中信银行哈尔滨分行不服，申请复议。北京市高级人民法院经审理认为：人民法院依法可以对银行承兑汇票保证金采取冻结措施，但不得扣划。本案中，北京一中院对被执行人亿阳公司名下的账户采取冻结措施，符合法律规定。中信银行哈尔滨分行以其已与亿阳公司约定在汇票到期日垫付票款后亿阳公司未能足额偿还垫款的，中信银行哈尔滨分行可以直接从该账户扣收相应票款为由，请求解除对该账户采取的冻结措施，实质是认为其对该账户内的金钱享有足以排除人民法院强制执行的实体权利，执行法院应当依照案外人异议程序进行审查并作出裁定。北京一中院关于中信银行哈尔滨分行的主张不属于执行异议案件审查范围的认定不当，(2018)京01执异148号执行裁定应予撤销。对于中信银行哈尔滨分行提出的异议，北京一中院应当依照《中华人民共和国民事诉讼法》第二百二十七条规定重新进行审查并作出裁定。

北京市高级人民法院依据《最高人民法院关于人民法院办理执行异议和复议案件若干问题的规定》第二十三条第一款第五项规定，裁定如下：

撤销北京一中院（2018）京01执异148号执行裁定，发回北京一中院重新作出裁定。

【法官后语】

近年来，保证金已成为金融业务的重要组成部分。以银行为例，其在办理承兑汇票、信用证、保函等业务过程中，会要求客户交存保证金。此时，若客户涉诉（多为执行案件，也可能是保全），人民法院可能对保证金账户采取措施。金融机构因此提出执行异议。人民法院办理此类案件适用什么程序、如何把握裁判标准，没有法律规定。适当的救济程序选择是保障金融机构合法权益、实现多方债权人权利平衡的重要内容，也是确立裁判标准的前提。对于金融机构以其享有质权为由请求解除对保证金账户的冻结或者停止扣划的主张，通过什么程序处理是首要探讨的问题。

作为等价交换物，金钱具有交换媒介的属性。实现权利时，保证金无需经过变价程序，金融机构得以在其债权额度范围内直接就保证金获得清偿。这是金钱质押在权利实现上的优势，减少了权利实现的障碍，降低了交易成本。基于金钱质押之特殊性，宜将金融机构关于就保证金优先受偿的主张解读为请求人民法院确认其享有足以排除执行的实体权利。金融机构主张成立金钱质押的权利基础，在根源上属于实体性的。采取“案外人异议+异议之诉”模式，赋予各方当事人依法举证、质证、法庭辩论等权利，能够在最大程度上实现金融机构、另案债权人的权利对抗，确保裁判结果公平公正。

模式确定后，还应进一步明确案件的裁判标准。最高人民法院通过发布第54号指导性案例（中国农业发展银行安徽省分行诉张大标、安徽长江融资担保集团有限公司执行异议之诉纠纷案），就如何认定金钱质押关系的存在以及金钱质权是否设立进行了分析，指导意义很强。“金钱特定化”“转移占有”等裁判标准已基本明确，本案例不再展开论述。金融机构的兑付符合条件与否，是否属于金钱质押执行异议的审查范围呢？对于案外人异议，《最高人民法院关于人民法院办理执行异议和复议案件若干问题的规定》第二十四条规定，人民法院应当审查下列内容：（一）案外人是否系权利人；（二）该权利的合法性与真实性；（三）该权利能否排除执行。对于提起执行异议之诉的，《最高人民法院关于适用〈中华人民共和国民事诉讼法〉的解释》第三百一十二条规定，人民法院经审理，按照下列情形分别处理：（一）案外人就执行标的享有足以排除强制执行的民事权益的，判决不得执行该执行标的；（二）案外人就执行标的不享有足以排除强制执行的民事权益的，判决驳回诉讼请求。案外人同时提出确认其权利的诉讼请求的，人民法院可以在判决中一并作出裁判。由此可见，案外人提起异议及异议之诉的目的是排除对特定执行标的的执行。在作出判决前，人民法院首先要判断案外人对执行标的是否享有实体权益，并进一步判断案外人对执行标的所享有的实体权益是否足以排除强制执行。故人民法院的审查必然要面对金融机构兑付是否符合条件的判断问题。因此，金钱质押执行异议是多个裁判要件的合并，只不过各个裁判要件之间存在递进关系。人民法院作出最终裁判时，不仅要对质押合同关系是否存在、金钱质权是否有效设立等进行判断，还要对金融机构的兑付是否符合条件进行判断。

编写人：北京市高级人民法院　刘旭峰

38

对保证金账户的资金提出执行异议案件的处理

——景某诉中国光大银行股份有限公司南阳分行申请执行人执行异议之诉案

【案件基本信息】

1. 裁判书字号

河南省南阳市中级人民法院（2018）豫13民终552号民事判决书

2. 案由：申请执行人执行异议之诉

3. 当事人

原告（上诉人）：景某

被告（被上诉人）：中国光大银行股份有限公司南阳分行（以下简称光大银行南阳分行）

【基本案情】

因景某和张某之间的民事纠纷，景某向河南省南阳市卧龙区人民法院提起诉讼。审理中，根据景某的保全申请，2015年2月11日，河南省南阳市卧龙区人民法院作出了（2015）宛龙民三初字第00057号民事裁定书和协助冻结存款通知书，对张某在光大银行南阳分行账户中的存款2000000元进行了冻结（实际冻结1000400.84元）。2015年3月13日，河南省南阳市卧龙区人民法院就景某和张某之间民事纠纷作出了（2015）宛龙民三初字第00057号民事调解书。该案进入执行程序后，光大银行南阳分行提出执行异议，认为法院保全的存款1000400.84元是张某在光大银行南阳分行的信用卡保证金，法院无权扣划。2016年8月25日，河南省南阳市卧龙区人民法院作出（2015）宛龙执字第192－2号执行裁定书，裁定光大银行南阳分行提出的执行异议理由成立，中止对（2015）宛龙民三初字第00057号民事裁定书和协助冻结存款通知书的执行。景某不服，向河南省南阳市卧龙区人民法院提起申请人执行异议之诉。

另查明，2013年9月12日，张某（乙方）和光大银行南阳分行（甲方）签订了中国光大银行《信用卡质押授信业务补充协议》。其中约定：质押授信业务是指乙方在甲方开立储蓄账号，并自愿将其享有合法的完全所有权的资产质押给甲方，甲方冻结乙方质押的财产作为担保，并根据质押财产的实际情况，为乙方申领的信用卡核定授信额度。质押财产的范围包括但不限于存单、保证金等。质权的效力及于质押存款的从权利及孳息。乙方在甲方冻结的质押财产不影响该笔质押财产应产生的孳息，乙方知悉并同意，质押财产的孳息将作为质押财产的一部分一并向甲方提供担保。甲方对乙方质押的财产享有优先受偿权，包括但不限于从乙方的保证金账户中扣划相应款项，并有权采取锁定账户、停止用卡等相关措施等。基于该补充协议，张某向光大银行南阳分行递交中国光大银行信用卡开户申请书一份，显示信用卡额度为1000000.00元人民币、冻结金额为1000000元等内容。光大银行南阳分行为张某办理了存款为1000000元的储蓄卡，与保证金账号一致；同时，给张某办理了透支额度为1000000元的信用卡。光大银行南阳分行于2013年9月12日17:18:15将账户内的1000000元进行了冻结，同时于2013年9月12日17:19:36将张某的信用卡激活，由张某使用。

【案件焦点】

银行对客户特定保证金账户是否享有质权并可以排除法院对该账户的强制执行。

【法院裁判要旨】

河南省南阳市卧龙区人民法院经审理认为：本案中，光大银行南阳分行与张某之间签订的《信用卡质押授信业务补充协议》约定了该协议是《信用卡领用合约》的补充协议，也即《信用卡领用合约》的从合同，其作用为担保信用卡资金的安全。该补充协议也明确约定乙方（张某）在甲方（光大银行南阳分行）开立储蓄账号，并自愿将其享有合法的完全所有权的资产质押给甲方，甲方冻结乙方质押的财产（以下简称质押财产）作为担保，因此，可以认定张某在光大银行南阳分行开立的储蓄账号为保证金并以该储蓄账户内的资金作为质押。所以，张某和光大银行南阳分行之间的质押关系成立。关于光大银行南阳分行与张某之间质押是否设立的问题。金钱作为一种特殊的动产，可以质押，但应当符合金钱特定化和移交债权人占有两个条件。本案中，张某在光大银行南阳分行开立储蓄账号，又在该账户内转让1000000元，以担保信用卡资金的安全。这样，该1000000元既不与张某的其他财产相混同，又独立于光大银行南阳分行的财产，故符合《最高人民法院关于适用〈中华人民共和国担保法〉若干问题的解释》第八十五条规定的金钱以特户等形式特定化的要求。应当认定双方当事人已就该账户内的1000000元的资金设立了质权。光大银行南阳分行对张某在光大银行南阳分行开立的储蓄账户内的资金享有质权，可以排除人民法院强制执行的民事权益。原告景某的诉讼请求不能成立，本院不予支持。

河南省南阳市卧龙区人民法院依照《中华人民共和国物权法》第二百一十条、第二百一十二条，《最高人民法院关于适用〈中华人民共和国担保法〉若干问题的解释》第八十五条，《中华人民共和国民事诉讼法》第二百二十七条，《最高人民法院关于适用〈中华人民共和国民事诉讼法〉的解释》第三百一十三条规定，作出如下判决：

驳回景某的诉讼请求。

二审法院同意一审法院的裁判意见。

【法官后语】

《中华人民共和国物权法》第二百一十条规定：设立质权，当事人应当采取书面形式订立质权合同。质权合同一般包括下列条款：（一）被担保债权的种类和数额；（二）债务人履行债务的期限；（三）质押财产的名称、数量、质量、状况；（四）担保的范围；（五）质押财产交付的时间。判定金钱质押是否生效的条件，主要是看金钱是否特定化和是否移交债权人占有两个方面。

本案中，光大银行南阳分行与张某之间签订的《信用卡质押授信业务补充协议》，明确约定张某在光大银行南阳分行开立储蓄账号，并自愿将其享有合法的完全所有权的资产质押给甲方，甲方冻结乙方质押的财产作为担保，可以认定张某在光大银行南阳分行开立的储蓄账号为保证金并以该储蓄账户内的资金作为质押，张某和光大银行南阳分行之间的质押关系成立。本案中，张某在办理信用卡的同时，在光大银行南阳分行开立储蓄账号并存入1000000元，该储蓄账号与其开户申请书中银行打印一栏中显示的保证金账号一致，且该账户未做日常结算使用，不与张某的其他财产相混同，又独立于光大银行南阳分行的财产，故符合金钱特定化的要求。该1000000元金钱特定化后，根据双方的约定，光大银行南阳分行对该1000000元进行了冻结，限制了张某自由支取的权利。同时双方签订的《信用卡质押授信业务补充协议》约定，张某出现信用状况恶化、未按时足额还款等情形时，光大银行南阳分行对张某质押的财产享有优先受偿权，包括但不限于从张某的保证金账户中扣划相应款项，并有权采取锁定账户、停止用卡等相关措施。故可以认定光大银行南阳分行对该账户进行着实际控制和管理，符合出质金钱移交债权人占有的要求。因此，应当认定双方当事人已就该账户内的1000000元的资金设立了质权，可以阻却人民法院的强制执行。

综上，被执行人在银行开立保证金账户，存入一定数量的保证金，由银行实际占有控制，被执行人不能随意支配该款项，且该账户与被执行人其他款项账户相区别，符合金钱特定化的特征，构成质押，银行对该保证金享有质押权。银行请求排除执行该保证金的，应予支持。

司法实践中，即便该账户内资金发生浮动，也不影响该金钱质权的设立。因为保证金以专门账户形式特定化并不等于固定化。在账户内资金根据业务发展情况处于浮动状态，但只要与保证金业务相适应，支出的款项用于保证金的退还和扣划，未用于非保证金业务的日常结算，在银行实际控制该账户时，被执行人对该账户内的资金使用受到限制，不影响该金钱质权的设立。另外，人民法院在查封该保证金账户时，银行予以协助，但并不能因此否定该账户为保证金账户的性质，亦不能据此推定银行放弃行使质押权。

编写人：河南省南阳市卧龙区人民法院　马宇航

八、公证债权文书的执行问题

39

赋予强制执行效力的债权文书执行中申请执行人涉嫌刑事犯罪的如何处理

——杨某与施某申请不予执行公证债权文书案

【案件基本信息】

1. 裁判书字号

北京市第三中级人民法院（2018）京03执复302号执行裁定书

2. 事由：申请不予执行公证债权文书

3. 当事人

申请人（被执行人）：杨某

被申请人（申请执行人）：施某

【基本案情】

施某与杨某公证债权文书一案，北京市中信公证处（以下简称公证机构）于2017年4月11日作出（2017）京中信执字第00490号执行证书。

该执行证书生效后，施某于2017年4月19日向北京市朝阳区人民法院（本案以下简称朝阳法院）申请强制执行，朝阳法院以（2017）京0105执9445号立案受理。执行过程中，杨某提出不予执行公证债权文书的申请，朝阳法院于2018年10月15日作出执行裁定，裁定驳回杨某的不予执行申请。杨某不服，向北京市第三中级人民法院（本案以下简称三中院）复议。

杨某所持主要理由是：一、公证机构出具的公证债权文书内容与事实严重不符。杨某称其已经偿还了部分欠款，但公证机构在出具执行证书时未将已偿还部分予以扣除，且在公证机构向其核实具体欠款金额时，其明确表示金额有误，但公证机构并未尽到核实审查义务。二、申请执行人施某涉嫌诈骗一案已经移送至北京市顺义区人民检察院，处于公诉阶段，杨某将上述材料提交给朝阳法院裁决庭法官，但朝阳法院裁决法官并未查明该部分事实。

施某主张杨某借款本息均未归还，不同意其不予执行申请。

朝阳法院及三中院查明，2017年4月11日公证机构出具了（2017）京中信执字第00490号执行证书，确认以下执行事项：一、被执行人：杨某；二、执行标的：1. 借款本金人民币捌佰万元整。2. 借款利息（自2015年9月16日起至还款之日止，以本金人民币陆佰万元整为基数，按月利率2%计算）。3. 借款利息（自2015年9月23日起至还款之日止，以本金人民币贰佰万元整为基数，按月利率2%计算）；三、责任范围：杨某作为债务人，就上述债务向施某承担清偿责任。

三中院与北京市顺义区人民检察院联系确认，施某因其与杨某的该笔借款涉嫌刑事犯罪，已被北京市顺义区人民检察院提起公诉，并且该案由北京市人民检察院督办。施某于2018年7月被公安机关采取了强制措施。

【案件焦点】

强制执行债权文书案件中，申请执行人涉嫌刑事犯罪的如何处理。

【法院裁判要旨】

朝阳法院经审理认为：债务应当清偿。依据（2017）京中信执字第00490号执行证书认定的事实清楚，债务关系明确。杨某的异议理由不能成立，其不予执行的请求亦不予支持。裁定如下：

驳回杨某的不予执行申请。

杨某不服，申请复议。三中院经审理认为：该案件存在两大问题。第一，异议裁定认定基本事实不清。（1）杨某在异议程序中提交了（2017）京中信执字第00490号执行证书关联的借款内容涉嫌刑事犯罪的相关证据；（2）杨某在公证程序中明确表示对欠款情况存在异议的情形。以上基本事实朝阳法院并未在异议程序中进行审查。第二，复议案件审查过程中，经三中院核实，施某涉嫌诈骗一案已移送北京市顺义区人民检察院公诉，公诉案件涉及的法律依据与本案执行依据载明的法律事实一致，朝阳法院在审查中应注意刑事案件的审查结果。

综上，三中院依据《最高人民法院关于人民法院办理执行异议和复议案件若干问题的规定》第二十三条第一款第三项规定，裁定如下：

一、撤销（2018）京0105执异133号执行裁定；

二、发回朝阳法院重新审查。

【法官后语】

一、赋予强制执行效力的债权文书确有错误时审查时应予以查明

对公证机关依法赋予强制执行效力的债权文书，一方当事人不履行的，对方当事人可以向有管辖权的人民法院申请执行，受理申请的人民法院应当执行。公证债权文书确有错误的，人民法院裁定不予执行，并将裁定书送达双方当事人和公证机关。《最高人民法院关于适用〈中华人民共和国民事诉讼法〉的解释》第四百八十条第一款规定了公证债权文书确有错误的法定情形，本案被执行人杨某主张公证债权文书的内容与事实不符或者违反法律强制性规定，其认为本案关联的执行依据确认的欠款数额与实际事实不符。根据《最高人民法院、司法部关于公证机关赋予强制执行效力的债权文书执行有关问题的联合通知》第一条第二项规定，债权债务关系明确，债权人与债务人对债权文书有关给付内容无疑义。本案中，作为债务人、被执行人的杨某在公证程序以及执行审查程序中多次表示对欠款数额有异议，但在公证程序和异议审查程序中均未予采信，笔者认为，该被赋予强制执行效力的债权文书有存在错误的可能性，应对上述事实予以查明。

二、刑民交叉的执行案件，应等待刑事案件的审查结果

该案件是典型的刑民交叉的执行案件，在实践中具有较强的借鉴异议。刑法具有区别于其他部门法的特有属性，一般部门法都只是调整和保护某一方面的社会关系，而刑法是规定犯罪及其法律后果的法律规范，是其他法律的保障法，只要行为违法的严重程度构成犯罪，就应由刑法调整。所谓刑民交叉案件，是指在法律主体、法律事实、法律关系、法律责任等方面存在适用刑事法律与民事法律的交叉和重合。根据《最高人民法院、最高人民检察院、公安部关于办理非法集资刑事案件适用法律若干问题的意见》第七条规定，人民法院在执行过程中，发现

有非法集资犯罪嫌疑的，应当裁定中止执行，并及时将有关材料移送公安机关或者检察机关。本案中，施某涉嫌刑事犯罪已被北京市顺义区人民检察院提起公诉，虽然并非非法集资，但同属于经济类刑事犯罪，可做相应类比。朝阳法院对于施某申请执行杨某公证债权文书一案，应裁定中止执行，并将相关材料移送相应机关，等待刑事案件的审判结果。

三、不予执行公证债权文书，存在合理的救济途径

本案所依据的是具有强制执行效力的公证债权文书，区别于生效判决等不可在执行程序中予以撤销的生效法律文书。相关法律规定赋予了执行部门在执行程序中可裁定不予执行公证债权文书的职权，但同时也明确赋予了当事人或利害关系人可对争议内容向人民法院提起民事诉讼的权利。笔者认为，相关法律明确规定了不予执行公证债权文书后续的救济方式，结合多方因素，如在执行程序中遇到上述涉及刑事犯罪的情形，应当予以重视，并配合公安机关、检察院等移交相关证据材料，妥善解决类似纠纷。

编写人：北京市第三中级人民法院　李宏哲　戴梦依

40

案外人对执行标的的租赁权及租金抵销权无法对抗申请执行人对执行标的依法享有的担保物权

——张某、钟某与厦门海沧恒鑫小额贷款有限公司等案外人执行异议案

【案件基本信息】

1. 裁判书字号

福建省厦门市集美区人民法院（2018）闽0211执异71号执行裁定书

2. 事由：案外人执行异议

3. 当事人

异议人：张某、钟某

申请执行人：厦门海沧恒鑫小额贷款有限公司（以下简称恒鑫公司）

被申请执行人：厦门琦珏房地产开发有限公司（以下简称琦珏公司）、黄某

【基本案情】

2017年3月13日，恒鑫公司与琦珏公司、黄某签订《最高额借款合同》，约定琦珏公司、黄某向恒鑫公司借款20000000元。2017年3月14日，恒鑫公司取得厦门市集美区×号113单元房屋的抵押权。2017年10月11日，厦门市鹭江公证处作出（2017）厦鹭证执字第00107号执行证书。该执行证书确定以下执行内容：一、被申请执行人琦珏公司、黄某。二、执行标的：1. 借款本金贰仟万元整、利息、申请执行人为实现债权、抵押权所发生的其他费用等……四、被申请执行人琦珏公司、黄某不履行上述还款义务，申请执行人有权以被申请执行人黄某抵押的位于厦门市集美区×号113单元房屋折价或者拍卖、变卖该财产的价款优先受偿，不足部分由被申请执行人琦珏公司、黄某继续偿还。2017年11月3日，申请执行人恒鑫公司依据已发生法律效力的（2017）厦鹭证执字第00107号执行证书向法院申请强制执行，要求琦珏公司、黄某对上述执行标的承担还款义务，并要求黄某以位于厦门市集美区×号113单元房屋为抵押物承担抵押担保责任。福建省厦门市集美区人民法院受理后，于2017年12月14日查封了黄某名下位于厦门市集美区×号113单元的房产。2018年8月14日，法院依法制作（2017）闽0211执2092号之一，拍卖已查封的黄某所有的113单元的房产。

2017年7月6日，黄某与钟某签订《店面租赁合同》约定黄某将113单元的房产出租给钟某，租赁期限为10年，每月租金80000元。2017年9月7日，黄某与张某、钟某签订《个人借款合同》，约定黄某向张某、钟某借款2000000元，借款期限20天，每天利息3333元。若黄某逾期还款，则黄某自愿将租给张某、钟某的案涉房产租金转为利息抵扣给张某、钟某。由于黄某未偿还上述借款，2017年1月22日，张某、钟某向法院起诉。2018年4月11日，福建省厦门市集美区人民法院依法作出（2018）闽0211民初757号民事判决书，判决黄某向张某、钟某偿还借款1785465.37元并支付利息、代理费98000元、财产保全申请费5000元、财产保全责任险费用6400元。

异议人张某、钟某称：黄某已在《个人借款合同》中确认可用异议人钟某应付

租金抵扣其尚欠两异议人的债务。若将该房屋拍卖，钟某的租金必须交给新出租人，无法实现抵扣租金的目的。同时，由于案涉房产黄某已抵押给恒鑫公司，恒鑫公司对拍卖款将享有优先受偿权。该拍卖款项在清偿完恒鑫公司的全部本息后，将所剩无几，异议人将无法通过参与分配来实现债权的足额清偿。法院的拍卖行为将导致两异议人无法行使抵销权以及实现债权，请求法院停止案涉房产的拍卖。

【案件焦点】

异议人对案涉房产享有合法有效的租赁权及租金的抵销权能否对抗法院的强制执行行为。

【法院裁判要旨】

福建省厦门市集美区人民法院经审理认为：恒鑫公司取得案涉房产抵押权的时间为2017年3月14日，而张某、钟某租赁案涉房产的时间为2017年7月6日，钟某与黄某关于案涉房产租金用于抵扣利息的约定时间为2017年9月7日。即恒鑫公司取得案涉房产抵押权的时间早于张某、钟某租赁案涉房产的时间和钟某与黄某约定的租金用于抵扣利息的时间。且根据（2017）厦鹭证执字第00107号执行证书的执行内容，在琦珏公司、黄某不履行还款义务时，恒鑫公司有权以黄某抵押的位于厦门市集美区×号113单元房屋折价或者拍卖、变卖该财产的价款优先受偿。根据《最高人民法院关于人民法院办理执行异议和复议案件若干问题的规定》第二十七条规定，申请执行人对执行标的依法享有对抗案外人的担保物权等优先受偿权，人民法院对案外人提出的排除执行异议不予支持，但法律、司法解释另有规定的除外。由于恒鑫公司系案涉房产的抵押权人，其对案涉房产享有优先受偿权，即便张某、钟某对案涉房产享有合法有效的租赁权及租金的抵销权，也不得基于该权利对抗法院对案涉房产的处置。现张某、钟某请求停止对案涉房产的拍卖措施，于法无据，法院不予支持。

福建省厦门市集美区人民法院依照《中华人民共和国民事诉讼法》第二百二十五条，《最高人民法院关于人民法院办理执行异议和复议案件若干问题的规定》第二十七条规定，裁定如下：

驳回张某、钟某的异议申请。

【法官后语】

法律规定了“买卖不破租赁”原则，该原则倾向于维护承租人的合法权益，弱化了对房屋买受人的保护力度。但在执行不动产的过程中，该原则却成为当事人对抗法院执行行为的借口，过度地扩大了该原则的适用范围，以此原则为理由要求排除法院的执行行为。在执行异议的审查过程中，如何有效遏制当事人滥用该原则阻却执行行为，有效提升执行效率，是法院应当着重考量的问题。本案中，案涉房产之上存在三个权利：一是抵押权，二是租赁权，三是租金抵销权，三者的效力如何认定，是决定案外人提出的执行异议能否成立的关键所在。

首先，甄别抵押权、租赁权及租金抵销权的权利属性问题。物权法规定在物之上可以设立抵押权，抵押权产生的法律后果在于债务人无法履行到期债务的情况下，抵押权人可以就抵押物优先受偿。抵押权是一种物权，具有对世权、绝对权，可以排除其他权利的干扰，帮助抵押权人实现物上的利益。而租赁权是出租人将租赁物出租给承租人后获取收益的行为。抵销权是当事人互负到期债务，该债务的标的物种类、品质相同的，任何一方可以将自己的债务与对方的债务抵销。结合本案情况，租金抵销权是借款合同中约定的案涉房产的租金用于抵扣债务人应付给异议人的借款利息。根据合同的相对性原则，租赁合同及借款合同产生的法律效力仅限于合同双方当事人。租赁权及抵销权是一种相对权，即使法律规定了“买卖不破租赁”原则，将租赁合同的效力及于第三人，但这一例外情况并不能改变租赁权系债权的这一权利属性。

其次，明确同一物上物权优于债权的原则。目前，物权法虽未规定该原则，但对于该条所显现的民法法理一直作为物权法的基本规则在应用。根据《最高人民法院关于人民法院办理执行异议和复议案件若干问题的规定》第二十七条规定，申请执行人对执行标的依法享有对抗案外人的担保物权等优先受偿权，人民法院对案外人提出的排除执行异议不予支持，但法律、司法解释另有规定的除外。该规定亦体现了同一物上存在多项他权利的情况下物权优于债权的原则。物权优先于债权，包含两层含义：一是在某财产既为债权给付的标的物，又为物权的客体时，无论物权成立的时间先后，物权优先于债权；二是债务人的特定财产上存有限制物权，就出卖该特定物所得到价款，限制物权人有优先于一般债权人受偿的效力。这里的物权不限于所有权，应当包括用益物权及担保物权。担保物权优先于债权，主要体现在担保物所担保的债权较一般债权享有处置担保物的优先受偿权，还包含其他普通债权人取得担保物的给付请求权亦不得对抗担保权人的优先受偿权。本案中，恒鑫公司于2017年3月14日取得案涉房产的抵押权。而张某、钟某于2017年7月6日取得案涉房产的租赁权，钟某与黄某关于案涉房产租金用于抵扣利息的约定时间为2017年9月7日。由于恒鑫公司系案涉房产的抵押权人，其对案涉房产享有优先受偿权，即便张某、钟某对案涉房产享有合法有效的租赁权及租金的抵销权，也不得基于该权利对抗法院对案涉房产的处置。

最后，考察承租人是否尽到谨慎义务。本案中张某、钟某取得租赁权的时间晚于恒鑫公司取得抵押权的时间，张某、钟某作为完全民事行为能力人，在将大额度款项出借给黄某之前，应当认真审查借款人资质，在双方约定以案涉房产的租金抵扣借款利息时，亦应当对案涉房产上设立他项权利的情况进行全面了解。在案涉房产已经设立抵押权的情形下，张某、钟某仍愿意让黄某以租金的形式抵扣利息，应当认定其对相应的交易风险已经有一定程度的了解与把控，由此产生的法律责任亦应当由其承担。张某、钟某一直以“买卖不破租赁”原则阻挠法院对案涉房产的拍卖行为，但即使本案拍卖了案涉房产，亦不影响其继续使用租赁案涉房产，其以该主张排除法院的执行行为无任何法律依据。实际上，张某、钟某的异议主张在于法院的拍卖行为侵害其领取案涉房产租金的权益，但该理由无法成为阻却法院执行行为的有效依据。

综上，在审查执行异议的过程中，要准确甄别同一物上的他项权利的属性，应当明确物权优先于债权的原则，对于当事人无正当理由提出执行异议的应依法予以驳回。

编写人：福建省厦门市集美区人民法院　龚小兰

九、执行中的优先受偿问题

41

基于工程款优先受偿权提起执行异议之诉的认定

——广西建工集团第二安装建设有限公司诉胡某、浦北文昌房地产开发有限公司案外人执行异议之诉案

【案件基本信息】

1. 裁判书字号

广西壮族自治区钦州市中级人民法院（2019）桂07民终96号民事裁定书

2. 案由：案外人执行异议之诉

3. 当事人

原告（案外人、上诉人）：广西建工集团第二安装建设有限公司（以下简称第二安装公司）

被告（申请执行人、被上诉人）：胡某

被告（被执行人、被上诉人）：浦北文昌房地产开发有限公司（以下简称文昌公司）

【基本案情】

第二安装公司承揽被执行人文昌公司开发的××苑项目施工工程，合同约定价款1800万元。第二安装公司投入项目所需的材料、人力、管理，完成案涉项目工程量的百分之七十，后文昌公司拖欠第二安装公司工程进度款且经第二安装公司多次催告仍不支付。胡某与文昌公司因其他纠纷产生债权，经判决生效后向广西壮族

自治区浦北县人民法院申请执行××苑项目2号楼104号、105号铺面，广西壮族自治区浦北县人民法院作出（2018）桂0722执318号执行裁定书，裁定拍卖104号、105号铺面。第二安装公司于2018年7月25日提出书面异议，执行法院审查后作出民事裁定书驳回第二安装公司的异议申请，第二安装公司对该裁定书不服，遂提起本次异议之诉。请求：1. 停止拍卖××苑项目2号楼104号、105号铺面；2. 确认原告对执行标的××苑项目2号楼104号、105号铺面拍卖的价款具有优先受偿权。

【案件焦点】

第二安装公司以对执行标的享有工程款优先受偿权为由请求阻却法院强制执行而提出的诉讼，是否属执行异议之诉的受案范围。

【法院裁判要旨】

广西壮族自治区浦北县人民法院经审理认为：案外人对执行标的提出异议的权利是指对执行标的享有足以排除强制执行的民事权益。根据《最高人民法院关于适用〈中华人民共和国民事诉讼法〉执行程序若干问题的解释》第十五条规定："案外人对执行标的主张所有权或者有其他足以阻止执行标的转让、交付的实体权利的，可以依照民事诉讼法第二百零四条的规定，向执行法院提出异议。"案外人执行异议之诉的标的是案外人是否有权请求排除对执行标的采取的强制执行措施，而这一诉讼标的的基础是案外人与被执行人谁对该执行标的享有实体权利。因此，足以排除强制执行的民事权益范围，应当为"所有权或者有其他足以阻止执行标的转让、交付的实体权利"。案外人只有认为自己对执行标的享有实体权利，而人民法院的强制执行行为妨碍了其所享有的实体权利的，才可以作为执行异议之诉的原告提起执行异议之诉。《中华人民共和国合同法》第二百八十六条规定："发包人未按照约定支付价款的，承包人可以催告发包人在合理期限内支付价款。发包人逾期不支付的，除按照建设工程的性质不宜折价、拍卖的以外，承包人可以与发包人协议将该工程折价，也可以申请人民法院将该工程依法拍卖。建设工程的价款就该工程折价或者拍卖的价款优先受偿。"建设工程价款优先受偿权是承包人就建设工程折价或者拍卖的价款优先受偿的权利，属于法定优先权的范畴。优先受偿权是债权优先得到清偿的权利，这种权利不是所有权等实体权利，不能阻止执行标的的转让、交付。因此，主张建设工程价款优先权的人，不能依照《中华人民共和国民事诉讼法》第二百二十七条规定提出执行异议。

本案第二安装公司请求确认其对执行标的享有建设工程款优先受偿权，并以享有优先受偿权为由请求排除对执行标的的强制执行，其请求不属执行异议之诉的审理范围。

广西壮族自治区浦北县人民法院依照《中华人民共和国民事诉讼法》第一百一十九条、第一百四十四条、第一百五十四条第一款第三项，《最高人民法院关于适用〈中华人民共和国民事诉讼法〉的解释》第二百零八条第三款规定，裁定如下：

驳回第二安装公司的起诉。

二审法院同意一审法院裁判意见。

【法官后语】

执行异议之诉是我国2007年修订的《中华人民共和国民事诉讼法》第二百零四条首次确立的新诉讼程序，现行《中华人民共和国民事诉讼法》第二百二十七条继续沿用了该条款的规定，执行异议之诉是指在执行过程中，当事人和案外人对执行标的实体权利存在争议，请求执行法院解决争议而引起的诉讼。在实践中，当事人、执行法官均对执行异议之诉受案范围把握不准，错误地让一些不属于执行异议之诉的问题引入了诉讼程序，影响了执行工作效率，那么，执行异议之诉的受案范围又是什么呢？要准确界定执行异议之诉受案范围的关键点是要准确分清《中华人民共和国民事诉讼法》第二百二十五条的“执行行为”和第二百二十七条的“执行标的”。《中华人民共和国民事诉讼法》第二百二十五条规定：“当事人、利害关系人认为执行行为违反法律规定的，可以向负责执行的人民法院提出书面异议。当事人、利害关系人提出书面异议的，人民法院应当自收到书面异议之日起十五日内审查，理由成立的，裁定撤销或者改正；理由不成立的，裁定驳回。当事人、利害关系人对裁定不服的，可以自裁定送达之日起十日内向上一级人民法院申请复议。”第二百二十七条规定：“执行过程中，案外人对执行标的提出书面异议的，人民法院应当自收到书面异议之日起十五日内审查，理由成立的，裁定中止对该标的的执行；理由不成立的，裁定驳回。案外人、当事人对裁定不服，认为原判决、裁定错误的，依照审判监督程序办理；与原判决、裁定无关的，可以自裁定送达之日起十五日内向人民法院提起诉讼。”

两条文规定的内容均是执行异议，根据对象不同，当事人的救济途径也不同，其中对执行行为有异议，经法院审查作出裁定后，当事人不服向上一级法院申请复议；对执行标的有异议，经法院审查作出裁定后，当事人不服的提出执行异议之诉（审监程序的除外）。从文本应有之义，结合两条款的区别，对“执行行为”应理解为执行人员在执行过程中的程序性行为是否规范提出异议，如送达、查封、冻结、扣押、评估、拍卖等行为；对“执行标的”应理解为对物权提出异议，即对执行标的主张所有权、用益物权等物权。譬如，人民法院在执行一民间借贷纠纷案中裁定拍卖被执行人的房产过程中，被执行人认为评估程序有瑕疵而提出异议的，应作为执行行为异议审查；如案外人对裁定拍卖的房产主张所有权或承租权而提出异议的，应作为执行标的异议审查。综上所述，当事人或案外人对人民法院查封、扣押、冻结、拍卖的标的物主张所有权、用益物权而提出执行异议的，人民法院应按《中华人民共和国民事诉讼法》第二百二十七条规定审查，如执行标的不属裁判文书确认的权属的，当事人或案外人不服的应向人民法院提出执行异议之诉来解决。

本案案外人对人民法院拍卖的商铺主张工程款优先受偿权，而工程款优先受偿权是承包人就建设工程折价或拍卖的价款优先受偿的权利，其本质是以建设工程的交换价值担保工程款债权的实现，工程款优先受偿权只是顺位权，即债权清偿顺序，并不是所有权、用益物权等物权。因此，案外人对执行标的物主张工程款优先受偿权不属于“执行标的”的执行异议，不能适用《中华人民共和国民事诉讼法》第二百二十七条规定的程序审查，当事人更不能依该条提出执行异议之诉。

人民法院应根据《最高人民法院关于适用〈中华人民共和国民事诉讼法〉的解释》第五百零八条“被执行人为公民或者其他组织，在执行程序开始后，被执行人的其他已经取得执行依据的债权人发现被执行人的财产不能清偿所有债权的，可以向人民法院申请参与分配。对人民法院查封、扣押、冻结的财产有优先权、担保物权的债权人，可以直接申请参与分配，主张优先受偿权”的规定，通知案外人申请参与分配，主张优先受偿权。如案外人对法院的通知有异议的，人民法院按《中华人民共和国民事诉讼法》第二百二十五条规定进行审查，当事人对审查不服的，按复议程序解决。如案外人参与分配后，对分配方案有异议，其他债权人对其异议提出反对意见的，案外人通过提起执行分配方案异议之诉来解决其异议。

编写人：广西壮族自治区浦北县人民法院　彭朝锦

42

保证金账户质权设立的认定

——中国民生银行股份有限公司石家庄分行诉罗某案外人执行异议之诉案

【案件基本信息】

1. 裁判书字号

河北省沧州市中级人民法院（2018）冀09民再5号民事判决书

2. 案由：案外人执行异议之诉

3. 当事人

原告（上诉人、再审申请人）：中国民生银行股份有限公司石家庄分行（以下简称民生银行石家庄分行）

被告（上诉人、再审被申请人）：罗某

原审第三人：樊某

【基本案情】

第三人樊某于2013年2月在原告处办理三户联保业务，与陈某、白某作为联保体共同与民生银行石家庄分行签署了文本编号为X201534764的《联保体授信合同》，授信金额为300万元整，到期日为2015年2月1日，保证金比例为10%。樊某按照《联保体授信合同》约定在其A账户内开立保证金账户B，并于2013年2月5日存入保证金30万元整。2014年8月18日，樊某与民生银行石家庄分行签订编号为X201534764的《最高额担保合同》，双方约定樊某在《联保体授信合同》项下向原告借款290万元，借款期限为2014年9月18日至2015年2月5日。樊某在卡号为A的银行卡内开立保证金账户C并存入保证金28万元，为其及联保体成员在《联保体授信合同》及本合同项下债务提供质押担保，双方并签订了存款质押清单。随后，樊某以其卡号为A的银行卡内子账户C内定期存款28万元作为质押担保金。2014年9月18日，民生银行石家庄分行为樊某发放流动资金贷款人民币290万元整，并采用受托支付方式付至刘某账户。上述贷款已于2015年2月5日到期。

河北省泊头市人民法院在执行罗某（申请执行人）与樊某等十名被执行人民间借贷纠纷一案中，于2014年12月31日以（2014）泊执字第618－10号执行裁定书冻结了樊某在上述B、C两个保证金账户中的存款58万元，民生银行石家庄分行提出执行异议。

【案件焦点】

对于案涉款项（被冻结的58万元）申请人民生银行石家庄分行是否享有优先受偿权。

【法院裁判要旨】

河北省泊头市人民法院经审理认为：根据《中华人民共和国合同法》及相关司法解释规定，违反法律和行政法规的效力性强制性规定的合同无效。本案原告收取贷款保证金的行为本身不违法上述法律规定，应属有效，但根据《最高人民法院关于适用〈中华人民共和国担保法〉若干问题的解释》第八十五条“债务人或者第三人将其金钱以特户、封金、保证金特定化后，移交债权人占有作为债权的担保，债务人不履行债务时，债权人可以以该金钱优先受偿”之规定，金钱质押必须具备“保证金特定化”和“移交债权人占有”两个要件，本案第三人樊某按照《联保体授信合同》约定，将保证金30万元存入其在A号银行卡账户内开立的保证金账户B中，但在双方约定该保证金时并未对借款的数额、期限明确约定，被担保债权属不明确，该保证金账户资金不符合担保法解释规定保证金担保的生效需具备“特定化”的要件要求，不具备金钱质押的属性，故原告和第三人之间的《联保体授信合同》中关于30万元质押担保金的约定无效。原告主张对该30万元享有优先受偿权，法院不予支持。第三人樊某依据《最高额担保合同》所提供的保证金28万元已存在其A号银行卡内开立的保证金账户C中，由质权人原告掌控、支配，其担保的债权290万元数额、期限在合同中约定明确，且原告与第三人樊某就该28万元保证金专门签订了存款质押清单，该28万元保证金质押合法有效。原告应享有优先受偿权。关于原告要求撤销河北省泊头市人民法院（2014）泊执字第618－10号执行裁定书及解除对保证金账户的冻结的诉讼请求，不属案外人执行异议之诉的请求范围，应在判决后向执行机构提出。

河北省泊头市人民法院依照《中华人民共和国担保法》第六十四条、第六十五条，《最高人民法院关于适用〈中华人民共和国担保法〉若干问题的解释》第八十五条和《最高人民法院关于适用〈中华人民共和国民事诉讼法〉的解释》第三百一十一条、第三百一十二条规定，判决如下：

一、原告对第三人樊某名下保证金账户 C 中存款 28 万元享有优先受偿权，停止对该执行标的的执行；

二、驳回原告关于其对第三人樊某名下保证金账户 B 中存款 30 万元享有优先受偿权的诉讼请求。

民生银行石家庄分行与罗某均提起上诉。河北省沧州市中级人民法院经审理认为：《中华人民共和国商业银行法》第四十七条规定，商业银行不得违反规定提高或者降低利率以及采用其他不正当手段，吸收存款，发放贷款。《中国人民银行关于严肃金融纪律，严禁非法提高利率的公告》第八条规定：“严禁各金融机构擅自提高存、贷款利率，或以手续费、协储代办费、吸储奖、有奖储蓄以及贷款保证金、利息备付金、加收手续费、咨询费等名目变相提高存、贷款利率。”第九条规定：“各金融机构、各企业单位违反国家利率规定，擅自或变相提高存、贷款利率和企业债券利率的行为是非法行为，不受法律保护。”本案中，2013 年 2 月，原审第三人樊某按照《联保体授信合同》的约定，在 A 账户内开立保证金账户 B 并存入 30 万元。2014 年月 8 月，原审第三人樊某按照《最高额担保合同》的约定，又在 A 账户内开立保证金账户 C，并存入保证金 28 万元。上诉人民生银行石家庄分行原审中主张因樊某申请借款 290 万元，保证金比例调整为 20%，故 30 万元与 28 万元均作为 290 万元贷款的质押担保，但是按照商业银行法和中国人民银行的相关规定，上诉人民生银行石家庄分行向原审第三人樊某收取 58 万元贷款保证金的行为系变相提高贷款利率的行为，该行为违反法律强制性规定，不应受到法律保护。上诉人民生银行石家庄分行主张对 58 万元保证金享有优先受偿权的诉讼请求，于法无据，依法应予驳回。

河北省沧州市中级人民法院依照《中华人民共和国民事诉讼法》第一百七十条第一款第二项规定，判决如下：

一、撤销河北省泊头市人民法院（2015）泊民初字第1630号民事判决；

二、驳回上诉人民生银行石家庄分行的诉讼请求。

判后，民生银行石家庄分行向河北省高级人民法院提出再审申请，河北省高级人民法院指令河北省沧州市中级人民法院再审此案。

河北省沧州市中级人民法院经审理认为：《中华人民共和国物权法》第二百一十条规定，设立质权，当事人应当采取书面形式订立质权合同。质权合同一般包括下列条款：（一）被担保债权的种类和数额；（二）债务人履行债务的期限；（三）质押财产的名称、数量、质量、状况；（四）担保的范围；（五）质押财产交付的时间。第二百一十二条规定，质权自出质人交付质押财产时设立。《最高人民法院关于适用〈中华人民共和国担保法〉若干问题的解释》第八十五条规定，债务人或者第三人将其金钱以特户、封金、保证金等形式特定化后，移交债权人占有作为债权的担保，债务人不履行债务时，债权人可以以该金钱优先受偿。故金钱作为一种特殊的动产，可以用于质押。本案中，第三人樊某按照与银行的合同约定开立了保证金账户并分别存入了保证金30万元、28万元。该账户未用于其他日常结算，符合金钱特定化的要求。同时，双方约定民生银行石家庄分行有权在任一授信提用人不履行还款义务时从保证金账户直接扣收，即民生银行石家庄分行作为债权人实际控制保证金账户，亦符合金钱移交债权人占有的要求。综上，应认定双方就保证金账户内的资金设立了质权。虽然保证金账户内的金钱根据实际业务发生情况处于浮动的状态，但该金钱与保证金业务相对应，未用于非保证金业务的其他结算，仍然符合金钱质押的特定化、移交债权人占有的要求，并不影响质权的设立。综上，再审申请人民生银行石家庄分行关于其对第三人樊某存入的保证金58万元享有优先受偿权的请求成立。

河北省沧州市中级人民法院依据《中华人民共和国民事诉讼法》第二百零七条第一款、第一百七十条第一款第二项规定，判决如下：

一、撤销河北省沧州市中级人民法院（2016）冀09民终4404号民事判决、撤销河北省泊头市人民法院（2015）泊民初字第1630号民事判决第二项；

二、维持河北省泊头市人民法院（2015）泊民初字第1630号民事判决第一项；

三、民生银行石家庄分行对第三人樊某名下保证金账户B中存款30万元享有优先受偿权，停止对该执行标的的执行。

【法官后语】

本案的争议焦点是：对于案涉款项（被冻结的58万元）民生银行石家庄分行是否享有优先受偿权。《最高人民法院关于适用〈中华人民共和国担保法〉若干问题的解释》第八十五条规定位于该解释“关于质押部分的解释”之下的“动产质押”部分，可见现行法是将这种担保方式定位为动产质押。那么，本案中涉保证金账户资金质权成立需要满足如下条件：其一，必须符合动产质押的一般成立要件，即有书面的质押合同。根据《中华人民共和国担保法》第六十四条及《中华人民共和国物权法》第二百一十条规定，既可以是独立于主合同的单独质押合同，也可以是主合同的质押条款。其二，账户资金符合特定化要求，这是保证金账户担保的特有形式要件，也是实践当中的争议焦点所在。其三，转移债权人占有。转移占有是动产质押的成立要件，具体到以保证金的形式来实现特定化的货币质押，当然也不例外。

一、质押合同是否成立

二审法院认为，民生银行石家庄分行将保证金比例调整为20%，以58万元作为290万元贷款的质押担保，系变相提高贷款利率的行为，违反了《中华人民共和国商业银行法》及《中国人民银行关于严肃金融纪律，严禁非法提高利率的公告》的强制性规定，不应受到法律保护，故驳回民生银行石家庄分行的上诉请求。而中国人民银行于2013年7月19日发布《中国人民银行关于进一步推进利率市场化改革的通知》，规定自2013年7月20日全面放开金融机构贷款利率管制，进一步推进利率市场改革。因此，应当认定民生银行石家庄分行与第三人樊某关于保证金质押的约定有效。

二、保证金账户质权的设立

保证金账户质权的设立要满足实质性条件，即账户资金符合特定化和转移债权人占有。而这两个要件的实质就是物权的特定性和公示性问题。物权是物之支配权，物权的客体必须是特定物；物权是对世权，涉及第三人的利益，故物权必须公示。动产质权是以特定的动产为标的物的担保物权，且以质物的交付占有为其生效要件和公示方法。因此，如何从物权的特定性、公示性角度，解释、适用《最高人民法院关于适用〈中华人民共和国担保法〉若干问题的解释》第八十五条规定，是解决本案账户质押效力问题之关键所在。

（一）账户资金特定化

《最高人民法院关于适用〈中华人民共和国担保法〉若干问题的解释》第八十五条规定了三种特定化的形式：特户、封金、保证金。这三种特定化的形式具有共同的特征，即把一定数额的金钱摘除出流通领域，使其作为承担担保功能的特定物，以特定账户为载体从出质人处转移给质权人银行实际占有，上述过程也是金钱特定化的一般流程。也就是说，通过特定化要使得金钱能与普通动产一样能够经转移占有而不改变所有权主体。

（二）移交债权人占有

动产质押以“转移占有”为质权生效的要件，银行保证金质押作为动产质押，其质权的成立时间也应该是在“转移占有”完成之时，其质权成立，并立即生效。因此“转移占有”可以理解为对账户内资金的实际控制权的移交，即谁在实际控制该账户就视为谁在占有。具体而言，银行保证金的“转移占有”应当从特定金额的金钱存入保证金专门账户的时间、保证金专户的使用和管理的实际情况上综合考量，如果保证金专户并没有严格按照合同约定进行使用，保证金专户的管理和使用也并非质权人银行进行控制。比如，出质人在保证金存入账户之后仍在支取该账户内的资金用于非合同约定用途，这时的“转移占有”就会欠缺实际控制的要素，因此即使有存入的行为也不能够满足“转移占有”的要求。而本案中，双方约定民生银行有权在任一授信提用人不履行还款义务时从保证金账户直接扣收，即民生银行石家庄分行作为债权人实际控制保证金账户，亦符合金钱移交债权人占有的要求。

虽然保证金账户内的金钱根据实际业务发生情况处于浮动的状态，但该金钱与保证金业务相对应，未用于非保证金业务的其他结算，仍然符合金钱质押的特定化、移交债权人占有的要求，并不影响质权的设立，银行对该保证金账户享有优先受偿权。

编写人：河北省沧州市中级人民法院　史静　冷树青

43

实际施工人对发包人的工程款债权相比承包人不具有优先受偿性

——蒋某诉孙某等案外人执行异议之诉案

【案件基本信息】

1. 裁判书字号

江苏省南通市中级人民法院（2018）苏06民终1590号民事判决书

2. 案由：案外人执行异议之诉

3. 当事人

原告（上诉人）：蒋某

被告（被上诉人）：孙某、南通英雄建设集团有限公司（以下简称英雄公司）、南通久辉贸易有限公司（以下简称久辉公司）、沈甲、沈乙、沈丙

【基本案情】

孙某与英雄公司、久辉公司、沈甲、沈乙、沈丙民间借贷纠纷案，江苏省南通市崇川区人民法院于2016年3月28日作出民事调解书，英雄公司、久辉公司、沈甲、沈乙、沈丙分期给付孙某1560万元及利息。后孙某申请法院强制执行，执行过程中，法院于2016年12月13日向广泽公司发出协助执行通知书，冻结被执行人英雄公司在广泽公司工程款17779611元，蒋某提出书面异议。法院裁定驳回蒋某的异议。后蒋某向法院起诉，请求立即停止对广泽公司属于蒋某的17779611元未结算工程款的强制执行，并解除对该款项的冻结。

2012年5月5日，广泽公司作为发包方（甲方）与承包方（乙方）英雄公司签订《国际购物中心建筑工程施工合同补充合同》，英雄公司承包建设广泽国际购物中心工程，合同暂定价款为23640万元。英雄公司长春分公司于2012年6月19日与蒋

某签订《项目经济责任承包协议书》，将工程以原价转包给蒋某施工，英雄公司按一定比例收取税费、服务费等，收取工程款一律汇入英雄公司账户。协议签订后，蒋某按期组织施工，与他人或单位签订单项工程承包合同或劳务承包，并购买塔式起重机、钢材等设备和材料用于工程。广泽国际购物中心项目于2015年5月7日通过验收。2017年4月10日，广泽公司和英雄公司出具《关于广泽国际购物中心项目的往来核对情况》，截止到当日，广泽公司付工程款206083623.68元。同日，英雄公司向蒋某出具《蒋某往来核对》，截止到当日，蒋某收到英雄公司代广泽公司付工程款171469733.34元。广泽公司、英雄公司和蒋某三方没有进行工程决算。

【案件焦点】

实际施工人以其与承包人之间存在违法分包、转包或挂靠关系，其应享有发包人处的工程款债权为由提起执行异议之诉的，人民法院应否支持。

【法院裁判要旨】

江苏省南通市崇川区人民法院经审理认为：广泽公司与英雄公司签订《国际购物中心建筑工程施工合同补充合同》，英雄公司承包案涉工程，后英雄公司长春分公司又与蒋某签订《项目经济责任承包协议书》，将该工程转包给蒋某施工，英雄公司按一定比例收取税费、服务费等。蒋某作为案涉工程实际施工人，并不能改变英雄公司对外作为案涉工程合同相对人的身份，从权利外观看，英雄公司依然是案涉工程款的权利人，实际施工人的身份不足以阻却执行，故对蒋某的诉讼请求不予支持。

江苏省南通市崇川区人民法院依照《最高人民法院关于适用〈中华人民共和国民事诉讼法〉的解释》第三百一十二条第一款第二项规定，作出如下判决：

驳回蒋某的诉讼请求。

蒋某不服一审判决，提起上诉。江苏省南通市中级人民法院经审理认为：本案为案外人提起的执行异议之诉，主要审理案外人就执行标的是否享有足以排除强制执行的民事权益。根据《最高人民法院关于审理建设工程施工合同纠纷案件适用法律问题的解释》的规定，非法转包、违法分包的相对方，或借用有资质的建筑施工企业名义的没有资质的人，均称为实际施工人。实际施工人的创设旨在对那些已实际施工诉争工程但无法因合同关系主张工程款的人予以限制性保护，因其规范情形之特定性，故应在该规范所涉之建设工程施工合同纠纷案件中，才适宜对实际施工人的身份作出认定。本案中，蒋某主张权利的事实基础是其为案涉工程的实际施工人，该身份认定超出了本案执行异议之诉的审理范围。根据本案查明的事实，事实形成了广泽公司与英雄公司之间，英雄公司与蒋某之间的两个合同关系，根据合同相对性原则，各方的权利义务关系应当根据相关合同分别处理。对于蒋某在建设工程中的地位问题，应根据其与英雄公司长春分公司签订的《项目经济责任承包协议书》确定，不能依施工事实证明其与建设单位广泽公司形成了事实上的建设工程施工合同关系。假设认定蒋某为案涉工程的实际施工人，其亦无权突破合同相对性，直接向非合同相对方广泽公司主张建设工程合同权利。本案执行标的系广泽公司协助冻结的英雄公司的工程款债权，尽管蒋某反映案涉工程系其实际施工，但没有证据证明蒋某对该工程款债权享有唯一的请求权，故蒋某对案涉工程款的请求权不足以对抗本案的执行。蒋某另案诉讼案涉工程的建设工程施工合同纠纷，这是其行使债权请求权的表现，与本案执行异议之诉审理并无冲突，故原审法院未中止审理不构成程序错误。

江苏省南通市中级人民法院依照《中华人民共和国民事诉讼法》第一百七十条第一款第一项规定，作出如下判决：

驳回上诉，维持原判。

【法官后语】

人民法院针对建设工程发包人应给付承包人的工程款债权实施强制执行，实际施工人以其与承包人之间存在分包、转包或挂靠关系、其应享有工程款权利为由提起执行异议之诉的，并不少见。实际施工人的该项主张能否成立、是否足以阻却执行，成为审判执行实务中的难点。笔者认为，该情形下实际施工人提起执行异议之诉的，不应支持。理由如下：

一、合同相对性原则是处理合同纠纷时应严守的基本原则

在处理合同纠纷时，首先须考虑的就是合同相对性原则，当事人在为自己设定权利义务时，其效力仅及于缔约当事人。本案中，广泽公司与英雄公司签订建筑工程施工合同，英雄公司长春分公司将工程转包给蒋某施工，事实上形成了广泽公司与英雄公司之间、英雄公司与蒋某之间的两个合同关系，根据合同相对性原则，各

方的权利义务关系应当根据各自合同分别处理。对于蒋某在建设工程中的地位，应根据其与英雄公司订立的协议书确定，蒋某与广泽公司之间不存在订立施工合同的合意，不能仅以实际施工的事实作出蒋某与广泽公司存在建设工程施工合同关系的认定。从合同的实际履行看，广泽公司按照其与英雄公司之间的约定，将收取的工程款汇入英雄公司账户，英雄公司也按照其与蒋某的约定，扣除一定比例费用后给付蒋某。而发包人向承包人支付工程款本身就是应尽的合同义务，这是处理实际施工人主张工程款案件的基本前提。

二、实际施工人向发包人主张工程款的权利源自承包人

2018年12月，最高人民法院发布《关于审理建设工程施工合同纠纷案件适用法律问题的解释（二）》，其第二十五条对代位权行使作出明确规定，实际施工人向发包人主张权利实质上是为了保全自身对承包人的债权，虽然其根据司法解释规定可以直接以发包人为被告提起诉讼，但实质上是在代位行使承包人对发包人所享有的工程款债权，其权利来源仍然是违法分包、转包或挂靠合同，其与发包人之间不存在建设工程合同法律关系，不能排除承包人的建设工程施工合同主体地位，不能因存在实际施工人，就对承包人的合同主体地位进行否定，进而认定承包人对工程款不再享有权利。

三、实际施工人对工程款享有的权益不足以排除另案强制执行

首先，实际施工人对工程款享有的权利相比承包人不具优先性、排他性，并不会因实际施工人的出现，承包人对工程款就不再享有权利，也没有任何法律规定实际施工人享有的工程款权利优先于承包人。其次，实际施工人不能因违法分包、转包、挂靠行为获得比合法的专业或劳务分包行为相比更大的利益。在合法的专业或劳务分包下，专业或劳务分包人只能向总承包人主张权利；如实际施工人反而能排除强制执行，将因违法行为获得比合法行为更大的利益，有违诚信原则、合同相对性原则，会助长违法分包、转包或挂靠行为，不利于维护合法的建筑市场秩序。最后，保护实际施工人的利益与保护农民工的利益也不能等同。对于农民工合法权益的保护，应着重加强事前控制、加大对违法分包、转包或工程挂靠的处罚力度，并构建工资提留发放本人机制，而不是给付实际施工人。否则，只会让实际施工人更加有恃无恐，打着维护农民工权益的幌子牟取私利，损害农民工的权益。

编写人：江苏省南通市中级人民法院　陆炜炜

44

建设工程款优先受偿权行使的形式及期限

——陆甲、陆乙与宾阳县农村信用合作联社等第三人撤销之诉案

【案件基本信息】

1. 裁判书字号

广西壮族自治区南宁市中级人民法院（2017）桂01民终7890号民事判决书

2. 案由：第三人撤销之诉

3. 当事人

被告（上诉人）：陆甲、陆乙

原告（被上诉人）：宾阳县农村信用合作联社（以下简称宾阳县信用联社）

被告：黄甲、王某、黄乙

【基本案情】

2014年3月8日，黄甲与陆乙签订《代建房屋协议书》约定：由陆乙在黄甲位于宾阳县宾州镇××小区2排13-1号国有土地上代建成五层半楼房。协议签订后，陆乙由于资金不足，便与陆甲合伙共同垫资建房。该工程于2014年12月30日竣工。工程竣工后，经双方结算工程总造价为553160元。2015年3月10日，黄甲、王某作为房屋所有权人出具了一张《欠条》给陆甲、陆乙，再次确认欠陆甲、陆乙工程款553160元，定于2015年9月1日前归还，并以代建的房屋作抵押。陆甲、陆乙于2015年9月22日向广西壮族自治区宾阳县人民法院（以下简称宾阳县法院）提起诉讼，请求黄甲、王某归还欠款553160元，并支付相应利息。陆甲、陆乙在宾阳县法院开庭之日即2016年3月1日将其诉讼请求变更为：请求黄甲、王某归还欠款553160元及利息，并主张该款从折价、拍卖或变卖宾阳县宾州镇××小区2排13-1号房屋所得价款中优先受偿。宾阳县法院于2016年3月20日作出（2015）宾民一初字第2073号民事判决：黄甲、王某支付陆甲、陆乙工程款553160元，该款就黄甲、王某共有的房屋折价或者拍卖的价款优先受偿。

2015年3月4日，宾阳县信用联社与黄甲签订《广西农村信用社个人借款合同》《广西农村信用社抵押担保合同》约定：黄甲向宾阳县信用联社借款600000元，借款期限三年，自2015年3月4日起至2018年3月3日止，黄甲、王某以宾阳县宾州镇××小区2排13－1号国有土地使用权和房屋为上述借款提供抵押担保，当天宾阳县信用联社与黄甲、王某到宾阳县国土资源局和宾阳县房地产管理所办理了土地和房屋抵押登记手续。宾阳县信用联社于是向一审法院起诉请求：撤销宾阳县法院（2015）宾民一初字第2073号民事判决书“该款就黄甲、王某共有的宾阳房权证字第2015012812号房屋折价或者拍卖的价款优先受偿”。

宾阳县信用联社认为，涉案工程于2014年12月30日竣工，陆甲、陆乙于2016年3月1日提出对涉案工程款的优先授权已超出了六个月的行使期限，应当对宾阳县法院（2015）宾民一初字第2073号民事判决书“该款就黄甲、王某共有的房屋折价或者拍卖的价款优先受偿”的判决予以撤销。

陆甲、陆乙认为：1. 黄甲、王某于2015年3月10日出具的《欠条》明确了涉案工程款的归还日期为2015年9月1日前，并约定如黄甲、王某逾期还款则用本房屋来折抵投资款。该《欠条》的约定表明陆甲、陆乙已于2015年3月10日时主张了涉案工程款的优先受偿权，并非至2016年3月1日才提出；2. 自2015年9月1日还款期限届满之日至宾阳县法院（2015）宾民一初字第2073号民事判决生效及执行，涉案房屋一直由陆甲、陆乙占有、管理、使用，陆甲、陆乙优先受偿权的行使和实现处于持续进行的状态；3. 建筑工程款优先受偿的行使方式并不限于向法院提出，《中华人民共和国合同法》第二百八十六条规定“承包人可以与发包人协议将该工程折价”，说明可以通过双方当事人以协议折价的方式实现；4. 建筑工程款优先受偿权的六个月期限应当使用时效中断，因附加工程、工程修补等原因导致工程结算时间在主体工程竣工六个月以后是常有的事。

【案件焦点】

1. 陆甲、陆乙于何时主张涉案工程款的优先受偿权；2. 六个月的优先受偿权行使期是否适用时效中断。

【法院裁判要旨】

宾阳县法院经审理认为：黄甲、王某拖欠陆甲、陆乙工程款是事实，陆甲、陆乙可以申请人民法院将该工程拍卖，建设工程的价款就该工程折价或者拍卖的价款优先受偿。但依照《最高人民法院关于建设工程价款优先受偿权问题的批复》（以下简称《批复》）第四条规定，陆甲、陆乙行使优先权必须在法定的期限内提出，陆甲、陆乙代建的房屋已于2014年12月30日竣工，所以陆甲、陆乙应当在2015年7月1日前行使优先权，但陆甲、陆乙于2015年9月22日向宾阳县法院提起诉讼时没有行使其优先权，直到2016年3月1日才行使，这显然超过了法律规定的六个月期限。对陆甲、陆乙主张553160元工程款从折价、拍卖或变卖宾阳县宾州镇××小区2排13-1号房屋所得价款中优先受偿，不予支持。

宾阳县法院依照《中华人民共和国民事诉讼法》第五十六条三款、第一百四十四条，《最高人民法院关于适用〈中华人民共和国民事诉讼法〉的解释》第三百条第一款第二项，《批复》第四条规定，判决如下：

一、撤销（2015）宾民一初字第2073号民事判决第一项中的“该款就黄甲、王某共有的房屋折价或者拍卖的价款优先受偿”；

二、驳回宾阳县信用联社的其他诉讼请求。

陆甲、陆乙不服，提起上诉。广西壮族自治区南宁市中级人民法院经审理认为：依据《中华人民共和国合同法》及《批复》第四条规定，建设工程承包人行使优先权的期限为六个月，自建设工程竣工之日或者建设工程合同约定的竣工之日起计算。虽然涉案工程尚未进行竣工验收，但双方在《代建房屋协议书》中协议约定“工期约四个月”，且当事人对本案查明涉案房屋竣工的事实均无异议，故应确认陆甲、陆乙代建的房屋于2014年12月30日竣工。陆甲、陆乙应当在2015年7月1日前行使优先权，但陆甲、陆乙直到2016年3月1日才主张，这显然超过了法律规定的六个月期限。故一审法院判决撤销（2015）宾民一初字第2073号民事判决第一项中的“该款就黄甲、王某共有的房屋折价或者拍卖的价款优先受偿”，依法有据，予以维持。

广西壮族自治区南宁市中级人民法院依照《中华人民共和国民事诉讼法》第一百七十条第一款第一项规定，判决如下：

驳回上诉，维持原判。

【法官后语】

建设工程款优先受偿权源于《中华人民共和国合同法》第二百八十六条的规

定。关于该优先受偿权行使期限的问题。《批复》第四条规定："建设工程承包人行使优先权的期限为六个月，自建设工程竣工之日或者建设工程合同约定的竣工之日起计算。"从该规定可以看出，建设工程款优先权的行使期限为六个月，且最高人民法院并未规定该期限存在中止、中断或延长的情形，故该期限为除斥期间，系不变期间。从建设工程款优先受偿权设立初衷来看，一方面，鉴于房地产开发行业的特殊性，由于资金链断裂造成开发商或建设单位无力清偿债务，优先权的行使一定程度上能挽回建设单位的损失；另一方面，优先权的行使必然会对其他债权造成影响，产生权利冲突，故法律赋予权利人六个月的不变期限。本案中陆甲、陆乙认为六个月的行使期限应当适用中止、中断或延长时效规定的主张与立法目的及规定相违背，故一审、二审法院均未支持其主张。

关于建设工程款优先受偿权行使期间的起算问题。《批复》第四条明确规定"自建设工程竣工之日或者建设工程合同约定的竣工之日起计算"，但《批复》未对尚未竣工但已经发生纠纷的情况加以明确，对承包人的优先受偿权是否应当延伸到在建工程，仍值得探讨。本案中，双方当事人对涉案工程于2014年12月30日竣工均无异议，故本案建设工程款优先受偿权行使期限为自2015年1月1日起至2015年6月30日止。

关于建设工程款优先受偿权行使方式的问题。根据《中华人民共和国合同法》第二百八十六条"承包人可以与发包人协议将该工程折价，也可以申请人民法院将该工程依法拍卖"的规定，承包人可以与发包人协议将建设工程折价，也可以申请法院直接拍卖该工程，建设工程的价款就该工程折价或者拍卖的价款优先受偿。本案中，陆甲、陆乙主张黄甲、王某出具的《欠条》表明陆甲、陆乙已行使了优先受偿权，而黄甲、王某出具《欠条》的时间为2015年3月1日，故没有超过六个月的期限。但该《欠条》仅是对陆甲、陆乙所享债权的重新确定，《欠条》并未对涉案工程进行折价，且该工程的折价款并未成为客观事实。本案陆甲、陆乙享有的建设工程款优先受偿权应当在2015年6月30日前向法院提出，因为建设工程款优先受偿权实质上是一种法定的权利，虽然不需要抵押登记，但还需通过向法院以明示的方式予以实现，超出了六个月的行使期限，法律不再对这种优先权予以保护，六个月之后的建设工程款就重新变成普通的债权。

编写人：广西壮族自治区高级人民法院　杨钉
广西壮族自治区南宁市中级人民法院　于代亮

十、强制执行中的其他问题

45

案外人申请不予执行仲裁裁决案件的法律适用

——案外人蔡某与中建一局集团建设发展有限公司等申请不予执行仲裁裁决案

【案件基本信息】

1. 裁判书字号

北京市高级人民法院（2018）京执复102号执行裁定书

2. 事由：申请不予执行仲裁裁决

3. 当事人

案外人：蔡某

申请执行人：中建一局集团建设发展有限公司（以下简称中建一局公司）

被执行人：天瑞金宝商城（北京）有限公司（以下简称天瑞金宝公司）、北京公瑞物业管理有限责任公司（以下简称公瑞物业公司）

【基本案情】

中建一局公司与天瑞金宝公司、公瑞物业公司之间因《青年会大厦物业经营管理权转让协议》及补充协议等仲裁纠纷一案，北京仲裁委员会作出（2014）京仲裁字第0755号裁决书（以下简称涉案仲裁裁决），上述仲裁裁决生效后，中建一局公司向法院申请强制执行，法院以（2015）二中执字第00692号立案执行，并查封被执行人公瑞物业公司名下位于朝阳区慧忠北里的房屋。执行过程中，案外人蔡某以涉案仲裁裁决认定事实不清，存在虚假仲裁，执行涉案房屋侵犯其合法权益为由向法院提出不予执行申请。申请执行人中建一局公司不同意蔡某的不予执行请求，认为案外人与仲裁裁决无关，其对涉案房屋曾提出过执行异议及执行异议之诉均未获支持，故其对涉案房屋不享有实体权利。法院审查过程中，蔡某确定其提出不予执行涉案仲裁裁决申请，系认为涉案仲裁裁决执行过程中对涉案房屋的执行侵犯了蔡某对涉案房屋的所有权。并且，蔡某曾就涉案房屋向法院提出案外人执行异议及执行异议之诉，均被驳回。

【案件焦点】

在仲裁裁决结果为金钱给付债务的情况下，执行过程中案外人以其对某具体执行标的物享有实体权利为由请求不予执行仲裁裁决，是否可以认定属于案外人申请不予执行仲裁裁决的情形。

【法院裁判要旨】

北京市第二中级人民法院经审理认为：案外人申请不予执行仲裁裁决，符合下列条件的，人民法院应当支持：（一）案外人系权利或者利益的主体；（二）案外人主张的权利或者利益合法、真实；（三）仲裁案件当事人之间存在虚构法律关系，捏造案件事实的情形；（四）仲裁裁决主文或者仲裁调解书处理当事人民事权利义务的结果部分或者全部错误，损害案外人合法权益。本案中，蔡某对涉案房屋主张所有权，并以涉案仲裁裁决执行过程中对涉案房屋采取强制执行措施侵犯其所有权为由，提出不予执行仲裁裁决申请，因涉案房屋并未登记在蔡某名下，蔡某对涉案房屋提出的执行异议、执行异议之诉均被驳回，故现并无证据证明蔡某系涉案房屋的所有权人。同时，对于蔡某主张的中建一局公司、公瑞物业公司已丧失“涉案房屋的经营、管理权”，进而认为涉案仲裁裁决所裁决的债权系虚假债权的不予执行理由，因上述事实蔡某并未提交充分证据予以证明，对于该不予执行理由，不予支持。并据此裁定：

驳回案外人蔡某不予执行涉案仲裁裁决的申请。

二审法院同意一审法院的裁判意见。

【法官后语】

案外人申请不予执行仲裁裁决或仲裁调解，是2018年3月1日起实施的《最高人民法院关于人民法院办理仲裁裁决执行案件若干问题的规定》（本案以下简称《仲裁执行规定》）新创设的法律制度，本案系该司法解释实施后，新受理的案件类型。故本案的审理重点和难点是《仲裁执行规定》在司法实践中的具体运用标准和审理规范的确定。

一、“案外人”的主体范围应予以限缩解释

《仲裁执行规定》中没有明确规定申请不予执行仲裁的“案外人”的主体范围，这导致“案外人”的外延过大，应予以限缩解释。案外人申请不予执行仲裁制度的设计目的在于制裁虚假仲裁，因此，此处的“案外人”应与执行标的有利害关系：一是要求案外人与仲裁裁决或仲裁调解的标的具有“直接的、法律上的利害关系”；二是仲裁结果损害案外人的合法权益。

二、案外人不能以被执行人存在民事诉讼法规定的不予执行法定情形进而提出案外人不予执行仲裁裁决申请

对于仲裁裁决不予执行的法律制度设计，《中华人民共和国民事诉讼法》第二百三十七条规定了被执行人申请不予执行的法定情形，但如果案外人以被执行人存在上述法定情形，进而提出案外人不予执行仲裁裁决或仲裁调解的申请，应不属于案外人不予执行仲裁裁决的审理范围。第一，案外人申请不予执行仲裁，所针对的应是虚假仲裁侵犯其合法权利或利益，所针对的并非仲裁程序本身，而是仲裁结果。而《中华人民共和国民事诉讼法》第二百三十七条所规定的情形，应是被执行人针对仲裁程序本身存在法定不予执行情形而提出申请，系法院对仲裁程序本身的司法审查与监督。二者的制度目的与审查内容并不相同。第二，被执行人是否依据《中华人民共和国民事诉讼法》第二百三十七条的规定申请不予执行仲裁裁决，系被执行人的诉讼权利，案外人代位行使存在法律障碍。

三、虚假仲裁的判断原则

《仲裁执行规定》本身对虚假仲裁的判断标准并没有直接的规定，但是最高人民法院在2016年6月20日颁布的《最高人民法院关于防范和制裁虚假诉讼的指导意见》中对虚假诉讼的情形有所列明，对虚假仲裁的判断具有相当的参考意义。当然，上述指导意见的规定亦只是列出虚假诉讼的一般判断要素，而并非具体的审查规则，是否构成虚假诉讼仍然需要根据个案的情形进行审查。因此，司法实践中，虚假仲裁的情形可能千差万别，难以规定明确的认定标准，对于虚假仲裁的判断标

准仅能列明一般原则，以防止成文法法条规定不周延的漏洞出现。

四、案外人申请不予执行仲裁与案外人异议制度的厘清与界定

案外人异议系案外人针对执行标的主张足以排除执行的实体权利而提出异议，在执行依据是法院作出的判决或裁定的情况下，当事人、案外人在执行异议程序之后，如认为原判决、裁定错误的，可依照审判监督程序办理；与原判决、裁定无关的，可以自裁定送达之日起十五日内向法院提起诉讼。但是在执行依据是仲裁裁决或仲裁调解的情况下，则不存在审判监督程序的适用空间，因此，案外人不予执行仲裁裁决或仲裁调解制度也在一定程度上起到了案外人异议的后续救济途径的功能。从这个角度而言，在执行依据是仲裁裁决或仲裁调解的情况下，案外人异议程序可以视为案外人不予执行的前置程序，二者并不具有排他关系。但是，案外人不予执行制度毕竟不同于案外人异议之诉或者案外人申请再审，并不以案外人异议为必经的前置程序，其与案外人异议程序之间又可能存在重复或冲突。

笔者认为，从仲裁裁决或仲裁调解结果类型角度分析，仲裁裁决或仲裁调解可以分为特定财产给付类型、一般金钱债权给付类型、行为履行类型。

对于“特定财产给付类型”的仲裁裁决或仲裁调解，执行过程中，案外人对该特定财产主张实体权利，当然可以提出案外人异议，但由于此时案外人实质系对作为执行依据的仲裁裁决或仲裁调解结果不服，在案外人异议被驳回后，其应当可以提出不予执行申请。同理，此时如案外人提出案外人执行异议之诉，应不予受理，已经受理的应驳回其起诉。当然，此时案外人不经案外人异议程序而径行提出不予执行申请，亦不存在法律障碍。

对于“一般金钱债权给付类型”的仲裁裁决或仲裁调解，如果执行程序中法院查封、扣押、冻结了被执行人的特定财产，而案外人对该特定财产提出案外人异议被驳回后，应当通过案外人执行异议之诉的程序寻求救济，此时，案外人所主张的权利与作为执行依据的仲裁裁决或仲裁调解本身无关，该事由应不属于不予执行案件的受理范围。故此时，案外人以相同事由提出不予执行申请的，应不予受理，已经受理的应驳回其不予执行申请。当然，此时，如果案外人以其他事实和理由主张作为执行依据的仲裁裁决或仲裁调解存在虚假仲裁侵害其合法权利或利益的情形，则应当直接申请不予执行而不应当提出案外人异议。换言之，在“一般金钱债权给付类型”仲裁裁决或仲裁调解中，应对案外人申请不予执行和案

外人异议程序加以区分：案外人所提事实和理由针对执行标的的，应通过案外人异议及案外人执行异议之诉程序解决；针对执行依据本身的，应通过案外人申请不予执行程序解决。

对于“行为履行类型”的仲裁裁决或仲裁调解，一般不存在案外人异议程序的适用空间，案外人只能通过申请不予执行寻求救济。因此，如果这种情况下，案外人提出案外人异议和案外人执行异议之诉均被驳回后，其以相同理由提出不予执行申请的，应不予受理，已经受理的应驳回其不予执行申请。从这个角度而言，案外人申请不予执行仲裁制度，应建立程序性退出机制，对于不属于不予执行审查范围的案件，应允许法院程序性驳回案外人不予执行申请。

编写人：北京市第二中级人民法院　连强　张楠

46

公司作为被执行人时能否追加、变更股东为被执行人

——北京车之影商贸有限公司申请追加伍某、王某为被执行人执行异议案

【案件基本信息】

1. 裁判书字号

北京市昌平区人民法院（2018）京0114执异208号执行裁定书

2. 事由：追加、变更被执行人执行异议

3. 当事人

申请追加人（申请执行人）：北京车之影商贸有限公司（以下简称车之影公司）

被申请追加人：伍某、王某

被执行人：北京瑞意誉达商贸有限责任公司（以下简称瑞意誉达公司）

【基本案情】

瑞意誉达公司向车之影公司购买导航仪，双方于2011年5月3日对账，确认

截至2011年5月3日瑞意誉达公司欠车之影公司货款未还。后车之影公司诉至法院，请求判令被告支付货款及利息。2012年3月28日，（2012）昌民初字第01766号民事判决书判令瑞意誉达公司于判决生效后七日内支付车之影公司货款356654.04元及自2011年8月1日起至实际支付之日止的利息。瑞意誉达公司对一审判决不服，提起上诉，2012年6月20日，北京市第一中级人民法院驳回上诉，维持原判。判决生效后，因瑞意誉达公司未履行判决确定的义务，车之影公司向法院申请强制执行。2012年11月19日，因瑞意誉达公司名下无可供执行的财产，法院作出（2012）昌执字第3489号执行裁定书，裁定：本次执行程序终结。2017年5月23日，因瑞意誉达公司名下无可供执行的财产，法院作出（2017）京0114执恢11号执行裁定书，裁定：本次执行程序终结执行。车之影公司向法院提出追加、变更被执行人申请，要求追加瑞意誉达公司股东伍某、王某为本案被执行人。

【案件焦点】

伍某和王某是否应被追加为案件被执行人。

【法院裁判要旨】

北京市昌平区人民法院经审理认为：瑞意誉达公司为自然人投资或控股的有限责任公司，于2009年10月10日成立，法定代表人为伍某，股东为伍某、王某。公司注册资本为10万元，股东出资为实缴，2009年10月10日，伍某、王某已经缴纳了注册资本10万元。瑞意誉达公司在北京农商银行天通苑支行开设基本户，北京农商银行天通苑支行为法院出具该账户自开户之日起至2018年9月29日止的交易明细及对手信息，未发现伍某、王某有抽逃出资的情形。当事人对自己的主张应提供证据予以证明，否则应承担举证不能的不利后果。作为被执行人的企业法人，财产不足以清偿生效法律文书确定的债务，申请执行人申请变更、追加未缴纳或未足额缴纳出资的股东、出资人或依公司法规定对该出资承担连带责任的发起人为被执行人，在尚未缴纳出资的范围内依法承担责任的，人民法院应予支持。作为被执行人的企业法人，财产不足以清偿生效法律文书确定的债务，申请执行人申请变更、追加抽逃出资的股东、出资人为被执行人，在抽逃出资的范围内承担责任的，人民法院应予支持。本案中，伍某、王某已经实缴出资，不存在未缴纳或未足额缴纳出资的情形，亦无证据证明伍某、王某有抽逃出资的情形，故车之影公司所提追加申请缺乏事实及法律依据，不予支持。

北京市昌平区人民法院依据《中华人民共和国民事诉讼法》第一百五十四条第一款第十一项，《最高人民法院关于民事执行中变更、追加当事人若干问题的规定》第十七条、第十八条、第三十二条规定，裁定如下：

驳回车之影公司提出的追加伍某、王某为本案被执行人的申请。

【法官后语】

法院执行中，经常会遇到查询不到作为被执行人的公司有可供执行的财产情况，而申请执行人经常会向法院主张，申请执行人就是与被执行人的股东从事的经营活动，要求法院直接执行被执行人股东的财产。

2016年11月4日，中共中央、国务院下发的《关于完善产权保护制度依法保护产权的意见》载明："采取查封、扣押、冻结措施和处置涉案财物时，要依法严格区分个人财产和企业法人财产……对企业违法，在处置企业法人财产时不任意牵连股东、企业经营管理者个人合法财产。"2016年11月22日，最高人民法院下发的《关于在执行工作中规范执行行为切实保护各方当事人财产权益的通知》载明："依法准确甄别被执行人财产。只能执行被执行人的财产，是法院强制执行的基本法律原则……在执行程序中直接变更、追加被执行人的，应严格限定于法律、司法解释明确规定的情形。各级人民法院应严格依照即将施行的《最高人民法院关于民事执行中变更、追加当事人若干问题的规定》，避免随意扩大变更、追加范围。"据此，执行实施法官不能仅凭当事人的主张或自己判定对被执行人的股东及股东名下的财产采取强制执行措施，而应当引导当事人进入执行裁判的被执行人追加、变更程序，由执行裁判法官判定被执行人作为公司的股东是否应当被追加、变更。

公司作为被执行人承担责任时股东被追加、变更为被执行人应严格依照"当事人变更、追加的法定原则"，即非因法定事由，不得变更、追加当事人。该法定事由有两种：一是股东出资不足。指作为被执行人的企业法人，财产不足以清偿生效法律文书确定的债务，申请执行人申请变更、追加未缴纳或未足额缴纳出资的股东、出资人或依公司法规定对该出资承担连带责任的发起人为被执行人，在尚未缴纳出资的范围内依法承担责任的，人民法院应予支持。二是股东抽逃出资。指作为被执行人的企业法人，财产不足以清偿生效法律文书确定的债务，申请执行人申请变更、追加抽逃出资的股东、出资人为被执行人，在抽逃出资的范围内承担责任的，人民法院应予支持。

编写人：北京市昌平区人民法院　王帅

47

执行款不足额时本金、利息、迟延履行金的清偿顺序

——商某与陈某、翁某执行案

【案件基本信息】

1. 裁决书字号

福建省厦门市中级人民法院（2017）闽02执复39号执行裁定书

2. 事由：民间借贷纠纷（执行）

3. 当事人

申请执行人：商某

被执行人：陈某、翁某

【基本案情】

商某与陈某、翁某民间借贷纠纷一案，执行法院（福建省厦门市思明区人民法院）于2012年11月20日作出（2012）思民初字第10755号民事判决书，判决陈某、翁某于判决生效之日起十日内共同偿还商某借款本金300万元及利息（利息按月利率2%，从2011年4月8日计至实际还款日止）。陈某、翁某不服该判决，提起上诉。2013年1月23日，福建省厦门市中级人民法院作出（2013）厦民终字第346号民事裁定书，裁定按陈某、翁某自动撤回上诉处理，双方均按原审判决执行。该裁定于2013年1月30日生效。

2013年2月16日，商某向执行法院申请强制执行，要求陈某、翁某共同偿还借款本金300万元及利息（利息按月利率2%，从2011年4月8日计至实际还款日止）。执行法院受理后，于2013年3月8日扣划陈某、翁某存款459425.83元，

2013年6月6日扣划陈某、翁某存款6609.65元。2013年7月9日，陈甲代陈某、翁某偿付50000元。2013年7月11日，陈某、翁某自行支付50000元。2013年7月16日，执行法院扣划陈某、翁某1313.04元。2013年8月13日、8月30日、8月31日、12月27日，陈乙代陈某、翁某分别偿付100000元、200000元、100000元、250000元。2013年12月31日、2014年1月2日及2014年5月31日，陈某、翁某分别交款100000元、150000元、250000元。2014年7月23日、10月10日、10月11日及10月13日，陈甲代陈某、翁某分别偿付100000元、50000元、40000元、40000元。2014年10月31日，陈丙代陈某、翁某偿付100000元。2015年1月14日、1月27日，执行法院分别扣划陈某、翁某保险保单现金37460.33元及3096.73元。

之后，执行法院作出《被执行人陈某案件还款明细》，载明2011年4月8日至2013年2月9日的一般债务利息计算结果为1324000元，之后未计算一般债务利息。2014年8月1日之前的执行到位款项，按照本金、利息以及迟延履行期间的债务利息三者按比例并还方式清偿。2014年8月1日后，执行到位款项按照先清偿债务本金再抵充债务一般债务利息的顺序进行计算。最后计算得出陈某、翁某截至2015年7月16日尚欠商某本息总计4271727.87元。

商某遂提出异议，认为债务清偿顺序均应按一般债务利息优先的方式进行清偿，迟延履行期间均应计算一般债务利息直至还清全部借款之日止。

【案件焦点】

被执行人部分还款，对于本金、利息、迟延履行金的清偿顺序如何判定。

【法院裁判要旨】

福建省厦门市思明区人民法院经审理认为：相关法律规定迟延履行期间的一般债务利息应按生效法律文书确定的方法计算，故陈某、翁某在实际还清欠款之前，以尚欠款项为基数，继续按生效判决的标准支付商某一般债务利息直至全部还清欠款之日。根据法律规定，2014年8月1日之前，执行款不足以偿付全部债务的，应当根据并还原则按比例清偿法律文书确定的金钱债务与迟延履行期间的债务利息，但当事人在执行和解中对清偿顺序另有约定的除外。2014年8月1日之后，被执行人的财产不足以清偿全部债务的，应当先清偿生效法律文书确定的金钱债务，再清偿加倍部分债务利息，但当事人对清偿顺序另有约定的除外。对上述金钱债务，当事人没有约定的并给付不足以清偿全部债务的，应当按照实现债权的有关费用、利息、主债务的顺序进行抵充。因此，在陈某、翁某的被执行款不足以清偿全部债务时，应按照先抵充利息后抵充本金再计算迟延履行期间的加倍部分债务利息的顺序计算。

福建省厦门市思明区人民法院依照《中华人民共和国民事诉讼法》第二百二十五条，《最高人民法院关于适用〈中华人民共和国合同法〉若干问题的解释（二）》第二十一条，《最高人民法院关于人民法院办理执行异议和复议案件若干问题的规定》第十七条，《最高人民法院关于执行程序中计算迟延履行期间的债务利息适用法律若干问题的解释》第一条、第四条、第七条，《最高人民法院关于在执行工作中如何计算迟延履行期间的债务利息等问题的批复》第二条规定，裁定如下：

变更《被执行人陈某案件还款明细》为截至2015年7月16日，被执行人陈某、翁某尚欠异议人商某本金3000000元、一般利息1147471.18元、迟延履行期间的加倍利息718489.17元。

翁某不服，向福建省厦门市中级人民法院申请复议。福建省厦门市中级人民法院经审理认为：债务本金与一般债务利息是生效法律文书基于当事人之间的债权债务关系确定应予支付的金钱债务的组成部分，执行中二者的清偿顺序，在执行相关法律未作特别规定的情况下，应适用调整该债权债务法律关系的相关法律规定进行规范。因《最高人民法院关于适用〈中华人民共和国合同法〉若干问题的解释（二）》第二十一条已明确规定债务人在给付不足以清偿全部债务且当事人没有约定时，应先清偿利息再清偿主债务，故执行法院据此确定陈某、翁某的执行款中用于清偿生效法律文书确定的金钱债务部分，应先清偿一般债务利息再清偿借款本金，并无不当。翁某对此的复议请求理由不能成立，不予支持。

但对于2014年8月1日之前的迟延履行期间应否计算一般债务利息的问题，2009年5月18日施行的《最高人民法院关于在执行工作中如何计算迟延履行期间的债务利息等问题的批复》虽未作具体规定，但2014年8月1日施行的《最高人民法院关于执行程序中计算迟延履行期间的债务利息适用法律若干问题的解释》已对此进行了明确。根据该解释第一条及第七条规定，迟延履行期间的债务利息包括迟延履行期间的一般债务利息和加倍部分债务利息两项，对该两项的计算，其中2014年8月1日之后应适用该解释规定的计算方式分别计算；而对2014年8月1

日之前尚未执行完毕的部分，则应适用该解释施行前的规定计算，即适用《最高人民法院关于在执行工作中如何计算迟延履行期间的债务利息等问题的批复》规定的计算公式“清偿的迟延履行期间的债务利息 = 清偿的法律文书确定的金钱债务 × 同期贷款基准利率 ×2 × 迟延履行期间”，将两项统一计算，不单独计付一般债务利息。因此，执行法院作出的《被执行人陈某案件还款明细》对 2014 年 8 月 1 日之前的迟延履行期间未计算一般债务利息并不不当。商某对此的异议主张，与相关法律规定不符，不应予支持。

福建省厦门市中级人民法院依照《中华人民共和国民事诉讼法》第二百二十五条、《最高人民法院关于人民法院办理执行异议和复议案件若干问题的规定》第二十三条第一款第二项规定，裁定如下：

变更（2016）闽 0203 执异 52 号执行裁定为：截至 2015 年 7 月 16 日，陈某、翁某尚欠商某借款本金 2570935. 14 元、一般债务利息 401643. 78 元、迟延履行期间的加倍部分债务利息 634358. 94 元。

【法官后语】

本案涉及被执行人的财产不足以清偿全部债务的情况下，对于本金、利息、迟延履行金清偿顺序的问题。具体分析如下：

第一，对执行依据确定为金钱债务的，执行款 = 清偿的法律文书确定的金钱债务 + 清偿的迟延履行期间的债务利息。迟延履行期间的债务利息，包括迟延履行期间的一般债务利息和加倍部分债务利息。迟延履行期间的一般债务利息，根据生效法律文书确定的方法计算；生效法律文书未确定给付该利息的，不予计算。加倍部分债务利息（2014 年 8 月 1 日之后）的计算方法为：加倍部分债务利息 = 债务人尚未清偿的生效法律文书确定的除一般债务利息外的金钱债务 × 万分之一点七五/日 × 迟延履行期间天数。

第二，2014 年 8 月 1 日之前，执行款不足以偿付全部债务的，应当根据并还原则按比例清偿法律文书确定的金钱债务与迟延履行期间的债务利息，但当事人在执行和解中对清偿顺序另有约定的除外。2014 年 8 月 1 日之后，被执行人的财产不足以清偿全部债务的，应当先清偿生效法律文书确定的金钱债务，再清偿加倍部分债务利息，但当事人对清偿顺序另有约定的除外。对上述金钱债务，当事人没有约定的并给付不足以清偿全部债务的，应当按照实现债权的有关费用、利息、主债务的顺序进行抵充。

第三，笔者注意到，迟延履行利息是一种间接强制执行措施，与生效判决所确定的逾期付款违约金在法律依据、性质、起算时间及适用范围等方面均具存在本质不同。其中，执行中加倍部分债务利息兼具补偿性和惩罚性，其目的是督促被执行人及时履行生效法律文书确定的义务，计算方法和方式法定，具有强制性。而利息部分则尊重当事人的约定，体现意思自治原则。通常，金钱债务执行第一顺序为实现债权费用（诉讼费、执行费、律师费），第二顺序为利息（违约金利息、一般债务利息），第三顺序为主债务（本金、货款等）。理由参照《最高人民法院关于适用〈中华人民共和国合同法〉若干问题的解释（二）》第二十一条规定。故执行法院据此确定陈某、翁某的执行款中用于清偿生效法律文书确定的金钱债务部分，应先清偿一般债务利息再清偿借款本金，并无不当。

编写人：福建省厦门市思明区人民法院　曾仁东

48

隐名股东不得以内部股权转让协议排除法院强制执行显名股东股权

——浙江百士迪科技有限公司与长兴兴康丝织厂、浙江时新纺织服装有限公司案外人执行异议案

【案件基本信息】

1. 裁判书字号

浙江省临海市人民法院（2018）浙1082执异79号执行裁定书

2. 事由：案外人执行异议

3. 当事人

异议人（案外人）：浙江百士迪科技有限公司

申请执行人：长兴兴康丝织厂

被申请执行人：浙江时新纺织服装有限公司

【基本案情】

2005年，台州立发电子有限公司购得临海市农村信用合作联社部分股权。2012年，临海市农村信用合作联社改制为浙江临海农村商业银行股份有限公司，上述股份由浙江时新纺织服装有限公司挂名持有。2018年2月6日，临海市人民法院作出（2018）浙1082民初802号民事判决书，判决浙江时新纺织服装有限公司支付长兴兴康丝织厂货款1771820元。2018年5月9日，长兴兴康丝织厂申请立案执行。5月11日，临海市人民法院作出（2018）浙1082执4017号之一执行裁定书，裁定冻结、划拨被执行人浙江时新纺织服装有限公司银行存款1776820元及利息，或扣留、提取其同等数额的收入，或查封、扣押、冻结、拍卖、变卖其同等价值的其他财产。2018年5月29日，临海市人民法院冻结浙江时新纺织服装有限公司在浙江临海农村商业银行股份有限公司股权798861股。2018年6月23日，异议人浙江百士迪科技有限公司与台州立发电子有限公司、浙江时新纺织服装有限公司签订三方协议，约定台州立发电子有限公司将实际所有的挂名在浙江时新纺织服装有限公司名下的浙江临海农村商业银行股份有限公司的268649股股权转让给异议人浙江百士迪科技有限公司，股权转让费用由异议人承担。协议签订后，异议人浙江百士迪科技有限公司发现法院冻结了浙江时新纺织服装有限公司在浙江临海农村商业银行股份有限公司股权798861股，损害其权益，故向法院提起执行异议，请求法院解除该股权的冻结。

【案件焦点】

隐名股东能否以内部股权转让协议排除法院强制执行显名股东股权。

【法院裁判要旨】

浙江省临海市人民法院经审理认为：记载于股东名册的股东，依股东名册主张行使股东权利。公司应当将股东的姓名或名称向公司登记机关登记，登记事项发生变更的，应当办理变更登记，未经登记，不得对抗第三人。异议人所称的股权代持仅具有内部效力，对于外部第三人而言，股权登记具有公信力，隐名股东对外不具有公示股东的法律地位，不得以内部股权代持协议为由对抗外部债权人对显名股东的正当权利。况且本院于2018年5月29日冻结了浙江时新纺织服装有限公司在浙江临海农村商业银行股份有限公司股权798861股，异议人于2018年6月23日与台州立发电子有限公司、浙江时新纺织服装有限公司三方签订协议，约定台州立发电子有限公司将实际所有的股权转让给异议人，协议转让时间迟于法院冻结。综上所述，异议人浙江百士迪科技有限公司的主张不足以阻却法院对浙江时新纺织服装有限公司股权的冻结，异议人的异议不能成立。

浙江省临海市人民法院依照《中华人民共和国民事诉讼法》第二百二十七条、《最高人民法院关于人民法院办理执行异议和复议案件若干问题的规定》第二十五条第一款第四项规定，作出如下裁定：

驳回浙江百士迪科技有限公司的异议请求

【法官后语】

本案处理重点主要在于有限责任公司隐名股东能否以其享有的民事权益排除法院强制执行显名股东股权。第一，根据商事外观主义原则，股东名册与工商登记具有对外的公示公信效力，申请执行人基于该权利外观产生信赖利益。即使真实状况与权利外观不符，未经合法登记或变更之前，隐名股东不得以自己是实际权利人为由，对抗善意的申请执行人，故不足以排除强制执行。第二，根据《最高人民法院关于人民法院办理执行异议和复议案件若干问题的规定》第二十五条第一款第四项规定，股权按照工商行政管理机关的登记和企业信用信息公示系统公示的信息判断其是否系权利人，故尽管隐名股东系实际权利人，法院仍然无法通过审查对其进行权利认定并进行权利保护。第三，从股东认定角度来看，存在内外有别的判断标准，进入执行阶段后对股东股权的执行应保持一致性。在股东资格认定上存在两种法律关系。第一种为外部法律关系，第三人与显名股东、第三人与公司产生纠纷时，应当遵从保护善意第三人和交易安全的角度出发，以商法公示主义与外观主义确认股东身份，形式要件优于实质要件。第二种为内部法律关系，显名股东与隐名股东之间或隐名股东与公司之间产生纠纷时，应遵循意思主义原则，尊重显名股东与隐名股东之间的契约关系，实质要件优于形式要件。进入执行程序后，申请执行人与被执行人（也即显名股东）之间的关系为外部法律关系，无论隐名股东是否为实际权利人，都应适用商法公示主义与外观主义原则认定显名股东为权利人，故隐名股东不得以内部股权转让协议排除法院强制执行显名股东股权。

具体到本案中，虽然异议人浙江百士迪科技有限公司与台州立发电子有限公司、浙江时新纺织服装有限公司三方签订协议，约定台州立发电子有限公司将实际所有的股权转让给异议人，但这三方协议系属隐名股东浙江百士迪科技有限公司与显名股东浙江时新纺织服装有限公司签订的内部股权转让协议，隐名股东浙江百士迪科技有限公司不得以该内部股权转让协议排除法院强制执行显名股东浙江时新纺织服装有限公司的股权而要求法院解除相应股权的冻结手续。

编写人：浙江省临海市人民法院　黄远

49

追加未足额履行出资义务即转让股权的股东为被执行人的责任认定

——北京银厦建筑工程有限责任公司诉贺某等申请执行人执行异议之诉案

【案件基本信息】

1. 裁判书字号

北京市第三中级人民法院（2018）京03民终12807号民事判决书

2. 案由：申请执行人执行异议之诉

3. 当事人

原告（被上诉人）：北京银厦建筑工程有限责任公司（以下简称银厦公司）

被告（上诉人）：贺某、北京市朴素天下资产管理有限公司（以下简称朴素天下公司）

被告：英才会所股份有限公司（以下简称英才公司）

【基本案情】

2015年6月18日，北京市朝阳区人民法院（以下简称朝阳法院）就银厦公司与英才公司建设工程施工合同纠纷一案作出（2014）朝民初字第32008号民事调解书，主要内容为英才公司给付银厦公司工程款及赔偿金共计13503088元等。因英才公司并未履行调解书，故银厦公司于2015年向朝阳法院申请对（2014）朝民初字第32008号民事调解书强制执行，朝阳法院以2015年朝执字第15423号执行案件立案受理。在强制执行过程中，2015年12月28日，朴素天下公司向朝阳法院出具保证书，自愿以公司全部财产为被执行人英才公司就上述执行案件债务提供保证，并承诺如下还款方案：一、案件全部本金、利息、迟延履行利息等全部欠款。二、自本担保书签订之日起，保证人自愿接受朝阳法院对保证人任何财产进行查封、评估、拍卖等强制措施，所得款项用来偿还被执行人应当履行的义务。由于英才公司、朴素天下公司均未清偿上述全部债务，故银厦公司向朝阳法院申请追加朴素天下公司为15423号执行案件的被执行人，2017年3月2日，朝阳法院作出15423号执行裁定书，裁定朝阳法院15423号执行案件中，追加朴素天下公司为被执行人，与被执行人英才公司向申请执行人银厦公司共同承担清偿责任。2017年，银厦公司作为申请人向朝阳法院申请追加朴素天下公司股东贺某为15423号执行案件的被执行人，2017年11月17日，朝阳法院作出（2017）京0105执异305号执行裁定书，裁定驳回银厦公司的追加请求。2018年1月17日，银厦公司提起本案诉讼。

朴素天下公司的工商登记档案显示，朴素天下公司于2013年6月7日依法登记成立，公司类型为有限责任公司，注册资本为3000万元，公司成立时的股东为齐某、高某，其中齐某以货币形式认缴出资1530万元，设立时以货币形式实缴出资510万元，高某以货币形式认缴出资1470万元，设立时以货币形式实缴出资490万元，未实际出资约定认缴期限为2015年4月1日。2016年5月11日，齐某将其对朴素天下公司1530万元出资额全部转让给贺某，高某将其对朴素天下公司570万元出资额转让给贺某，高某将其对朴素天下公司150万元的出资额转让给樊某，在2016年6月10日的公司章程中，股东及出资额变更为贺某以货币形式出资2100万元，高某以货币形式出资750万元，樊某以货币形式出资150万元，出资时间均为2016年5月25日。2017年4月26日，贺某将其对朴素天下公司2100万元的出资全部转让给常某，朴素天下公司亦修改公司章程，将出资期限变更为2042年12月31日。

【案件焦点】

追加未足额履行出资义务即转让股权的股东为被执行人的责任如何认定。

【法院裁判要旨】

朝阳法院经审理认为：朴素天下公司作为15423号执行案件的被执行人，未清偿对银厦公司的债务。贺某未提交任何证据证明其已经履行出资义务，属于未依法履行出资义务的情形，现贺某已经将全部出资转让给常某，但其在出资期限届满之后未依法履行出资义务即转让股权，仍然应当承担相应责任，故银厦公司申请追加贺某为15423号执行案件的被执行人，存在事实和法律依据，法院应予支持。贺某未依法履行出资义务即转让股权，应当在其未出资本息范围内对英才公司、朴素天下公司对银厦公司的债务不能清偿的部分承担补充赔偿责任，故银厦公司主张贺某在对朴素天下公司未出资的2100万元范围内对英才公司、朴素天下公司对银厦公司的债务不能清偿的部分承担补充赔偿责任。

朝阳法院依照《中华人民共和国民事诉讼法》第六十四条第一款、第一百四十四条，《最高人民法院关于适用〈中华人民共和国公司法〉若干问题的规定（三）》第十三条第二款，《最高人民法院关于民事执行中变更、追加当事人若干问题的规定》第十九条规定，判决如下：

一、追加贺某为（2015）朝执字第15423号执行案件的被执行人；

二、贺某在对朴素天下公司未出资的1590万元范围内对英才公司、朴素天下公司对银厦公司的债务不能清偿的部分承担补充赔偿责任；

三、驳回银厦公司的其他诉讼请求。

贺某、朴素天下公司对一审判决不服，提起上诉。北京市第三中级人民法院经审理认为：首先，根据相关证据，难以认定朴素天下公司财产足以清偿案涉生效法律文书确定的债务。其次，贺某受让的齐某和高某的股权均未完全实缴出资，贺某亦未能提交证据证明其受让上述股权后履行相应的出资义务，其在公司章程约定的出资期限届满之后将全部出资转让给常某，属于未依法履行出资义务即转让股权的情形，故银厦公司申请追加贺某为15423号执行案件的被执行人的理由成立。最后，贺某应当在其未出资范围内承担补充赔偿责任。关于贺某受让的齐某股权对应的出资份额，因各方当事人对齐某实缴出资510万元均无异议，故此部分实缴数额不属于贺某未依法出资的范围。关于高某向贺某转让的股权对应的出资份额，因贺某未提供证据证明贺某受让的高某的股权中对应的属于高某实缴出资的部分，且贺某未提交证据证明其在受让股权后履行过任何出资义务，故本院依法确认贺某未缴纳的出资数额为其受让的齐某和高某股权总额对应的出资2100万元减去齐某已经实缴的510万元，共计1590万元。贺某应当在其对朴素天下公司未出资的1590万元范围内对英才公司、朴素天下公司对银厦公司的债务不能清偿的部分承担补充赔偿责任。

北京市第三中级人民法院依照《中华人民共和国民事诉讼法》第一百七十条第一款第一项规定，作出如下判决：

驳回上诉，维持原判。

【法官后语】

本案例为基于变更或追加被执行人提出的执行异议之诉中被执行人的责任承担问题，主要问题有二：一是追加作为被执行人的公司股东为被执行人的认定标准；二是股东作为被执行人应当承担的责任范围如何界定。

追加公司股东为被执行人的条件：一是作为被执行人的公司财产不足以清偿生效法律文书确定的债务，二是股东未依法履行出资义务即转让股权。根据民事诉讼法和司法解释的相关规定，执行异议之诉中，申请人主张变更或追加被申请人为被执行人的，应对被申请人存在未缴纳或未足额缴纳出资、抽逃出资、未依法出资即转让股权、资产混同、未经清算即办理注销登记等行为承担举证责任。被申请人否认申请人主张的，应对不应变更或追加其为被执行人等主张承担举证责任。

关于股东是否履行出资义务应当结合出资期限和股权转让的时间节点判断。章程约定的出资期限未到期时，股东是否应当承担相应的责任，应区分债务形成于章程修正案备案之前还是之后。章程修正案备案之前产生的债务，债权人仍有权要求股东在未出资范围内承担责任。章程规定的缴纳出资的期限已过，股东通过召开股东会、修改公司章程延长实缴出资期限的，并不能免除股东对公司债权人所承担的民事责任。本案中，贺某未能在受让股权后履行相应的出资义务，且贺某将其全部出资转让给常某的行为发生在修改后的公司章程约定的出资期限到期后，该行为属于未依法履行出资义务即转让股权的情形。值得注意的是，未履行或未全面履行出资义务的股东所承担的补充赔偿责任，仅限于其按照公司章程应当出资的本金及其利息的范围，而这一限制包括该股东对外所承担的全部责任，但其所承担的责任已达到限额时，任何人均不能再向该股东主张权利。

另需说明的是，自2018年3月1日起施行的《最高人民法院关于执行担保若干问题的规定》第十一条第一款规定："暂缓执行期限届满后被执行人仍不履行义务，或者暂缓执行期间担保人有转移、隐藏、变卖、毁损担保财产等行为的，人民法院可以依申请执行人的申请恢复执行，并直接裁定执行担保财产或者保证人的财产，不得将担保人变更、追加为被执行人。"本案中，朴素天下公司作为执行担保人在执行程序中被追加为被执行人为上述规定施行之前，且各方当事人对于追加朴素天下公司为被执行人并无异议，故法院判决追加保证人股东为被执行人。实践中，当需要"刺破公司面纱"时，应当严格遵循"法人人格否定"法定原则，与股东有限责任制度相结合认定股东责任。

编写人：北京市第三中级人民法院　曹炜　田晔

50

刑事执行案件中关于财产转移行为的认定

——田某与张某案外人执行异议案

【案件基本信息】

1. 裁判书字号

北京市第三中级人民法院（2018）京03执异185号执行裁定书

2. 事由：案外人执行异议

3. 当事人：

案外人：田某

被执行人：张某

【基本案情】

2014年4月至12月，被执行人张某先后成立北京××联合国际旅行社有限公司东城营业部及东花市门市部，虚构能够低价出境旅游的事实，吸引游客，骗取453名被害人出境旅游保证金2900余万元。张某以欺骗手段收取被害人保证金后，对钱款进行个人随意处分，由于未能如约退还保证金，自2014年11月起，陆续有被害人前往门市部投诉，张某指使张雄以负责人身份前往门市部安抚被害人。此后一直未解决退款问题，且矛盾日趋激化，出现被害人围堵门市部情况。

2014年10月15日，张某与北京市通州区永顺镇永顺村村民委员会签订房屋使用权转让合同及物业管理委托协议，约定张某获得涉案房屋的永久使用权，并委托通州区永顺镇永顺村村民委员会进行物业管理和服务。同年12月5日，经张某同意，将涉案房屋无偿转让给亲属田某、祁某夫妇，并由田某、祁某夫妇重新与该村民委员会签订了房屋使用权转让合同。

2015年2月3日，张某被公安机关抓获，2017年6月1日因合同诈骗罪被判处无期徒刑，剥夺政治权利终身，并处没收个人全部财产，同时责令张某退赔各被害人经济损失，在案扣押款、物依法处理。判决生效后，法院就该案财产刑部分依法立案执行。

执行中经调查，涉案房屋为农村集体土地房屋拆迁安置房屋，未在房管部门进行产权登记。经向该小区物业管理部门调查，该房屋使用权人登记为张某，田某、祁某夫妇未在物业部门办理登记手续。现涉案房屋由田某、祁某夫妇占用。

2018年5月8日，法院对涉案房屋采取查封措施，并张贴了执行公告，拟对涉案房屋依法处分。现已查明的被执行人财产不足以退赔被害人经济损失。后案外人田某向法院提出执行异议，主张其对该涉案房屋的权利，请求中止对该房屋的执行。

【案件焦点】

1. 田某、祁某夫妇重新与村委会签订的房屋使用权转让合同是否有效；2. 田某是否为合法使用权人；3. 田某的权利是否能排除执行。

【法院裁判要旨】

北京市第三中级人民法院经审理认为：根据生效刑事判决，张某因犯罪被依法判处刑罚，并退赔被害人经济损失。张某在犯罪行为实施期间获得了涉案房屋的使用权，此后由于其通过犯罪行为骗取的保证金不能依约退还被害人，出现被害人投诉的情况，并发展至围堵门市部，张某虽指使他人前往门市部安抚被害人，但并未解决退款问题，其对犯罪行为的后果应当已有预期。张某在将涉案房屋使用权无偿转让给田某、祁某后不久即被公安机关抓获，其无偿转让财产的行为存在明显主观恶意。现已查明的张某个人财产不足以退赔被害人经济损失，其无偿转让涉案房屋使用权的行为侵害了众多被害人的合法权益，故该转让行为应认定无效。经执行部门向该小区物业部门调查，房屋使用权人登记为张某，执行部门据此对涉案房屋依法采取执行措施并无不当。

北京市第三中级人民法院依照《中华人民共和国民事诉讼法》第二百二十五条、《最高人民法院关于刑事裁判涉财产部分执行的若干规定》第十四条第一款规定，裁定如下：

驳回田某的异议请求。

后田某不服，上诉至北京市高级人民法院，北京市高级人民法院维持了原判，但其系以证据不足、不能排除执行为由驳回了田某的请求。

【法官后语】

本案为刑事执行案件，涉及受害人众多，且涉案房屋为小产权房，案件类型较为新颖，主要有两个方面值得探讨。

1. 本案中执行小产权房是否存在程序问题

本案中争议房产是小产权房，无房管部门备案登记，被执行人张某获得该房使用权的方式是拆迁安置，被拆迁人为张某的父亲和奶奶，共安置了多套房屋，其中一套分给了张某，并在村委会和物业公司进行了登记。

执行实施部门在查封前对涉案房屋作了相应调查，执行实施部门首先到当地村委会了解情况，但由于对房产登记备案管理不够规范，村民在和村委会签订合同后，村委会未对房屋情况作备案登记，要求到物业公司调查，后经在物业公司调查显示，该房登记在张某名下，并且张某和村委会签订的使用权转让合同以及和物业公司签订的合同均在物业公司有备案，据此执行实施部门认定该房屋归张某所有，并对该房进行了查封，张贴了执行公告，执行实施部门的查封行为并无不当。

2. 张某将涉案房产转移给案外人田某，该转让合同是否有效，能否通过执行异议程序进行判断涉及转让合同效力的问题，执行异议阶段是程序审查还是进入实体审查，合议庭持有的观点不一致，有的法官认为应该程序审，拆迁安置协议是张某，法院查封行为并无不当，张某转让给田某的行为是否合法不应在执行程序中进行评判，应通过诉讼或其他途径解决。但如果田某和张某去诉讼，很有可能私下协商，就将房屋确权给了田某，这将影响400多个受害人的合法权益。

后经过合议庭多次讨论，最终认为本案是财产刑执行案件，异议人虽为案外人，但根据《最高人民法院关于刑事裁判涉财产部分执行的若干规定》第十四条第一款规定，应适用《中华人民共和国民事诉讼法》第二百二十五条审理，救济途径为复议程序，没有民事执行案件中的异议之诉程序，因此在异议审查中应对争议事实进行实体审查，不应仅根据房产登记进行形式审查。涉及被执行人转让财产的问题，对于该行为的有效性应在本案中一并审查认定，这样做一方面是程序上的要求，因为本案没有异议之诉程序，我们必须在执行异议审查程序中对实体问题进行审查认定，另一方面也可以节约诉讼成本，提高执行效率，减少诉累。

关于张某的转让合同是否有效的问题，田某虽然重新签订了使用权转让合同，但该合同落款没有签订时间，合同形式要件有瑕疵，且田某没有和物业公司签订相应合同，田某的主张从客观上缺乏充分的证据；从主观意愿来看，张某因经济犯罪被判处刑罚，其在犯罪行为发生之后，被公安机关抓获前，已有大量受害人围堵经营场所，其对可能发生的法律后果已有预感，遂以无偿的方式将房产转让给其近亲属，有恶意逃避债务的主观故意，损害了众多受害人的合法权益。本案中，认定张某系恶意转移财产，从根本上否定了张某转让行为的有效性，故对案外人提出的异议请求不予支持。

编写人：北京市第三中级人民法院　金星　曲赞竹

图书在版编目（CIP）数据

中国法院2020年度案例．执行案例／国家法官学院，最高人民法院司法案例研究院编．—北京：中国法制出版社，2020.3

ISBN 978－7－5216－0916－5

Ⅰ.①中… Ⅱ.①国…②最… Ⅲ.①案例－汇编－中国 Ⅳ.①D920.5

中国版本图书馆CIP数据核字（2020）第034123号

策划编辑：李小草（lixiaocao2008@sina.cn）
责任编辑：王熹　赵律玮　　封面设计：温培英　李宁

中国法院2020年度案例·执行案例
ZHONGGUO FAYUAN 2020 NIANDU ANLI · ZHIXING ANLI

编者/国家法官学院，最高人民法院司法案例研究院
经销/新华书店
印刷/三河市紫恒印装有限公司
开本/730毫米×1030毫米　16开　　印张/13.75　字数/178千
版次/2020年3月第1版　　2020年3月第1次印刷

中国法制出版社出版
书号 ISBN 978－7－5216－0916－5　　定价：48.00元

北京西单横二条2号
邮政编码100031　　传真：010－66031119
网址：http：//www.zgfzs.com　　编辑部电话：010－66071862
市场营销部电话：010－66033393　　邮购部电话：010－66033288

（如有印装质量问题，请与本社印务部联系调换。电话：010－66032926）